KB054186

직독직해로 읽는

# 허클베리핀의 모험

The Adventures of Huckleberry Finn

직독직해로 읽는

# 허클베리핀의 모험

## The Adventures of Huckleberry Finn

개정판 1쇄 발행 2019년 4월 10일
초판 1쇄 발행   2011년 2월 28일

| | |
|---|---|
| **원작** | 마크 트웨인 |
| **역주** | 더 콜링(김정희, 박윤수, 조문경) |
| **디자인** | DX |
| **일러스트** | 정은수 |
| **발행인** | 조경아 |
| **발행처** | 랭귀지북스 |
| **주소** | 서울시 마포구 포은로2나길 31 벨라비스타 208호 |
| **전화** | 02.406.0047 **팩스** 02.406.0042 |
| **이메일** | languagebooks@hanmail.net |
| **홈페이지** | www.languagebooks.co.kr |
| **등록번호** | 101-90-85278 **등록일자** 2008년 7월 10일 |
| **ISBN** | 979-11-5635-112-2 (13740) |
| **가격** | 12,000원 |

ⓒ LanguageBooks 2011

잘못된 책은 구입한 서점에서 바꿔 드립니다.
blog.naver.com/languagebook에서 MP3 파일을 다운로드할 수 있습니다.

이 도서의 국립중앙도서관 출판예정도서목록(CIP)은 서지정보유통지원시스템 홈페이지(http://seoji.nl.go.kr)와
국가자료공동목록시스템(http://www.nl.go.kr/kolisnet)에서 이용하실 수 있습니다. (CIP제어번호 : CIP2019011580)

직독직해로 읽는

# 허클베리핀의 모험
## The Adventures of Huckleberry Finn

마크 트웨인 원작
더 콜링 역주

**Language Books**

# 머리말

"어렸을 때 누구나 갖고 있던 세계명작 한 질.
그리고 TV에서 하던 세계명작 만화에 대한 추억이 있습니다."

"친숙한 이야기를 영어 원문으로 읽어 봐야겠다고 마음 먹고 샀던 원서들은
이제 애물단지가 되어 버렸습니다."

"재미있는 세계명작 하나 읽어 보려고 따져 보는 어려운 영문법,
모르는 단어 찾느라 이리저리 뒤져 봐야 하는 사전.
몇 장 넘겨 보기도 전에 지칩니다."


영어 독해력을 기르려면 술술 읽어가며 내용을 파악하는 것이 중요합니다. 현재 수능 시험에도 대세인 '직독직해' 스타일을 접목시킨 〈직독직해로 읽는 세계명작 시리즈〉는 세계명작을 영어 원작으로 쉽게 읽어갈 수 있도록 안내해 드릴 것입니다.

'직독직해' 스타일로 읽다 보면, 영문법을 들먹이며 따질 필요가 없으니 쉽고, 끊어 읽다 보니 독해 속도도 빨라집니다. 이 습관이 들여지면 어떤 글을 만나도 두렵지 않을 것입니다.

명작의 재미를 즐기며 영어 독해력을 키우는 두 마리의 토끼를 잡으세요!

즐거운 여행을 앞두고 밤새 원고 마무리에 힘써 준 오랜 친구 윤수, 든든한 번역자 문경 씨, 어떤 요구도 기꺼이 받아들여 작업해 주시는 일러스트레이터 은수 씨, 일과 인생에서 좋은 충고를 아끼지 않으시는 디자인 DX, 이 책이 출판될 수 있도록 늘 든든하게 지원해 주시는 랭귀지북스에 감사의 마음을 전합니다.

　　마지막으로 내 삶의 이유 되시는 하나님께 영광을 올려 드립니다.

더 콜링 김정희

# 목차

C O N T E N T S

# 들어가기 전에

## Notice

Persons attempting to find a motive in this narrative will be prosecuted; persons attempting to find a moral in it will be banished; persons attempting to find a plot in it will be shot.

BY ORDER OF THE AUTHOR,
Per G.G., Chief of Ordnance.

## Explanatory

In this book a number of dialects are used, to wit: the Missouri negro dialect; the extremest form of the backwoods Southwestern dialect; the ordinary "Pike County" dialect; and four modified varieties of this last. The shadings have not been done in a haphazard fashion, or by guesswork; but painstakingly, and with the trustworthy guidance and support of personal familiarity with these several forms of speech.

I make this explanation for the reason that without it many readers would suppose that all these characters were trying to talk alike and not succeeding.

THE AUTHOR.

알림

이 이야기에서 동기를 발견하려고 시도하는 자는 기소될 것이다;
도덕적 교훈을 발견하려고 자는 추방될 것이다; 줄거리를 발견하
려고 시도하는 자는 총살될 것이다.

저자의 명령에 의해
군수부장 G.G.


해설

이 책에는 위트를 위해 많은 양의 사투리가 사용되고 있다. 미주
리 주 흑인의 사투리, 남서부 오지 사투리의 극단적인 형태, 일반
적인 '파이크 카운티'의 사투리, 그리고 이를 변형한 4가지의 변종
이 그것이다. 주먹구구의 형식이나 추측으로 만들어진 것이 아니
다; 수고를 들이고 이러한 형태의 사투리에 익숙한 신뢰할 만한
지도와 도움을 통해 만들어진 것이다.
내가 그 이유를 이렇게 설명하는 까닭은 그런 사투리가 없다면
많은 독자들이 이 모든 등장 인물들은 같은 말투를 쓰려고 하다
성공하지 못한 것이라고 생각할지 모르기 때문이다.

저자.

작가 어니스트 헤밍웨이가 "미국의 모든 현대 문학은 마크 트웨인이 쓴 〈허클베리 핀의 모험〉이라는 한 권의 책으로부터 비롯되었다" 라고 극찬할 정도로 미국 문학사에서 가장 중요한 소설로 꼽히는 작품입니다.

하지만 이 소설이 처음 출간될 당시 주인공 허클베리 핀의 욕설과 상스러운 표현, 기독교와 도덕, 학교 교육에 대한 조롱, 흑인을 비하하는 용어인 'nigger' (검둥이)라는 표현, 흑인 사투리의 대대적인 등장 등을 이유로 많은 학교에서 금서로 지정될 만큼 논란을 빚었던 작품입니다.

앞에서 밝힌 바와 같이 소설 〈허클베리 핀의 모험〉에는 다양한 사투리가 등장하며 일부러 문법에 틀리게 쓴 표현들도 보입니다. 이는 저자가 일부러 밝힌 바처럼 숙고를 거쳐 의도적으로 사용된 것으로 미국 문학에 대한 저자의 개척 정신을 보여 줍니다. 생동감 있는 사투리와 거리낌 없는 비속어의 사용은 이 책을 원문으로 접하는 독자들에게 어려움인 동시에 이 책의 매력이기도 합니다.

이에 흑인 사투리를 처음 접하는 독자를 위해 자주 등장하는 용어와 짐의 사투리를 이해하기 위한 요령을 사례를 들어 설명합니다. 이 책은 문학작품을 매끄럽게 번역하는 것이 목적이 아닌 까닭에 다양한 사투리를 어색하게 번역하기 보다 표준어로 통일하여 원문의 내용을 이해하는 데 중점을 두었습니다.

(1) 짐이 사용하는 사투리의 특징

짐의 사투리는 단어들이 통합·생략되어 있고 단어와 단어가 부딪히는 부분에서 동화와 축약이 일어납니다. 또한 전체적으로 /e/모음을 /i/모음으로, /th/ 발음을 /d/ 혹은 /f/ 발음으로 바꾸는 경향이 있습니다. 또한 동사 앞에 습관적으로 'a'를 붙여 사용하며 '를 사용하여 모음을 줄이기도 합니다. 따라서 짐의 대사를 읽을 때에는 단어 하나하나에 집중하기 보다 전체적인 리듬을 통해 원래의 단어를 유추하는 것이 필요합니다.

(2) 이 책에서 주로 사용된 단어의 흑인 사투리의 예

ain't = am not, is not, have not, has not, are not
av / er / o' = of
dasn't = dare not
dat = that
de, dah = the
den = then
dey = they
dey's = there's
doan'= doesn't
druther = would rather
en = and
fum = from
git = get
gwyne to = going to
hain't = haven't hasn't
jest = just
kin = can
orter =ought to
sumf'n =something warn't = wasn't, weren't
whar =what, where
yit = yet
yo' = your
yuther = other
'bout =about
'kase = 'cause

(3) 표준어 영어로 풀어 끊어 읽기의 예(본문 p59)
원문)
"Yo' ole father doan' know yit what he's a-gwyne to do. Sometimes he spec he'll go 'way, en den agin he spec he'll stay. De bes' way is to res' easy en let de ole man take his own way. Dey's two angels hoverin' roun' 'bout him. One uv 'em is white en shiny, en t'other one is black. De white one gits him to go right a little while, den de black one sail in en bust it all up. A body can't tell yit which one gwyne to fetch him at de las'. But you is all right. You gwyne to have considable trouble in yo' life, en considable joy. Sometimes you gwyne to git hurt, en sometimes you gwyne to git sick; but every time you's gwyne to git well agin. Dey's two gals flyin' 'bout you in yo' life. One uv 'em's light en t'other one is dark. One is rich en t'other is po'. You's gwyne to marry de po' one fust en de rich one by en by. You wants to keep 'way fum de water as much as you kin, en don't run no resk, 'kase it's down in de bills dat you's gwyne to git hung."

→ 표준어 영어)
"Your old father doesn't know yet / what he's going to do. Sometimes / he speaks he will go away, / and then again / he speaks he will stay. The best way is / to rest easy and let the old man take his own way. There is two angels hovering around about him. One of them is white and shiny, / and the other one is black. The white one gets him to go right / a little while, / then the black one sail in and bust it all up. A body can't tell yet / which one going to fetch him / at the last. But you is all right. You going to have considerable trouble in your life, / and considerable joy. Sometimes you going to get sick; / but every time you're going to get well again. There's two girls flying about you / in your life. One of them is light / and the other one is dark. One is rich / and the other is poor. You're going to marry the poor one first / and the rich one / by and by. You wants to keep away from the water / as much as you can, / and don't run no risk, / because it's down in the bills that you are going to get hung."

# 1

**You don't know about me / without you have read a book /**
당신은 나에 대해 알지 못할 것이다 　　　책을 읽어보지 않았다면

**by the name of The Adventures of Tom Sawyer; / but that**
〈톰 소여의 모험〉이라는; 　　　　　　　　　　　　하지만 그건 별

**ain't no matter. That book was made / by Mr. Mark Twain,**
문제가 되지 않는다. 　　그 책은 쓰여졌는데 　　　마크 트웨인에 의해,

**/ and he told the truth, / mainly. There was things which he**
　그는 진실을 말했다, 　　　　대부분. 　과장한 부분이 있었지만,

**stretched, / but mainly / he told the truth. That is nothing. I**
하지만 대체로 　　그는 진실을 말했다. 　　그것은 아무것도 아니다.

**never seen / anybody but lied one time or another, / without**
난 본 적이 없다 　거짓말을 한두 번 정도 해 본 적 없는 사람을, 　안 해 본 사람

**it was / Aunt Polly, / or the widow, / or maybe Mary. Aunt**
이라면 　폴리 아줌마나, 　과부인 더글라스 아줌마, 또는 메리 정도일 것이다. 폴리 아줌마

**Polly / — Tom's Aunt Polly, / she is — / and Mary, / and the**
와 　 ─ 톰의 아줌마인 폴리이다, 　그녀는 ─ 　메리와,

**Widow Douglas / is all told about / in that book, / which is**
더글라스 아줌마 얘기는 　모두 적혀 있다 　　그 책에,

**mostly a true book, / with some stretchers, / as I said before.**
대부분 진실을 말한 책에, 　몇 가지 과장된 부분은 있지만, 　앞에서 말했듯이.

---

### Key Expression

**no longer ~ : 더 이상 ~ 하지 않는**

no longer는 '더 이상 ~ 아닌, ~ 하지 않는'의 의미를 가진 표현으로 not ~ any longer로 바꾸어 쓸 수 있습니다.
이와 비슷한 표현으로 no more가 있는데, no more는 '더 이상의 양, 혹은 동작을 다시 재개할 것인지의 여부에 초점을 맞춘 반면, no longer의 경우는 상태를 지속할 것인지가 초점이 됩니다.

ex) When I couldn't stand it no longer I lit out.
　　나는 더 이상 참을 수 없게 되자 끝을 냈다.
　　I didn't care no more about him.
　　나는 더 이상 그 사람에 대해 신경 쓰지 않았다.

---

**mainly** 대부분, 대개 | **Aunt** 아줌마(아이들이 부모와 친구 사이인 여성을 이름과 함께 붙여 부를 때 씀) | **widow**
미망인, 과부 | **stretcher** 허풍, 과장

Now / the way that the book winds up / is this: / Tom and
자　　그 책의 마무리는　　　　　　　　　　　　이렇다:

me found the money / that the robbers hid in the cave, /
톰과 나는 돈을 찾았고　　　　강도들이 동굴에 숨겨 두었던,

and it made us rich. We got six thousand dollars / apiece
그것으로 우리는 부자가 되었다.　우리는 6,000달러를 가졌다　　　각자

/ — all gold. It was an awful sight of money / when it was
— 전부 금화로.　엄청난 돈이었다　　　　　　　　쌓아놓고 보니.

piled up. Well, / Judge Thatcher he took it / and put it out
그런데,　대처 판사가 그 돈을 가져가서　　　　이자를 받고 빌려 주었고,

at interest, / and it fetched us / a dollar a day / apiece / all
그 돈은 우리에게 가져다 주었다　매일 1달러씩을　각자에게

the year round / — more than a body could tell / what to do
일 년 내내　— 알 수 없는 정도로 많았다　　　　그 돈으로 무엇을

with. The Widow Douglas she took me for her son, / and
해야 할지. 더글라스 아줌마는 나를 양자로 삼고,

allowed she would sivilize me; / but it was rough / living in
나를 교육 시킬 작정이었다;　　　하지만 힘들었다

the house all the time, / considering how dismal / regular
그 집에 내내 사는 것은,　　얼마나 울적하게 만드는지 생각하면

and decent the widow was / in all her ways; / and so / when
아줌마가 매우 엄격하고 품위 있어서　　매사에;　　　그래서

I couldn't stand it no longer / I lit out. I got into my old
더 이상 참을 수 없게 되자　　　나는 끝을 냈다. 나는 오래된 누더기를 입고

rags / and my sugar-hogshead / again, / and was free / and
설탕통으로 들어가서　　다시,　자유를 누리며

satisfied. But / Tom Sawyer he hunted me up / and said / he
만족했다.　하지만　톰 소여가 나를 찾아내서　　　　말했다

was going to start a band of robbers, / and I might join / if
갱단을 시작할 거라고,　　　　　　그리고 내가 가입할 수도 있다고

I would go back to the widow / and be respectable. So / I
만약 아줌마에게 돌아가서　　　얌전히 있으면.　　그래서

went back.
나는 돌아갔다.

wind up 마무리짓다 | apiece 각자에게, 각각에 | awful 엄청 | pile up 쌓이다 | interest 이자 | fetch 가져오다,
데려오다 | allow ~할 작정이다(방언) | sivilize 교육하다, 기르다 | dismal 음울한, 울적하게 하는 | regular 단정한,
엄격한 | decent 품위 있는, 예의 바른 | stand 참다 | rag 넝마 조각, 누더기 | sugar-hogshead 설탕통 | band 무리
| robber 강도 | respectable 존경할 만한, 훌륭한

13

The widow she cried over me, / and called me / a poor lost
아줌마는 나를 보자 울면서, 나를 불렀고 길 잃은 불쌍한 양

lamb, / and she called me / a lot of other names, / too, / but
이라고, 또 불렀다 수많은 다른 이름으로, 또한,

she never meant no harm / by it. She put me in them new
하지만 악의가 있는 것은 아니었다 그렇게 부른 데에. 그녀는 내게 새 옷을 입혀 주었고

clothes / again, / and I couldn't do nothing / but sweat and
또 다시, 나는 아무것도 할 수 없었으며 땀을 뻘뻘 흘리는 것

sweat, / and feel all cramped up. Well, then, / the old thing
외에는, 항상 조여오는 기분을 느꼈다. 그리고 나서, 예전에 하던 일이 다시

commenced again. The widow rung a bell / for supper, /
시작되었다. 아줌마가 벨을 울리면 저녁 식사를 위한,

and you had to come to time. When you got to the table /
제시간에 가야 했다. 식탁에 도착하면

you couldn't go right to eating, / but you had to wait / for
곧바로 먹을 수 없었고, 기다려야 했다

the widow to tuck down her head / and grumble a little /
아줌마가 고개를 숙이고 뭔가를 중얼거릴 때까지

over the victuals, / though there warn't really anything the
음식에 대고, 정말로 아무 문제도 없었지만

matter / with them, / — that is, / nothing only everything
음식에는, — 즉, 모든 것이 요리되어 있을 뿐이었다

was cooked / by itself. In a barrel of odds and ends / it is
하나씩. 온갖 찌꺼기들을 모아둔 통 안에서라면

different; / things get mixed up, / and the juice kind of
다른 문제이다; 모든 것이 뒤섞이고, 국물이 바뀌어 버려서,

swaps around, / and the things go better.
음식들이 더 맛있어지는 법이다.

After supper / she got out her book / and learned me / about
저녁 식사 후에는 아줌마는 책을 꺼내 들고는 나를 가르쳤고

Moses and *the Bulrushers, / and I was in a sweat / to
모세와 부들에 관해, 나는 땀을 흘리며

find out all about him; / but by and by / she let it out / that
그 사람에 대해 모든 것을 알아야 했다; 하지만 이윽고 아줌마는 말하고 말았다

Moses had been dead / a considerable long time; / so then /
모세는 죽었다고 상당히 오래 전에; 따라서 그때부터는

I didn't care no more / about him, / because I don't take no
더 이상 신경 쓰지 않았다          그 사람에 대해,          왜냐하면 나는 신용하지 않으니까

stock / in dead people.
죽은 사람들에 대해서는.

*성경의 출애굽기 2장 3-5절에 나오는 모세를 담은 바구니를 갖다 둔 곳에 있었던 풀을 일컬음

cramp 쥠쇠 등으로 바싹 죄다, 속박하다 | commence 시작하다 | supper 저녁, 마지막 끼니 | tuck 밀어 넣다,
쑤셔 넣다 | grumble 불평하다 | victuals (복수형) 음식 | warn't =wasn't, weren't | barrel 통 | odds and ends
온갖 잡동사니 | swap 교환품 | by and by 이윽고, 머지않아 | let out 말하다 | considerable 상당한, 많은
take no stock in ~을 신용하지 않다

Pretty soon / I wanted to smoke, / and asked the widow to
머지않아          나는 담배를 피우고 싶어졌고,      아줌마에게 허락을 구했다.

let me. But she wouldn't. She said / it was a mean practice
하지만 허락하려 들지 않았다. 그녀가 말하길      담배는 나쁜 버릇이며

/ and wasn't clean, / and I must try to not do it / any more.
깨끗하지 않기 때문에,      피우지 않도록 노력해야 한다고 했다      더 이상은.

That is just the way / with some people. They get down on
그게 바로 방식이다      사람들에게 있는.      그런 사람들은 반감을 품는다

a thing / when they don't know nothing / about it. Here /
아무것도 모르면서      그것에 대해.  여기에서

she was a-bothering about Moses, / which was no kin to
그녀는 모세에 관한 일만 신경 쓰고 있었다,      친척도 아니고,

her, / and no use to anybody, / being gone, / you see, / yet
아무한테도 쓸모 없는,      이미 죽어서,      알다시피,

finding a power of fault / with me for doing a thing / that
그러면서 잘못을 찾아내려고 했다      내가 한 일에는

had some good in it. And she took snuff, too; / of course /
쓸모 있는.      그리고 아줌마도 코담배를 맡으면서 말이다;  물론

that was all right, / because she done it herself.
그건 괜찮다,      자기가 하는 일이니까.

Her sister, / Miss Watson, / a tolerable slim old maid,
아줌마의 동생인,      왓슨 아줌마는,      꽤 날씬한 여자로,

/ with goggles on, / had just come to live with her, /
안경을 쓴,      그 무렵 같이 살게 되었는데,

and took a set at me / now / with a spelling-book. She
내 앞에 차려놓았다      이번에는      철자책을.

worked me middling hard / for about an hour, / and then
그녀는 나를 제법 열심히 가르쳤고      약 한 시간 동안,      그리고 나서야

/ the widow made her ease up. I couldn't stood it much
아줌마가 그녀에게 나를 풀어 주라고 했다.      나는 더 이상 견딜 수 없었다.

longer. Then / for an hour / it was deadly dull, / and I was
그 후      한 시간 동안      무척이나 심심해서,      안절부절 했다.

fidgety. Miss Watson would say, / "Don't put your feet up
왓슨 아줌마는 말하곤 했다,      "다리를 거기에 올려 놓지 말아라,

there, / Huckleberry;" / and "Don't scrunch up like that, /
허클베리,"라거나          "그렇게 우두둑 소리내지 말아라,

Huckleberry / — set up straight;" / and pretty soon / she
허클베리          — 똑바로 앉으렴;"이라고          그리고 곧

would say, / "Don't gap and stretch like that, / Huckleberry
말하곤 했다,          "그렇게 입을 벌리고 기지개 켜지 마라,          허클베리

/ — why don't you try to behave?" Then / she told me / all
— 예절 바르게 행동하지 않겠니?"          그리고 나서  내게 말했는데

about the bad place, / and I said / I wished I was there. She
지옥 얘기에 대해서,          나는 말했다   거기에 갔으면 좋겠다고.

got mad then, / but I didn't mean no harm. All I wanted
그러자 그녀는 화를 냈다, 하지만 나는 악의가 있어서 그런 건 아니었다. 내가 원하는 건

/ was to go somewheres; / all I wanted / was a change, /
어디든 다른 곳에 가는 것 뿐이었다;          내가 원하는 것은          변화였을 뿐,

I warn't particular. She said / it was wicked to say / what
특히 그러겠다는 건 아니었다.   그녀는 말했다    나쁜 일이라고          내가 말하는

I said; / said she wouldn't say it / for the whole world; /
것은;          그리고 자기라면 그런 말은 하지 않을 거라고  세상을 다 준다 해도;

she was going to live / so as to go to the good place. Well,
또한 자신은 살 거라고          좋은 곳으로 가기 위해.          하지만,

/ I couldn't see no advantage / in going where she was
난 좋은 일이 있을지 알 수 없었고          그녀가 가려는 곳에 간다 해도,

going, / so I made up my mind / I wouldn't try for it. But I
그래서 결심했다          그곳에 가려고 애쓰지 않겠다고.   하지만 그

never said so, / because it would only make trouble, / and
렇게 말하지는 않았다,    왜냐하면 그래봤자 말썽을 일으킬 뿐이고,

wouldn't do no good.
득이 될 것도 없을 테니까.

---

mean 비열한, 상스러운 | get down on ~에게 반감을 품다 | bother 신경 쓰다, 애를 쓰다 | kin 친척 | take
snuff 코담배를 맡다 | tolerable (썩 좋지는 않지만) 웬만큼 괜찮은 | goggles 고글(물·바람·먼지 등이 들어가지
않게 얼굴에 밀착되게 쓰는 안경) | middling 웬만큼, 제법 | fidgety 안절부절 하는, 조바심 내는 | scrunch 우두둑
소리를 내다 | gap 벌리다 | behave (어린이가) 예절 바르게 행동하다 | particular 특별한 | wicked 사악한 |
make up one's mind 결심하다

Now / she had got a start, / and she went on and told me
이제 말을 시작하자, 아줌마는 계속해서 말했다

/ all about the good place. She said / all a body would
천국에 대한 모든 이야기를. 아줌마는 말했다 그곳에 가는 모든 사람들은

have to do there / was to go around / all day long / with a
돌아다니게 된다고 하루 종일

harp and sing, / forever and ever. So / I didn't think much
하프를 켜고 노래하며, 언제까지나 영원히. 그렇다고 나는 그걸 중요하게 생각하지

of it. But / I never said so. I asked her / if she reckoned
않았다. 하지만 그렇게 말하지는 않았다. 내가 물었더니 아줌마가 생각하기에

/ Tom Sawyer would go there, / and she said not by a
톰 소여도 그곳에 갈 수 있는지, 그러자 말도 안 되는 소리라고 했다.

considerable sight. I was glad about that, / because I
나는 그 말을 듣고 기뻤다, 왜냐하면 그를 원했고

wanted him / and me to be together.
함께 있고 싶었으니까.

Miss Watson she kept pecking at me, / and it got tiresome
왓슨 아줌마는 계속 나를 쪼아댔고, 그 때문에 성가시고 외로워졌다.

and lonesome. By and by / they fetched the niggers in /
이윽고 두 사람은 검둥이들을 불러 들여

and had prayers, / and then / everybody was off to bed. I
기도를 했고, 그런 다음 모두 잠자리에 들었다.

went up to my room / with a piece of candle, / and put it
나는 내 방으로 올라가서 양초를 들고, 양초를 탁자 위에

on the table. Then I set down in a chair / by the window /
놓았다. 그리고 의자에 앉아서 창문 옆에 있는

and tried to think / of something cheerful, / but it warn't
생각하려 했지만 뭔가 즐거운 것을, 소용이 없었다.

no use. I felt so lonesome / I most wished / I was dead.
나는 아주 외로웠고 간절히 원했다 죽었으면 좋겠다고.

The stars were shining, / and the leaves rustled / in the
별들은 반짝거렸고, 나뭇잎들은 바스락거렸다 숲 속에서

woods / ever so mournful; / and I heard / an owl, / away
너무나 애절하게; 그리고 들었다 부엉이가, 저 멀리서,

off, / who-whooing / about somebody that was dead, / and
부엉부엉 우는 소리를 죽은 누군가를 위해,

a *whippowill and a dog crying / about somebody that
또 소쩍새와 개가 우는 소리도          죽어가는 누군가를 위해;

was going to die; / and the wind was trying to whisper /
바람은 속삭이려 했지만

something / to me, / and I couldn't make out / what it was,
뭔가를        내게,        난 알 수 없었다          그것이 무엇인지,

/ and so it made the cold shivers run over me. Then / away
그래서 바람에 덜덜 떨기만 했다.                        그때

out in the woods / I heard that kind of a sound / that a ghost
숲 속 저 멀리서          어떤 소리를 들었다          귀신이 내는

makes / when it wants to tell about something / that's on
귀신은 뭔가 말하고 싶었지만                        마음속에 있는

its mind / and can't make itself understood, / and so can't
알아듣게 할 수 없었기에,                        편히 쉴 수 없어서

rest easy / in its grave, / and has to go / about that way /
자신의 무덤에서,        다녀야 했던 것이다      그런 식으로

every night grieving. I got so down-hearted and scared / I
매일 밤 슬퍼하면서.        나는 매우 낙담하고 두려워서

did wish / I had some company. Pretty soon / a spider went
바랐다        친구가 있었으면 하고.        곧        거미 한 마리가 기어올

crawling up / my shoulder, / and I flipped it off / and it lit in
라와서        내 어깨에,        손가락으로 퉁겨 버렸더니      촛불에 떨어져

the candle; / and before I could budge / it was all shriveled
타 버렸다;        눈 깜짝할 사이에          거미는 완전히 타 죽어 버렸다.

up. I didn't need anybody to tell me / that that was an awful
누군가 말해 줄 필요도 없이              그것은 불길한 일의 전조였다

bad sign / and would fetch me some bad luck, / so I was
내게 악운을 가져다 줄,                        그래서 나는 무서워

scared / and most shook the clothes off of me. I got up / and
졌고        벌벌 떨어서 옷이 벗겨질 지경이었다.              나는 일어나서

---

* 엽조(Partridge)와 비슷한 새(조류). 북미 동부의 쏙독새류(Whippoorwill)

harp 하프 | reckon (~이라고) 생각하다 | not~by a considerable[long] sight 결코 ~아니다 | peck 부리로
쪼다, 쪼아 보다 | tiresome 성가신, 짜증스러운 | lonesome 외로운, 허전한 | nigger (속어) 깜둥이(흑인을 가리키는
모욕적인 말) | rustle 바스락거리다 | mournful 애절한 | whoo 부엉부엉 울다 | shiver 몸서리, 오한 | grave 무덤
| grieve 몹시 슬퍼하다 | down-hearted 낙담한 | scared 두려운 | company 친구, 동료 | crawl 기어가다 | flip
off 손가락으로 퉁겨 버리다 | budge 약간 움직이다, 꼼짝하다 | shrivel 시들다, 말라 죽다

19

turned around in my tracks / three times / and crossed my
걸으면서 방향을 틀었고          세 번          가슴에 십자를 그었다

breast / every time; / and then / I tied up / a little lock of my
그때마다;          그러고 나서          묶었다          내 머리카락 한 움큼을

hair / with a thread / to keep witches away. But / I hadn't
실로          마녀를 쫓아내기 위해.          하지만

no confidence. You do that / when you've lost a horseshoe
확신은 없었다.          사람들은 그렇게 하곤 한다          말굽 편자를 잃어버렸을 때

/ that you've found, / instead of nailing it up over the door,
발견했던,          문에 못으로 박아놓지 않고서,

/ but I hadn't ever heard / anybody say / it was any way / to
하지만 들어본 적은 없다          누군가 말하는 걸          그것이 방식이라고

keep off bad luck / when you'd killed a spider.
악운을 물리치는          거미를 죽였을 때.

I set down again, / a-shaking all over, / and got out my pipe
나는 다시 주저 앉아,          몸서리치며,          담뱃대를 꺼냈다

/ for a smoke; / for the house was all as still as death now, /
한 모금 피우려고;          집 안이 온통 쥐 죽은 듯 조용해서,

and so the widow wouldn't know. Well, / after a long time /
아줌마는 모를 것이기 때문이었다.          그런데,          시간이 꽤 지난 후

I heard / the clock away off in the town / go boom — boom
들었다          마을 저 멀리서 시계가          땡 — 땡 — 땡 울리는 소리를

— boom / — twelve licks; / and all still again / — stiller
— 12번의 타종 소리가;          그리고는 다시 온 세상이 조용해졌다          — 전보다

than ever. Pretty soon / I heard a twig snap down / in the
훨씬 더.          곧          나뭇가지가 툭 부러지는 소리가 들렸고          어둠 속에서

dark / amongst the trees / — something was a stirring. I
나무들 사이로          — 그리고 뭔가가 흔들렸다.          나는

set still / and listened. Directly / I could just barely hear /
조용히 앉아서 귀를 기울였다.          그러자          겨우 들을 수 있었다

---

track (사람·짐승의) 발자국 | lock 머리의 타래 | witch 마녀 | confidence 자신, 확신 | horseshoe 말굽 편자 |
nail 못으로 박다 | pipe 담배 파이프, 담뱃대 | boom 쿵 하고 울리는 소리 | lick 강타, 일격 | twig 잔가지 | snap
툭 부러뜨리다 | amongst ~속에서(=among) | stirring 동요, 일어남

a "me-yow, me-yow!" / down there. That was good! Says
"야옹, 야옹!" 소리를 　　　　　　그 아래에서. 　　그래 좋았어! 　　나도 말했다.

I, / "me-yow, me-yow!" / as soft as I could, / and then / I
"야옹, 야옹!" 　　　　　최대한 낮은 소리로, 　　　그리고 나서

put out the light / and scrambled out of the window / on to
불을 끄고 　　　　　창문 밖으로 재빨리 나왔다

the shed. Then I slipped down to the ground / and crawled
헛간 위로. 　　그리고 땅으로 미끄러져 내려와서

in among the trees, / and, / sure enough, / there was Tom
나무 사이를 기어갔다, 　　그러자, 　아나나 다를까, 　　톰 소여가 있었다

Sawyer / waiting for me.
　　　　나를 기다리며.

---

**Key Expression**

**as ~ as I could : 가능한 한 ~ 하게**

'as + 형용사/부사 + as + 주어 + can'은 '가능한 ~ 하게' 라는 의미를 가진 구문
입니다. 이때 '주어 + can' 대신에 possible로 바꾸어 쓸 수 있습니다.

ex) Says I, "me-yow, me-yow!" as soft as I could.
　　나는 최대한 낮은 소리로 "야옹, 야옹!" 하고 말했다.

---

me-yow (=meow) 고양이 울음소리 | scramble 재빨리 움직이다 | shed (작은) 헛간 | sure enough 아니나
다를까, 물론

# 2

We went tiptoeing / along a path / amongst the trees / back
우리는 발 끝으로 걸어갔다    길을 따라      나무 사이로

towards the end of the widow's garden, / stooping down
아줌마의 정원 끝으로,                              웅크린 채

/ so as the branches wouldn't scrape our heads. When we
나뭇가지에 머리가 긁히지 않도록.

was passing by the kitchen / I fell over a root / and made a
부엌을 지날 때                        나는 나무 뿌리에 걸려 넘어져  소리를 내고 말았다.

noise. We scrouched down / and laid still. Miss Watson's
우리는 몸을 웅크리고                 가만히 있었다.        왓슨 아줌마네 큰 검둥이가,

big nigger, / named Jim, / was setting / in the kitchen door;
짐이라는 이름의,        나타났다        부엌 문에;

/ we could see him / pretty clear, / because there was a
우리는 그를 볼 수 있었다     꽤 선명하게.      불빛이 있었으므로

light / behind him. He got up / and stretched his neck out /
그의 뒤에.        그는 일어나서   목을 길게 뻗고는

about a minute, / listening. Then he says:
1분 정도,             귀 기울이며.   그리고 말했다:

"*Who dah?"
"거 누구여?"

**일반주어 you의 해석**

이 책에는 you를 주어로 한 문장이 자주 등장합니다. 이때 you는 불특정 다수, 일반인를 가리키는 '일반주어'로 봅니다.

일반주어에는 you 이외에도 we, they를 쓰기도 하는데, 특별히 지칭할 만한 대상이 없는 상황이나 주인공의 독백에서 위와 같은 주어가 나타날 경우 '일반주어'로 해석합니다. 일반주어를 해석할 경우에는 주어를 생략하거나 '사람들은' 정도로 해석하는 것이 자연스럽습니다. 그리고 문장 내에 your가 등장하면 '당신의' 보다는 '자신의'로, 복수일 경우에는 '여러분의'로 해석합니다.

ex) If you are anywheres where it won't do for you to scratch, why you will itch all over in upwards of a thousand places.
긁으면 안 되는 장소에 있기만 하면, 왜 그런지 온몸의 수천 군데가 가려워진다.

*Who dah?=Who is the~? (흑인 영어)
**sumf'n=something (흑인 영어)

He listened some more; / then he come tiptoeing down
그는 좀 더 귀 기울였다; 그리고는 발 끝으로 내려와

/ and stood right between us; / we could a touched him,
바로 우리 둘 사이에 섰다; 손이 닿을 수 있는 거리였다,

/ nearly. Well, likely it / was minutes and minutes / that
거의. 그와 같은 자세로 몇 분이 흘렀고

there warn't a sound, / and we all there / so close together.
아무 소리도 없이, 우리 모두는 거기에서 아주 가까이 함께 있었다.

There was a place on my ankle / that got to itching, / but
발목에 어느 한 곳이 가렵기 시작했지만,

I dasn't scratch it; / and then / my ear begun to itch; / and
감히 긁을 수도 없었다; 그리고 나서 귀가 가렵기 시작했고; 그리고

next / my back, / right between my shoulders. Seemed
다음엔 등이, 바로 어깨 사이의. 거의 죽을 것 같았다

like I'd die / if I couldn't scratch. Well, I've noticed that
긁지 못한다면. 그런 일이 더 있었다

thing / plenty times / since. If you are with the quality, /
여러 번 그 후로도. 지체 높은 사람들과 있을 때나,

or at a funeral, / or trying to go to sleep / when you ain't
장례식장에 있거나, 또는 잠을 자려고 애쓰면 졸리지 않은데도

sleepy / — if you are anywheres / where it won't do for
— 장소에 있기만 하면 긁으면 안 되는 곳에,

you to scratch, / why you will itch / all over in upwards of
왜 그런지 가려워진다 온몸의 수천 군데가.

a thousand places. Pretty soon / Jim says:
잠시 후 짐이 말했다:

"Say, / who is you? Whar is you? Dog my cats / ef I didn'
"이봐, 당신 누구여? 어디 있는 거지? 말도 안 되는 소리지. 내가 무슨 소리를

hear **sumf'n. Well, / I know / what I's gwyne to do: / I's
들은 게 아니라면 그럼, 알겠어 내가 해야 할 일을:

gwyne to set down here / and listen tell / I hears it agin."
여기 앉아서 듣고 알아내고 말 거야 다시 들을 때까지.

---

stoop 웅크리다 | scrape 긁어대다, 생채기를 내다 | scrouch (=crouch) 웅크리다 | (the) quality 상류 사회 사람들, 사회적 지위 | Dog my cats 제기랄, 말도 안 돼

So / he set down / on the ground / betwixt me and Tom. He
그렇게 그는 주저앉았다    땅바닥에    나와 톰 사이에.

leaned his back up / against a tree, / and stretched his legs
그는 등을 기대고    나무에,    다리를 뻗었고

out / till one of them most touched / one of mine. My nose
그러자 한쪽 다리가 거의 닿을 뻔 했다    내 다리에.

begun to itch. It itched / till the tears come into my eyes.
코가 가렵기 시작했다. 가려워서    눈물이 날 지경이었다.

But / I dasn't scratch. Then / it begun to itch / on the inside.
하지만    감히 긁을 수는 없었다.    그러자    가렵기 시작했다    뱃속이.

Next / I got to itching / underneath. I didn't know / how I
다음에는    가려워졌다    엉덩이가.    알 수 없었다

was going to set still. This miserableness went on / as much
어떻게 가만히 있을 수 있는지.    이렇게 비참한 순간이 지나갔다

as six or seven minutes; / but it seemed a sight / longer
6~7분 정도가;    하지만 광경같았다    그보다 훨씬

than that. I was itching / in eleven different places / now.
긴 시간의.    나는 가려웠다    11군데나    이제.

I reckoned / I couldn't stand it / more'n a minute longer, /
생각이 들었지만    참을 수 없다고    더 이상은 1분도,

but I set my teeth hard / and got ready to try. Just then / Jim
이를 악물고    참아보려고 노력했다.    바로 그때

begun to breathe heavy; / next he begun to snore — and
짐이 숨을 크게 쉬기 시작하더니;    다음에는 코를 골기 시작했다    — 그러자

then / I was pretty soon comfortable / again.
나도 곧 편안해졌다    다시.

Tom he made a sign / to me / — kind of a little noise / with
톰이 신호를 보냈다    내게    — 작은 소리를 내며

his mouth — / and we went creeping away / on our hands
입으로 —    그리고 우리는 살금살금 기어갔다    손과 무릎으로.

and knees. When we was ten foot off / Tom whispered to
10피트 정도 갔을 때    톰이 속삭였다,

---

betwixt (=between) | miserableness 비참함 | snore 코를 골다 | creep 살금살금 움직이다 | slip 살짝 가다 |
resk 위험(=risk)

me, / and wanted to tie Jim / to the tree / for fun. But I said
짐을 묶어놓고 싶다고          나무에          재미로.          하지만 나는 안

no; / he might wake / and make a disturbance, / and then
된다고 했다; 그가 깨서          소란을 피우면,          

they'd find out / I warn't in. Then Tom said / he hadn't
사람들이 발견할 테니까    내가 집 안에 없는 것을. 그러자 톰이 말했다

got candles enough, / and he would slip / in the kitchen /
양초가 부족하니까,          슬쩍 들어가          부엌에

and get some more. I didn't want him to try. I said / Jim
더 갖고 나오겠다고.          나는 톰이 그러지 않길 바랐다.          나는 말했다

might wake up / and come. But / Tom wanted to resk it; /
짐이 깨어나서          들어올지 모른다고. 하지만 그는 위험을 무릅쓰고자 했다;

so we slid in there / and got three candles, / and Tom laid
그래서 우리는 그곳에 살짝 들어가   양초 세 개를 가져왔고,          톰이 5센트를 올려 놓았다

five cents / on the table / for pay. Then we got out, / and I
탁자 위에          양초 값으로. 그리고 나서 우리는 밖으로 나왔고,

was in a sweat / to get away; / but nothing would do Tom
나는 땀에 젖어있었다    도망치느라;          하지만 톰에게 아무 영향이 없었고

/ but he must crawl / to where Jim was, / on his hands
기어갈 뿐이었다          짐이 있는 곳으로,          손과 무릎으로,

and knees, / and play something on him. I waited, / and
그를 놀리려고.          나는 기다렸고,

it seemed a good while, / everything was so still / and
그 시간은 잠시 동안인 듯 보였지만,    모든 게 아주 고요하고

lonesome.
쓸쓸했다.

Key Expression 🔑

**as much as ~ : ~ 만큼**
as much as는 '~만큼'이라는 뜻입니다. 셀 수 있는 명사일 경우에는 many를,
셀 수 없는 명사일 경우에는 much를 사용합니다.
much와 as 사이에 형용사나 명사를 넣어 '~만큼 ~(형용사)한, ~만큼의 ~(명
사)'의 형식으로 쓰이기도 합니다.

ex) This miserableness went on as much as six or seven minutes.
    이런 비참한 순간이 6~7분 정도 계속됐다.

As soon as Tom was back / we cut along the path, / around
톰이 돌아오자 마자                우리는 재빨리 오솔길을 따라,

the garden fence, / and by and by / fetched up / on the
정원의 울타리를 돌아,      마침내        도착했다

steep top of the hill / the other side of the house. Tom said
가파른 언덕 꼭대기에        집 반대편에 있는.                      톰이 말했다

/ he slipped Jim's hat off of his head / and hung it / on a
짐의 모자를 벗겨서                        걸어 놨다고      나뭇가지에

limb / right over him, / and Jim stirred a little, / but he
그의 바로 위에 있는,    그리고 짐이 약간 움직였지만,

didn't wake. Afterwards / Jim said / the witches bewitched
깨어나진 않았다고.  나중에        짐이 말했다    마녀들이 그를 홀려서

him / and put him in a trance, / and rode him / all over
꿈 속에 있도록 한 후,                그를 태우고 다녔다고

*the State, / and then / set him under the trees again, /
그 주를 돌며,      그리고 나서    그를 나무 아래에 다시 내려 놓고,

and hung his hat / on a limb / to show who done it. And
모자를 걸어 놓았다고    나뭇가지에    누가 한 짓인지 보여 주려고.      그리고

next time Jim told it / he said / they rode him down to New
다음 번 그 얘기를 꺼냈을 때    말했다    그들이 뉴올리언즈까지 태워다 주었다고;

Orleans; / and, after that, / every time he told it / he spread
Orleans;        또 그 후에,        이 일을 이야기 할 때마다

it more and more, / till by and by / he said / they rode him
그는 점점 범위를 늘리더니,    마침내        말했다    그들이 자신을 태워줬다고

/ all over the world, / and tired him most to death, / and his
전 세계에,              그래서 피곤해 죽을 지경이었고,

back was all over saddle-boils.
말 안장 때문에 등이 종기투성이라며.

Jim was monstrous proud / about it, / and he got so / he
짐은 어처구니없게도 자랑스러워했고        그 일에 대해,    그렇게 해서

wouldn't hardly notice / the other niggers. Niggers would
거들떠보지도 않았다              다른 검둥이들을.          검둥이들은 수 마일을

come miles / to hear Jim tell about it, / and he was more
건너오곤 했다    짐의 이야기를 듣기 위해,          그래서 그는 더욱 존경받게 되었다

* 미주리 주를 가리킴

fence 울타리, 담 | fetch up 도착하다, 끝나다 | steep 가파른 | limb (나무의) 큰 가지 | bewitch 마법을 걸다 | trance
꿈결, 비몽사몽 | saddle 안장 | monstrous 극악 무도한, 어처구니 없는 | wonder 놀랄 만한 것, 경이 | happen in 불쑥
들르다 | 'bout =about | cork up 코르크 마개로 막다 | centerpiece 장식물, 중심부의 장식 | stuck up 거만한, 건방진

26    The Adventures of Huckleberry Finn

looked up to / than any nigger / in that country. Strange
다른 어떤 검둥이보다    그 지역에서.

niggers would stand / with their mouths open / and look him
낯선 검둥이들은 서서    입을 벌린 채    그를 보느라,

all over, / same as if he was a wonder. Niggers is always
그가 마치 경이로운 대상인 듯.    검둥이들은 항상 말하곤 했다

talking / about witches / in the dark / by the kitchen fire;
마녀들에 대해    어둠 속에서    부엌 난로 옆에 있는;

/ but whenever one was talking / and letting on to know
그러나 누군가 말하면서    알려 주려 할 때마다

/ all about such things, / Jim would happen in / and say, /
마녀 이야기같은 것을,    짐이 갑자기 끼어 들어    말하곤 했다.

"Hm! What you know 'bout witches?" / and that nigger was
"흠!    네가 마녀들에 대해 뭘 알아?"    그러면 말하던 검둥이는 입을

corked up / and had to take a back seat. Jim always kept that
다물고    뒷좌석으로 물러나야 했다.    짐은 항상 5센트짜리를 지니고

five-centerpiece / round his neck / with a string, / and said /
다니며    목에 건 채    실에 엮어서,    말했다

it was a charm / the devil give to him / with his own hands,
그것은 부적이라고    악마가 그에게 준    자기 손으로 직접,

/ and told him / he could cure anybody / with it / and fetch
그리고 악마가 말했다고    누구라도 고칠 수 있다며    그것만 있으면    그리고 마녀를 데

witches / whenever he wanted to / just by saying something
려올 수 있다고    원할 때마다    무슨 말을 하기만 하면

/ to it; / but he never told / what it was he said / to it. Niggers
거기에 대고;    하지만 그는 절대 말하지 않았다    그 말이 무엇인지    거기에 했던.

would come / from all around there / and give Jim anything
검둥이들이 모여들어    전국 각지에서    짐에게 뭐든지 주었다

/ they had, / just for a sight / of that five centerpiece; / but
자신들이 가진,    한 번만이라도 보려고    그 5센트짜리 동전을;

they wouldn't touch it, / because the devil had had his hands
하지만 만지려 하진 않았다,    왜냐하면 악마가 손을 댔던 물건이기 때문에.

on it. Jim was most ruined / for a servant, / because he got
짐은 거의 쓸모가 없었다    노예로서는,    왜냐하면 거만해졌기 때문에

stuck up / on account of having seen the devil / and been
악마를 보았으며

rode by witches.
마녀들이 그를 태우고 다녔다는 이유로.

Well, / when Tom and me got to the edge of the hilltop / we
자,  톰과 나는 언덕 꼭대기에 도착하자

looked away down into the village / and could see three or
멀리 마을을 내려다 보았고  서너 개의 불빛이 반짝이는 것을 볼 수

four lights twinkling, / where there was sick folks, / maybe;
있었는데,  그곳에는 아픈 사람들이 있는 같았다,  아마도;

/ and the stars over us / was sparkling / ever so fine; / and
우리 머리 위의 별들이  반짝이고 있었다  매우 아름답게;

down by the village / was the river, / a whole mile broad,
그리고 마을 옆 아래로  강이 있었는데,  폭이 1마일이나 되고,

/ and awful still / and grand. We went down the hill / and
엄청 고요하고  웅장했다.  우리는 언덕을 내려와

found Jo Harper and Ben Rogers, / and two or three more
조 하퍼와 벤 로저스를 찾았다,  또 두세 명의 소년들도,

of the boys, / hid in the old tanyard. So we unhitched a
오래된 무두질 공장에 숨어 있던.  그래서 우리는 소형 보트를 풀고

skiff / and pulled down the river / two mile and a half, / to
강을 따라 내려가서  2.5마일을,

the big scar on the hillside, / and went ashore.
언덕 위의 큰 바위까지.  해변으로 갔다.

We went to a clump of bushes, / and Tom made everybody
우리는 덤불에 도착했고,  톰은 모두에게 맹세하도록 했으며

swear / to keep the secret, / and then showed them / a hole
비밀을 지키도록,  그리고 나서 보여 주었다  언덕에 있는

in the hill, / right in the thickest part of the bushes. Then
작은 구멍을,  바로 덤불이 가장 우거진 부분에.  그리고 나서

/ we lit the candles, / and crawled in / on our hands and
우리는 촛불을 밝히고,  기어 들어갔다  손과 무릎으로.

knees. We went about two hundred yards, / and then the
약 2백 야드 정도 가자,  동굴이 펼쳐졌다.

cave opened up. Tom poked / about amongst the passages, /
톰은 쿡쿡 찔렀고  통로들 주변을,

and pretty soon / ducked under a wall / where you wouldn't
그러자 곧  벽 아래가 쑥 넓어졌다  그곳에서는 아무도 눈치채지 못했

a noticed / that there was a hole. We went along a narrow
을 것이다  구멍이 있다는 것을.  우리는 좁은 곳을 지나

**place** / **and got into a kind of room,** / **all** damp **and** sweaty
어떤 방에 도착했는데,                                      온통 축축하고 땀이 배이고

**and cold,** / **and there we stopped. Tom says:**
추워서,                       거기에서 멈추었다.                톰이 말했다:

folks (복수형) 세상 사람들 | tanyard 무두질 공장 | unhitch 풀다, 놓아주다 | skiff 소형 보트 | clump 덤불
poke 쿡쿡 찌르다, 뚫고 나아가다 | passage 통로 | duck (쑥) 물 속에 잠기다 | damp 습기찬, 축축한 | sweaty
땀에 흠뻑 젖은

29

"Now, / we'll start this band of robbers / and call it / Tom
"이제, 우리는 강도단을 시작할 것이고 부를 것이다

Sawyer's Gang. Everybody that wants to join / has got to
'톰 소여의 갱단'이라고. 가입하길 원하는 사람은 누구나 맹세를 해야 한다,

take an oath, / and write his name / in blood."
이름을 써서 피로."

Everybody was willing. So Tom got out a sheet of paper /
모두들 기꺼이 그렇게 하려 했다. 그래서 톰은 종이 한 장을 꺼내어

that he had wrote the oath on, / and read it. It swore / every
맹세를 써 둔, 읽었다. 그 맹세는 선언했다

boy to stick to the band, / and never tell any of the secrets;
모든 소년들은 갱단에 남아 있어야 하며, 비밀을 절대 누설하면 안 된다고;

/ and if anybody done anything / to any boy in the band,
또 누군가가 무슨 짓을 한다면 갱단의 단원에게,

/ whichever boy was ordered / to kill that person and his
명령을 받은 사람은 누구나 그 자와 그의 가족을 죽이라고

family / must do it, / and he mustn't eat / and he mustn't
완수해야 한다고, 또한 음식을 먹어도 안 되고 잠을 자서도 안 된다고

sleep / till he had killed them / and hacked a cross / in their
그들을 죽일 때까지 그리고 십자가를 새겨 넣을 때까지,

breasts, / which was the sign of the band. And nobody that
그들의 가슴에, 그 십자가는 갱단의 표지였다.

didn't belong to the band / could use that mark, / and if he
그래서 갱단에 속하지 않은 자는 누구도 그 기호를 사용할 수 없고, 만일 그런 짓을

did / he must be sued; / and if he done it again / he must
한다면 고소할 것이라고; 또한 그런 짓을 다시 하면 죽임을 당할 것이라

be killed. And / if anybody that belonged to the band / told
고. 그리고 갱단에 소속된 누군가

the secrets, / he must have his throat cut, / and then have
비밀을 누설할 경우, 그의 목을 자르고, 시체를 태운 후

his carcass burnt up / and the ashes scattered / all around, /
재를 뿌릴 것이라고 사방에,

and his name blotted off / of the list with blood / and never
그리고 그의 이름은 지워질 것이고 피로 쓴 명단에서

mentioned again / by the gang, / but have a curse put on it /
다시는 불리우지 않을 것이며 갱단에 의해, 저주를 내려

and be forgot forever.
영원히 잊혀지도록 할 것이라고.

Everybody said / it was a real beautiful oath, / and asked
모두들 말하며          정말 멋진 맹세라고,          톰에게 물었다

Tom / if he got it out of his own head. He said, / some of it,
그의 머리에서 직접 나온 것인지를.          그는 말했다,    어떤 것은 그렇지만,

/ but the rest / was out of pirate-books and robber-books, /
나머지는          해적에 관한 책과 강도단과 관련된 책에서 나온 것이고,

and every gang that was high-toned / had it.
멋진 갱단이라면 누구나          그런 맹세를 한다고.

Some thought / it would be good / to kill the FAMILIES of
누군가 생각했다    좋겠다고          단원들의 가족도 죽이는 것이

boys / that told the secrets. Tom said / it was a good idea,
비밀을 누설한.          그러자 톰이 말했다 그것은 좋은 생각이라고,

/ so he took a pencil / and wrote it in. Then / Ben Rogers
그리고는 펜을 꺼내          그렇게 썼다.          그러자    벤 로저스가 말했다:

says:

"Here's Huck Finn, / he hain't got no family; / what you
"여기 헉 핀이 있는데,          그에게는 가족이 없잖아;

going to do 'bout him?"
그를 어쩔 거냐?"

"Well, hain't he got a father?" / says Tom Sawyer.
"하지만, 아버지가 있잖아?"          톰 소여가 말했다.

"Yes, / he's got a father, / but you can't never find him /
"그렇지,    그에겐 아버지가 있지,    하지만 찾을 수 없는 걸

these days. He used to lay drunk / with the hogs / in the
요 근래에는.    그는 술에 취해 누워 있곤 했는데 돼지들과          무두질 공장에서,

tanyard, / but he hain't been seen / in these parts / for a
하지만 눈에 띄지 않았어          이 동네서          일 년 이상."

year or more."

---

oath 맹세, 서약 | hack 자르다, 난도질하다 | sue 고소하다 | carcass 사람의 시체 | curse 저주 | pirate 해적
high-toned 훌륭한, 뛰어난 | hain't =have[has] not의 단축형 | hog 돼지, 돼지 같은 놈

They talked it over, / and they was going to rule me out,
그들은 그것에 대해 의논했고, 나를 제외시키려 했다,

/ because they said / every boy must have a family or
왜냐하면 그들의 말로는 누구에게나 가족이나 죽일 만한 사람이 있어야 한다는 것이었다.

somebody to kill, / or else it wouldn't be fair and square /
그렇지 않으면 공정하지 않다고

for the others. Well, / nobody could think of anything to
다른 사람에게. 그러자, 아무도 어찌할 바를 몰랐다

do / — everybody was stumped, / and set still. I was most
— 모두 당황하여, 가만히 있었다.

ready to cry; / but all at once / I thought of a way, / and
나는 거의 울 뻔 했다; 하지만 갑자기 방법이 떠올랐고,

so I offered them Miss Watson / — they could kill her.
왓슨 부인을 제안했다 — 그녀를 죽여도 된다고.

Everybody said:
모두들 말했다:

"Oh, she'll do. That's all right. Huck can come in."
"아하, 그녀면 되겠다. 좋아. 헉도 들어오게 해."

Then / they all stuck a pin in their fingers / to get blood / to
그리고 나서 모두들 핀으로 손가락을 찔러 피를 내어

sign with, / and I made my mark / on the paper.
서명을 했고, 나도 표시했다 종이 위에.

"Now," / says Ben Rogers, / "what's the line of business of
"이제," 벤 로저스가 말했다, "이 갱단이 하는 일은 뭐지?"

this Gang?"

"Nothing only robbery and murder," / Tom said.
"강도짓이랑 살인뿐이지," 톰이 말했다.

"But who are we going to rob? / — houses, / or cattle, / or
"그런데 누구를 털지? — 집인가, 소인가,

— "
아니면 — "

---

rule out 제외시키다 | square 정직한; 공정한, 공평한 | stump 쩔쩔매게 하다 | all at once 갑자기 | robbery
강도, 약탈 | burglar 절도범, 빈집털이범 | highwayman 노상 강도 | stage 역마차 | carriage 마차, (기차의) 객차
| authority 권력자 | ransom (배상금을 치르고) 인질을 되찾다 | muddle 헝클어뜨리다, 뒤죽박죽을 만들다

"Stuff! Stealing cattle and such things / ain't robbery; /
"물건이지! 소같은 걸 훔치는 것은　　　　　　강도질이 아니야;

it's burglary," / says Tom Sawyer. "We ain't burglars. That
그건 도둑질이지,"　　톰 소여가 말했다.　　　　"우린 도둑이 아니야.

ain't no sort of style. We are highwaymen. We stop stages
그건 폼이 나질 않는다고.　　우린 노상강도들이야.　　　역마차나 마차를 세우고

and carriages / on the road, / with masks on, / and kill the
　　　　　　　길에서,　　　　　복면을 쓴 채,　　　사람들을 죽이고

people / and take their watches and money."
　　　그들의 시계와 돈을 뺏는 거야.'

"Must we always kill the people?"
"항상 사람들을 죽여야 하나?"

"Oh, certainly. It's best. Some authorities think different,
"오, 당연하지.　　　그게 최선이야. 어떤 권위자들은 다른 생각을 하기도 하지만,

/ but mostly it's considered best / to kill them / — except
대체로 최선이라 여겨지고 있어　　　　사람들을 죽이는 게　　ー 몇몇은 제외하고

some / that you bring to the cave here, / and keep them /
　여기 동굴에 끌고 와서,　　　　　데리고 있다가

till they're ransomed."
몸값을 받고 풀어 주는.'

"Ransomed? What's that?"
"몸값이라니?　　그게 뭔데?"

"I don't know. But that's what they do. I've seen it in
"나도 몰라.　　　하지만 그게 강도들이 하는 일이야.　책에서 읽은 적이 있어;

books; / and so of course / that's what we've got to do."
　　　　그러니까 물론　　　그게 우리가 해야 할 일이지."

"But how can we do it / if we don't know / what it is?"
"하지만 어떻게 할 수 있다는 거지　모른다면서　　　그게 무엇인지?"

"Why, blame it all, / we've GOT to do it. Don't I tell you
"빌어먹을,　　　　우리는 그렇게 해야 한다니까.　말했잖아

/ it's in the books? Do you want to go to doing / different
책에 쓰여 있다고?　　하려고 하는 거야

from what's in the books, / and get things all muddled
책에 쓰여진 것과 다른 짓을,　　그래서 모두 엉망진창으로 만들겠다는 거야?"

up?"

"Oh, that's all very fine to SAY, / Tom Sawyer, / but how /
"음, 그렇게 말하는 건 아주 좋지만,    톰 소여,    하지만 어떻게

in the nation / are these fellows / going to be ransomed / if
도대체    이 녀석들이    몸값이 된다는 거지

we don't know / how to do it to them? / — that's the thing /
모른다면    하는 방법도?    — 바로 그거다

I want to get at. Now, / what do you reckon / it is?"
내가 알고 싶은 건.    자 이제,    너는 뭐라고 생각하지    몸값이라는 게?"

"Well, / I don't know. But per'aps / if we keep them / till
"글쎄,    나도 모르겠어.    하지만 아마도    우리가 그들을 데리고 있다면

they're ransomed, / it means / that we keep them / till
몸값을 받을 때까지,    그런 의미겠지    데리고 있다는 걸

they're dead."
그들이 죽을 때까지."

"Now, / that's something LIKE. That'll answer. Why
"그럼,    그런 거라고 치자.    해답이 되겠군.

couldn't you said that / before? We'll keep them / till they're
그렇게 말하지 그랬니    진작에?    그들을 데리고 있을 거구나

ransomed to death; / and a bothersome lot / they'll be, too /
죽음으로 몸값을 받을 때까지;    꽤 성가신 놈들일 거야    그들도, 역시

— eating up everything, / and always trying to get loose."
— 모든 걸 먹어 치우며,    항상 도망치려 하겠지."

"How you talk, / Ben Rogers. How can they get loose /
"어떻게 그렇게 말할 수 있니, 벤 로저스.    어떻게 도망칠 수 있겠어

when there's a guard over them, / ready to shoot them down
그들은 감시할 감시원이 있는데,    쏴 죽일 준비를 갖춘

/ if they move a peg?"
한 발짝이라도 움직인다면?"

"A guard! Well, that IS good. So somebody's got to set up
"감시라!    글쎄, 그거 좋네.    그러면 누군가는 깨어 있으면서

/ all night / and never get any sleep, / just so as to watch
밤새도록    한숨도 자지 않는 거군,    그들을 감시하기 위해.

them. I think / that's foolishness. Why can't a body take a
내 생각에    그건 바보짓이야.    단체를 조직하는 게 어때

club / and ransom them / as soon as they get here?"
그리고 몸값을 협상하는 거야    그들이 여기 오자마자?"

"Because it ain't in the books so / — that's why. Now, / Ben
"왜냐하면 그런 건 책에 쓰여 있지 않으니까        — 그게 바로 이유야.  자,

Rogers, / do you want to do things regular, / or don't you?
벤 로저스,    너는 일을 규칙대로 하고 싶은 거야,              그렇지 않은 거야?

/ — that's the idea. Don't you reckon / that the people that
   — 그게 문제라고.      넌 생각하지 않니        그 책을 쓴 사람들이

made the books / knows / what's the correct thing to do? Do
만든 책    알고 있다고    정확히 해야 할 일이 무엇인지.

you reckon / YOU can learn 'em anything? Not by a good
생각하는 거니    네가 그들에게 모든 걸 배울 수 있다고?        절대 아니야.

deal. No, sir, / we'll just go on / and ransom them / in the
절대로 안 돼,    우리는 그저 계속해서        그들의 몸값을 받고 풀어 주는 거야

regular way."
규칙대로."

"All right. I don't mind; / but I say it's a fool way, / anyhow.
"좋아,        난 상관없어;        하지만 그건 바보같은 일이야,        하여튼.

Say, / do we kill the women, / too?"
그럼,    여자들도 죽일 건가,              역시?"

Key Expression ❗

### think 동사의 간접의문문

의문사로 시작하는 의문문이 문장 안으로 들어가 간접의문문이 될 경우 '의문사 +
주어 + 동사'의 순으로 어순이 도치됩니다.
하지만 주절의 동사가 '생각하다'의 의미를 가진 동사들(think, believe,
imagine, guess, suppose 등)이면 의문사가 문장 맨 앞으로 놓인다는 것에
주의합니다.

ex) What do you reckon it is?"
   너는 그게 뭐라고 생각하지?"
   → do you reckon? + what is it?

bothersome 성가신 | peg 말뚝, 고정하다

35

"Well, Ben Rogers, / if I was as ignorant as you / I wouldn't
"글쎄, 벤 로저스,        내가 너처럼 멍청이라면              차라리 입을

let on. Kill the women? No; / nobody ever saw anything /
다물겠어. 여자를 죽이느냐고?      아니야;   아무도 본 적 없어

in the books / like that. You fetch them to the cave, / and
책에서          그런 얘기는.   너는 그들을 동굴로 데려와서,

you're always as polite as pie to them; / and by and by /
항상 예의를 갖춰 대하는 거야;              그래서 마침내

they fall in love with you, / and never want to go home /
그들은 너와 사랑에 빠져서,           집으로 돌아가고 싶어 하지 않게 되는 거지

any more."
더 이상."

"Well, / if that's the way / I'm agreed, / but I don't take no
"음,      그런 방식이라면,      나도 동의할게,     하지만 난 별로 믿어지지 않아.

stock in it. Mighty soon / we'll have the cave / so cluttered
머지 않아         우리는 동굴을 갖게 될 거야       여자들로 가득 찬,

up with women, / and fellows waiting to be ransomed, /
그리고 몸값 협상을 기다리는 인질들로,

that there won't be no place / for the robbers. But go ahead,
자리도 없어지겠지              강도들이 서 있을.     하지만 계속 해,

/ I ain't got nothing to say."
난 할 말도 없으니까."

Key Expression

한정적 용법으로만 쓰이는 형용사

asleep, afraid, ashamed, alone, alive, alike, award, awake와 같
이 'a~' 형태의 형용사는 대부분 한정적 용법으로만 쓰이는 형용사입니다.
이런 형용사는 be동사나 2형식 동사에 뒤에서 보어 역할로만 사용됩니다. 한정
적 용법의 형용사와 짝을 이뤄 외워두면 좋아요.

▶ sleeping–asleep / lone–alone / live–alive / like–alike / drunken–drunk

ex) Little Tommy Barnes was asleep now.
어린 토미 반스는 이제 잠이 들었다.

take no stock in …을 신용하지 않다 | clutter up 채우다[집어넣다] | clumb =climbed(climb의 과거형) | grease
기름을 바르다 | clayey 진흙의 | dog-tired 지쳐 죽을 지경인, 기진맥진한

Little Tommy Barnes was asleep now, / and when they
어린 토미 반스는 이제 잠이 들었고,                      그들이 깨우자

waked him up / he was scared, / and cried, / and said he
겁을 먹고는,              울면서,              집에 가고 싶다고 말했다

wanted to go home / to his ma, / and didn't want to be a
엄마에게,              그리고 강도가 되기 싫다고

robber / any more.
이젠 더 이상.

So they all made fun of him, / and called him crybaby, /
그래서 모두들 그를 놀려대며,                      울보라 불렀다,

and that made him mad, / and he said / he would go straight
그러자 그는 화가 나서,              말했다              곧장 가서

/ and tell all the secrets. But / Tom give him five cents / to
비밀을 모두 말할 거라고.              하지만  톰이 5센트를 주고

keep quiet, / and said / we would all go home / and meet
조용히 시키려고,              말했다              우리는 모두 집으로 돌아갔다가

next week, / and rob somebody / and kill some people.
다음 주에 만나서,              누군가를 털고              누군가를 죽이자고.

Ben Rogers said / he couldn't get out much, / only Sundays,
벤 로저스는 말했다              좀처럼 빠져 나올 수가 없다고,              주일이 아니라면,

/ and so he wanted to begin / next Sunday; / but all the boys
그래서 시작하고 싶어 했다              다음 주일에;              하지만 모든 소년들은

said / it would be wicked / to do it / on Sunday, / and that
말했고  나쁜 짓이라고              그런 일을 하는 건  주일에,              그래서 그 문제는

settled the thing. They agreed to get together / and fix a day
일단락되었다.              그들은 동의했다              모여서 날을 정하자고

/ as soon as they could, / and then we elected / Tom Sawyer
가능한 한 빨리,              그리고 선출했다              톰 소여를 대장으로

first captain / and Jo Harper second captain of the Gang, /
그리고 조 하퍼를 갱단의 부대장으로,

and so started home.
그렇게 집으로 향했다.

I clumb up the shed / and crept into my window / just
나는 헛간을 타고 올라가              창문으로 살금살금 기어들어갔다

before day was breaking. My new clothes was all greased
동이 트기 직전에.              내 새 옷은 온통 모두 기름기로 미끈거리고

up / and clayey, / and I was dog-tired.
진흙투성이였으며,              나는 기진맥진했다.

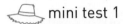 

## A. 다음 문장을 해석해 보세요.

(1) I never seen / anybody but lied one time or another, / without it was / Aunt Polly, / or the widow, / or maybe Mary.
→

(2) Then / away out in the woods / I heard that kind of a sound / that a ghost makes / when it wants to tell about something / that's on its mind / and can't make itself understood, / and so can't rest easy / in its grave, / and has to go / about that way every night grieving.
→

(3) If you are anywheres / where it won't do for you to scratch, / why you will itch / all over in upwards of a thousand places.
→

(4) If anybody that belonged to the band / told the secrets, / he must have his throat cut, / and then have his carcass burnt up / and the ashes scattered / all around.
→

## B. 다음 주어진 문장이 되도록 빈칸에 써 넣으세요.

(1) 대처 판사가 그 돈을 가져가서 이자를 받고 빌려 주었다.

Judge Thatcher he took it and _____.

(2) 내가 원했던 모든 것은 변화였을 뿐, 특별히 그러겠다는 건 아니었다.

_____, I warn't particular.

(3) 그는 그 지역에서 다른 어떤 검둥이보다 더욱 존경받게 되었다.

He was more _____ in that country.

(4) 짐은 노예로서 거의 쓸모가 없었다, 왜냐하면 악마를 봤었다는 이유로 거만해졌기 때문이다.

A. (1) 난 거짓말을 한두 번 정도 해 본 적 없는 사람을 본 적이 없다, 안 해 본 사람이라면 폴리 아줌마나, 과부인 더글라스 아줌마, 또는 메리 정도일 것이다. (2) 그때 숲 속 저 멀리서 귀신이 내는 소리가 들렸다. 귀신은 마음속에 있는 뭔가를 말하고 싶었지만 이해시킬 수 없었기에, 자신의 무덤에서 편히 쉴 수 없어서, 그런 식으로

38    The Adventures of Huckleberry Finn

Jim was most ruined for a servant, because he got stuck up

_____.

C. 다음 주어진 문구가 알맞은 문장이 되도록 순서를 맞춰 보세요.

(1) 긁지 못한다면 거의 죽을 것 같았다.
(couldn't / like / if / I'd / Seemed / die / scratch / I)
→

(2) 톰은 모두에게 비밀을 지키도록 맹세하게 했다.
(made/ Tom / to keep / everybody / swear / the secret)
→

(3) 그 자와 그의 가족을 죽이라고 명령을 받은 소년은 누구나 그 명령을 완수해야 한다.
(to kill / was ordered / whichever)

_____ that person and his family must do it.

(4) 너는 그게 뭐라고 생각하지?
(you / reckon / do / it / What / is?)
→

D. 다음 단어에대한맞는 설명과 연결해 보세요.

(1) fetch          ▶          ◀ ① fairly good and reasonably satisfactory

(2) tolerable      ▶          ◀ ② not move

(3) budge          ▶          ◀ ③ formal promise

(4) oath           ▶          ◀ ④ go and get something

Answer

매일 밤 슬퍼하면서 다녀야 했던 것이다. (3) 긁으면 안 되는 장소에 있기만 하면, 왜 그런지 온몸의 수천 군데가 가려워진다. (4) 만약 갱단에 소속된 누군가 비밀을 누설하면, 그의 목을 자르고, 시체를 태운 후 재를 사방에 뿌릴 것이다. | B. (1) put it out at interest (2) All I wanted was a change (3) looked up to than any nigger (4) on account of having seen the devil | C. (1) Seemed like I'd die if I couldn't scratch. (2) Tom made everybody swear to keep the secret. (3) Whichever boy was ordered to kill (4) What do you reckon it is? | D. (1) ④ (2) ① (3) ② (4) ③

# 3

WELL, / I got a good going-over / in the morning / from
음, 나는 심하게 혼났다 그날 아침에

old Miss Watson / on account of my clothes; / but the
왓슨 아줌마에게 옷 때문에;

widow she didn't scold, / but only cleaned off the grease
하지만 과부 아줌마는 꾸짖지 않고, 다만 기름때와 진흙을 닦아주었는데,

and clay, / and looked so sorry / that I thought / I would
매우 슬퍼 보여서 나는 생각했다 잠시 동안 얌전히

behave awhile / if I could. Then Miss Watson she took me /
굴어야겠다고 될 수 있으면. 그리고 나서 왓슨 아줌마는 나를 데려가

in the closet / and prayed, / but nothing come of it. She told
벽장 안으로 기도했지만, 아무 일도 일어나지 않았다.

me to pray every day, / and whatever I asked for / I would
아줌마는 내게 매일 기도하라고 했고, 그러면 원하는 것을 무엇이든 얻게 될 거라고

get it. But it warn't so. I tried it. Once I got a fish-line, /
했다. 하지만 그렇게 되지 않았다. 나는 노력했다. 한때 나는 낚싯줄을 갖고 있었지만,

but no hooks. It warn't any good to me / without hooks. I
낚시 바늘이 없었다. 그건 내게 쓸모가 없었다 낚시 바늘이 없으면. 나는

tried for the hooks / three or four times, / but somehow / I
낚시 바늘을 달라고 기도해 봤지만 서너 번, 웬일인지

couldn't make it work. By and by, / one day, / I asked Miss
아무 효과가 없었다. 마침내, 어느 날, 왓슨 아줌마에게 부탁

Watson / to try for me, / but she said / I was a fool. She
했더니 나를 위해 기도해 달라고, 그녀는 말했다 나더러 바보라고. 그녀는

never told me why, / and I couldn't make it out no way.
그 이유를 말해 주지 않아서, 나는 아무리 해도 알 수 없었다.

I set down one time back in the woods, / and had a long
한 번은 숲 속 깊숙한 곳에 들어가 앉아서, 오랫동안 그 문제에 대해

think about it. I says to myself, / if a body can get anything
생각해 보았다. 나는 자신에게 물었다, 기도해서 모든 걸 얻을 수 있다면,

they pray for, / why don't Deacon Winn get back / the
왜 디콘 윈은 돌려받지 못하는 걸까

money he lost on pork? Why can't the widow get back /
돼지고기 때문에 잃은 돈을? 왜 과부 아줌마는 돌려받지 못하는 걸까

her silver snuffbox that was stole? Why can't Miss Watson
도둑맞은 은제 코담배갑을? 왜 왓슨 아줌마는 살을 찌울 수 없는 걸까?

fat up? No, / says I to my self, / there ain't nothing in it. I
아니야, 나는 중얼거렸다, 기도에는 아무것도 없는 거야.

went and told the widow about it, / and she said / the thing
과부 아줌마에게 가서 그렇게 말했더니, 그녀가 말했다

a body could get / by praying for / it was "spiritual gifts."
우리가 받을 수 있는 것은 기도를 통해 "정신적인 선물"이라고.

This was too many for me, / but she told me / what she
이건 내게 너무 벅찬 것이었지만, 그녀는 말해 주었다 무슨 뜻이냐 하면

meant / — I must help other people, / and do everything
— 나는 타인을 도와야 하고, 내가 할 수 있는 모든 일을 하며,

I could / for other people, / and look out for them / all the
타인을 위해, 그들을 보살펴 주고

time, / and never think about myself. This was including
언제나, 절대 내 자신에 대해 생각하지 않는 것이라고 했다. 여기에는 왓슨 아줌마도 포함된

Miss Watson, / as I took it. I went out in the woods / and
것이었다, 내가 생각하기에는. 나는 숲 속으로 들어가서

turned it over in my mind / a long time, / but I couldn't see
이에 대해 곰곰이 생각했다 오랫동안, 하지만 거기에 대해 아무 이

no advantage about it / — except for the other people; / so
득도 발견할 수 없었다 — 타인들을 빼고는; 그래서

at last / I reckoned / I wouldn't worry about it / any more,
마침내 나는 생각했다 그것에 대해 신경 쓰지 않고 더 이상,

/ but just let it go. Sometimes / the widow would take me
그냥 내버려 두기로. 때때로 과부 아줌마는 나를 방구석으로 데려가

one side / and talk about Providence / in a way to make a
'신의 섭리'에 대해 말하곤 했다 입에 침이 고일 정도로;

body's mouth water; / but maybe next day / Miss Watson
하지만 아마 다음 날 왓슨 아줌마가 장악하여

would take hold / and knock it all down again. I judged /
다시 모든 걸 부수어 버리곤 했던 것이다. 난 결론지었다

---

going-over 심한 폭행 | on account of ~때문에 | closet 벽장 | fish-line 낚싯줄 | hook (낚시) 바늘 |
snuffbox 코담배갑 | spiritual 정신적인 | turn over 숙고하다, 깊이 생각하다 | Providence (신의) 섭리 | take
hold 장악하다, 강력해지다

I could see that / there was two Providences, / and a poor
알게 되었다고                     '신의 섭리'는 두 가지가 있다는 것을,

chap would stand considerable show / with the widow's
그래서 가난한 건달 녀석은 성공할 가망이 있지만              과부 아줌마의 '신의 섭리'에

Providence, / but if Miss Watson's got him / there warn't no
따르면,                    반면 왓슨 아줌마가 데려간다면

help for him any more. I thought it all out, / and reckoned /
더 이상 어쩔 도리가 없는 것이었다.      나는 모든 것을 생각해 보고,      판단했다

I would belong to the widow's / if he wanted me, / though I
과부 아줌마의 섭리에 속해야겠다고              그분이 나를 원하신다면,

couldn't make out / how he was a-going to be any better off
나로서는 이해할 수 없지만    어떻게 해서 사람이 부자가 될 수 있는지

then / than what he was before, / seeing / I was so ignorant,
         예전의 그 사람보다,              보았을 때   내가 이토록 무식하고,

/ and so kind of low-down / and ornery.
       야비하고                성미가 고약한 것을.

Pap he hadn't been seen / for more than a year, / and that
아빠를 보지 못했었다                     1년 넘게,

was comfortable for me; / I didn't want to see him / no
그리고 내게는 그것이 편했다;          보고 싶지 않았으니까

more. He used to always whale me / when he was sober /
더 이상.   아빠는 항상 나를 때리곤 했다            술에 취해 있지 않고

### Key Expression ♪

**what+주어+be동사 : 사람의 인격, 지위, 신분**

what he is, what I am과 같이 'what + 주어 + be동사' 형태로 쓰이는 표
현은 관계대명사 what을 사용한 관용표현으로 사람의 인격, 지위, 신분을 나타
내는 말입니다.
반면 who he is는 의문사 who를 사용한 의문문이 간접의문문으로 될 때의 표현
으로 '그가 누구인지'(그의 이름)이란 뜻입니다.

ex) I couldn't make out how he was a-going to be any better off then than what
he was before.
나는 어떻게 사람이 예전보다 더 잘 살게 되는지 이해할 수 없었다.

chap 놈, 녀석(=fellow) | be better off 형편이 더 낫다, 더 부자이다 | low-down 야비한, 비열한 | ornery 성미
고약한 | pap =papa | whale 때리다 | sober 술 취하지 않은 | drownded 물에 빠진(=drown) | ragged 누더기가
된, 다 해진 | bank 둑, 제방 | mighty 대단히, 굉장히 | turn up 나타나다

and could get his hands on me; / though I used to take to
내게 손이 닿는 거리에 있을 때에는;　나는 숲으로 도망치곤 했었지만

the woods / most of the time / when he was around. Well,
대부분　아빠가 주변에 있을 때는.　그런데,

/ about this time / he was found in the river / drownded,
이즈음에　아빠가 강에서 발견되었다　물에 빠진 채,

/ about twelve mile above town, / so people said. They
마을 위쪽으로 12마일쯤 떨어진 곳에서,　사람들이 그렇게 말했다. 그들은 판단을

judged / it was him, anyway; / said / this drownded man
내렸고　그게 아빠라고, 어쨌든;　말했다　익사체가 아빠랑 몸집이 같고,

was just his size, / and was ragged, / and had uncommon
누더기를 걸쳤으며,　드물게 머리가 길었다고,

long hair, / which was all like pap; / but they couldn't make
이 모든 건 아빠와 같았다;

nothing out of the face, / because it had been in the water
하지만 얼굴은 전혀 알아볼 수 없었는데,　물 속에 잠겨 있어서

/ so long / it warn't much like a face at all. They said / he
아주 오랫동안　얼굴이 전혀 얼굴같지 않았기 때문이었다.　사람들이 말하길

was floating on his back / in the water. They took him /
시체는 등을 대고 누운 채 떠내려 왔다　물 속에서.　사람들은 시체를 건져

and buried him / on the bank. But I warn't comfortable
묻었다　강둑에.　하지만 난 오랫동안 마음이 편치 않았다,

long, / because I happened to think of something. I knowed
갑자기 뭔가 생각났기 때문에.

mighty well / that a drownded man don't float / on his back,
나는 잘 알고 있었다　익사한 남자의 시체는 떠 있는 게 아니라　등을 대고 누운 채,

/ but on his face. So I knowed, then, / that this warn't pap,
엎드린 채 떠 있다는 걸.　그래서 나는 알았다,　그 시체는 아빠가 아니라,

/ but a woman / dressed up in a man's clothes. So I was
여자라는 걸　남자 옷을 입은.

uncomfortable / again. I judged / the old man would turn
그래서 나는 불안해졌다　또 다시.　내 생각에　아빠가 다시 나타날 것 같았다

up again / by and by, / though I wished / he wouldn't.
머지않아,　나는 원했지만　나타나지 않기를.

We played robber / now and then / about a month, / and
우리는 강도 놀이를 했는데    이따금씩       거의 한 달 동안,

then I resigned. All the boys did. We hadn't robbed nobody,
그 후 나는 그만두었다.  모든 아이들이 그랬다.    우리는 아무도 털지 않았고,

/ hadn't killed any people, / but only just pretended. We
누구도 죽이지 않았으며,         단지 흉내만 냈을 뿐이었다.

used to hop out of the woods / and go charging down / on
우리는 숲 속에서 뛰어나와              공격했지만

hog-drivers / and women in carts / taking garden stuff to
돼지를 모는 사람과   마차에 탄 여자들을      농사 지은 물건을 시장에 가져가는,

market, / but we never hived any of them. Tom Sawyer
아무것도 훔치지는 않았다.

called the hogs "ingots," / and he called the turnips and
톰 소여는 돼지를 "금괴"라 불렀고,       순무와 야채들을 "보석"이라 불렀다,

stuff "julery," / and we would go to the cave / and powwow
         그리고 우리는 동굴로 가서              회의를 했다

over / what we had done, / and how many people we had
우리가 한 일에 대해,       또한 우리가 몇 명을 죽였고 상처를 줬는지를.

killed and marked. But / I couldn't see no profit / in it. One
           하지만   나는 아무 소득도 찾을 수 없었다     그 일에서.

time / Tom sent a boy / to run about town / with a blazing
한 번은   톰이 한 아이를 보냈는데   동네를 돌고 오도록         불타는 횃불을 들고,

stick, / which he called a slogan / (which was the sign / for
그는 그걸 구호라고 불렀다         (그건 신호였다

the Gang to get together), / and then he said / he had got
갱단들에게 모두 모이라는),        그리고는 말했다       비밀 뉴스를 들었다고

secret news / by his spies / that next day / a whole parcel
스파이로부터     그 다음 날

of Spanish merchants and rich A-rabs / was going to camp
스페인 상인과 부유한 아랍인 무리가          야영을 할 거라고

/ in Cave Hollow / with two hundred elephants, / and six
'케이브 할로우'에서   코끼리 200마리와,

hundred camels, / and over a thousand *"sumter" mules, /
낙타 600마리와,      1,000마리가 넘는 "섬터" 노새에,

all loaded down with di'monds, / and they didn't have only
모두 다이아몬드를 가득 싣고서,          하지만 호위병은 겨우 400명밖에 안 된다고,

a guard of four hundred soldiers, / and so we would lay in
그래서 우리가 매복하고 있다가,

ambuscade, / as he called it, / and kill the lot / and scoop
그는 그렇게 불렀다,　　그 무리를 죽이고　　물건을 빼앗아 오자고

the things. He said / we must slick up our swords and guns,
했다.　　그가 말하기를　칼과 총을 윤이 나게 닦아서,

/ and get ready. He never could go after / even a turnip-cart
준비해야 한다고 했다.　그는 결코 추적도 하지 못했지만　순무를 실은 마차조차

/ but he must have the swords and guns / all scoured up for
칼과 총을 가지고 있어야만 했다　　모두 문질러 광택을 낸,

it, / though they was only **lath and broomsticks, / and you
비록 그것들은 욋가지와 긴 빗자루일 뿐이었지만,

might scour at them / till you rotted, / and then / they warn't
그러니 열심히 닦아대면　　썩어 없어질 뿐이었고,　그렇게 되면

worth a mouthful of ashes / more than what they was before.
한 줌의 재만큼도 가치도 없을 것이었다　원래의 것보다.

I didn't believe / we could lick / such a crowd of Spaniards
나는 믿지 않았지만　우리가 해칠 수 있다고　스페인 사람들과 아랍인 무리를,

and A-rabs, / but I wanted to see the camels and elephants,
낙타와 코끼리는 보고 싶었기 때문에,

/ so I was on hand / next day, Saturday, / in the ambuscade;
참석했다　그 다음 날인, 토요일에 ,　잠복에;

/ and when we got the word / we rushed out of the woods /
그리고 신호를 듣자　숲 속에서 나와 돌진하여

and down the hill. But there warn't no Spaniards and A-rabs,
언덕을 내려왔다.　하지만 스페인 사람도 아랍인도 없었고,

/ and there warn't no camels nor no elephants. It warn't
낙타도 코끼리도 없었다.

---

* 미국 독립전쟁의 영웅 토머스 섬터 장군의 이름을 딴 미국 사우스 캐롤라이나주의 도시. 남북전쟁을 촉발시
킨 섬터 요새 전투로 유명하다
** 지붕이나 벽에 회반죽을 바르기 위해 엮어 넣는 가느다란 나무 막대기

hop (한 발로) 깡충 뛰다 | charge 돌격하다 | hive 벌집, 벌집에 숨기다 | ingot 잉곳, 주괴(특히 금이나 은을 벽돌
모양으로 만든 덩이) | turnip 순무 | julery 보석(=jewelry) | powwow 회의, 회담 | blazing 불타는, 맹렬한 |
slogan 구호, 슬로건 | parcel 소포, 꾸러미 | merchant 상인 | cave 동굴 | hollow (속이) 빈, 움푹 꺼진 | mule
노새 | ambuscade 매복(=ambush) | scoop 숟가락, 재빨리 움직이다 | slick (기름 등을 발라) 매끈하게 하다 |
go after 뒤쫓아 가다 | scour 문질러 닦다, 윤내다 | broomstick 대가 긴 빗자루 | rot 썩다 | lick 쉽게 이기다,
해치우다 | on hand 출석한

anything but a Sunday-school picnic, / and only a primer-
주일학교에서 소풍 온 일행뿐이었고,                            저학년 꼬맹이밖에 없었다

class / at that. We busted it up, / and chased the children up
그곳에는.      우리는 소풍을 망치고,      아이들을 쫓아버렸다;

the hollow; / but we never got anything but some doughnuts
하지만 얻은 것은 도넛 몇 개와 잼뿐이었다,

and jam, / though Ben Rogers got a rag doll, / and Jo Harper
벤 로저스는 헝겊 인형을,                          조 하퍼는 찬송가 책과

got a hymn-book and a tract; / and then the teacher charged
종교 소책자를 손에 넣었지만;              그때 선생님이 갑자기 달려들어서,

in, / and made us drop everything and cut. I didn't see
우리는 모든 것을 내던지고 도망가고 말았다.              나는 다이아몬드를

no di'monds, / and I told Tom Sawyer so. He said / there
보지도 못했고,        톰 소여에게 그렇게 말했다.          그는 말했다

was loads of them there, / anyway; / and he said / there
거기에는 다이아몬드가 있었다고,      어쨌든;      그리고 또 말했다

was A-rabs there, too, / and elephants and things. I said,
아랍인들도 있었다고, 역시나,          그리고 코끼리와 그 밖의 것들도.        나는 물었다,

/ why couldn't we see them, / then? He said / if I warn't
왜 우리는 보지 못했느냐고,            그때?      그는 대답했다  내가 그렇게 무식하지

so ignorant, / but had read a book called Don Quixote, /
않을 테니,          〈돈키호테〉를 읽었다면,

I would know without asking. He said / it was all done /
묻지 않아도 알 것이라고.                그는 말했다    모두 그렇게 된 거라고

by enchantment. He said / there was hundreds of soldiers
마법에 걸려서.        그가 말했다    거기 수백 명의 군사가 있었고,

there, / and elephants and treasure, / and so on, / but we had
코끼리와 보물과,                          기타 등등이 있었다고, 그러나 우리에게

enemies / which he called magicians; / and they had turned
는 적이 있어서  마법사라 불리우는;                그들이 모든 것을 바꿔 놓았다고

the whole thing / into an infant Sundayschool, / just out of
어린이 주일학교로,                          단지 악의에서.

spite. I said, / all right; / then the thing for us to do / was to
내가 말했다, 알았어라고;        그럼 우리가 할 일은

go for the magicians. Tom Sawyer said / I was a numskull.
마법사를 찾으러 가는 것이군.        톰 소여가 말했다        내가 돌대가리라고.

"Why," / said he, / "a magician could call up / a lot of
"이봐," 그가 말했다. "마법사는 불러올 수 있어 수많은 요정을,

genies, / and they would hash you up / like nothing /
그래서 그들은 너를 가루로 만들어 버릴 거야 아무렇지도 않게

**\*before you could say Jack Robinson**. They are as tall as
네가 잭 로빈스라고 말하기도 전에. 그들은 나무처럼 키가 크고

a tree / and as big around as a church."
교회당처럼 덩치가 크거든."

* '눈 깜짝할 사이에'라는 뜻으로 쓰이는 관용표현

primer 초급, 첫걸음 | bust 부수다; 고장 내다 | hymn-book 찬송가집 | tract 소책자, 팸플릿 | enchantment
황홀감, 마법에 걸린 상태 | spite 악의 | numskull 바보, 돌대가리 | genie (아랍 신화에서 특히 병이나 램프 속에
사는) 정령, 요정 | hash 다지다, 잘게 썰다

"Well," / I says, / "s'pose we got some genies to help US /
"글쎄," 나는 말했다, "만약 우리를 도와줄 요정이 있다면

— can't we lick the other crowd then?"
— 그러면 상대방을 무찌를 수 있지 않아?"

"How you going to get them?"
"어떻게 그들을 얻을 수 있다는 거야?"

"I don't know. How do THEY get them?"
"나도 몰라. 어떻게 하면 '그들을' 데려올 수 있을까?"

"Why, / they rub an old tin lamp / or an iron ring, / and
"있잖아, 오래된 주석으로 된 램프를 문지르면 혹은 쇠로 만든 반지를,

then the genies come tearing in, / with the thunder and
요정들이 나오는 거야. 엄청난 천둥 번개가 치고

lightning a-ripping around / and the smoke a-rolling, / and
연기가 자욱하게 솟아오르면서,

everything they're told to do / they up and do it. They don't
그리고 시키는 일은 뭐든지 다 해내지. 요정들은 아무것

think nothing of / pulling a shot-tower up / by the roots, /
도 아니라고 생각해 탄환 제조탑을 뽑아서 뿌리째,

and belting a Sunday-school superintendent over the head /
주일학교 감독자의 머리를 때리는 것도

with it / — or any other man."
그 탑으로 — 또 다른 누구라도 말이지."

---

### Key Expression ✿

#### 가정법 대용 어구 suppose~ : ~한다면

if를 사용하지 않고 가정법을 표현할 수 있는 다음과 같은 동사들이 있습니다.

▶ suppose/supposing (that) S + V ~
▶ provided/providing (that) S + V ~
▶ granted/granting (that) S + V ~

ex) S'pose we got some genies to help US — can't we lick the other crowd then?
만약 우리를 도와줄 요정이 있다면 — 그러면 상대방을 무찌를 수 있지 않겠어?

"Who makes them tear around so?"
"누가 요정들을 그렇게 움직이게 하는 건데?"

"Why, / whoever rubs the lamp or the ring. They belong to
"이런, 램프나 반지를 문지르는 사람이면 누구든지. 요정들은 부하가 되는 거야

/ whoever rubs the lamp or the ring, / and they've got to do
램프나 반지를 문지르는 사람의, 그러니까 해야 하는 거지

/ whatever he says. If he tells them / to build a palace forty
그가 말하는 건 뭐든지. 만일 그가 명령한다면 길이가 40마일이나 되는 궁전을 짓고

miles long / out of di'monds, / and fill it full of chewing-
다이아몬드로, 풍선껌으로 가득 채우라고,

gum, / or whatever you want, / and fetch an emperor's
아니면 네가 원하는 뭐든지, 중국 황제의 딸을 데려오라고 하면

daughter from China / for you to marry, / they've got to do
네가 결혼하겠다고, 그들은 명령대로 해야 해.

it / — and they've got to do it / before sun-up next morning,
— 그들은 할 수밖에 없어 다음 날 해뜨기 전까지,

/ too. And more: / they've got to waltz that palace / around
또한. 그리고 더 있지: 그들은 궁전을 들고 돌아다녀야 해

over the country / wherever you want it, / you understand."
나라 여기저기로 네가 원하는 곳이면 어디든, 알다시피."

"Well," / says I, / "I think they are a pack of flatheads / for
"그럼," 내가 말했다, "요정들을 정말 얼간이구나

not keeping the palace themselves / 'stead of fooling them
궁전을 자기 것으로 갖지 않고 들고 돌아다니는 바보짓을 하다니

away / like that. And what's more / — if I was one of them
그렇게. 더욱이 — 내가 요정이라면

/ I would see a man in *Jericho / before I would drop my
나는 예리코에 가더라도 하던 일을 팽개치고

business / and come to him / for the rubbing of an old tin
달려가지 않을 거야 오래된 깡통 램프를 문지른다고 해서."

lamp."

---

* 세계에서 가장 오래된 도시로 알려진 요르단 강 서부의 고대 도시. '예리코로 간다'는 건 죽음을 의미하는 관용 표현으로 쓰인다

s'pose =suppose | ripping 훌륭한, 멋진 | rolling 완만하게 경사진, 구릉으로 된 | shot-tower (용해된 납을 물에 떨어뜨려 만드는)탄환 제조탑 | belt 세게 치다, 강타하다 | superintendent 관리자, 감독관 | rub 문지르다, 비비다 | flathead 납작한 나사못 대가리, 바보, 얼간이 | tin 주석, 깡통

"How you talk, / Huck Finn. Why, you'd HAVE to come /
"어떻게 그런 말을 할 수 있니, 헉 핀.        요정은 가야만 하는 거야

when he rubbed it, / whether you wanted to or not."
누군가 그걸 문지르면,        싫든 좋든."

"What! And I as high as a tree and as big as a church? All
"뭐라고!        나무처럼 키가 크고 몸집이 교회당만한데도 말이야?

right, then; / I WOULD come; / but I lay / I'd make that
좋아, 그렇다면;        가겠어;        하지만 하고 말 테야 그 사람에게

man climb / the highest tree / there was in the country."
올라가라고 말이지 가장 높은 나무 꼭대기에        이 나라에서."

"Shucks, / it ain't no use to talk to you, / Huck Finn. You
"아뿔싸,        네게 말하는 건 아무 소용없구나,        헉 핀.

don't seem to know anything, / somehow / — perfect
넌 아무것도 모르는 것 같아,        도대체

saphead."
— 완벽한 멍청이로군."

I thought all this over / for two or three days, / and then
나는 이 모든 걸 곰곰이 생각했다        이삼 일 동안,

I reckoned I would see / if there was anything in it. I got
그리고 알아보기로 했다        그 말 안에 뭔가 있는지.

an old tin lamp and an iron ring, / and went out in the
나는 낡은 깡통 램프와 쇠로 만든 반지를 구해서,        숲으로 들어가

woods / and rubbed and rubbed / till I sweat like an Injun,
문지르고 또 문질렀다        인디언처럼 땀을 뻘뻘 흘릴 때까지,

/ calculating to build a palace and sell it; / but it warn't
궁전을 지어서 그걸 팔 작정으로;        하지만 아무 소용없었다,

no use, / none of the genies come. So then I judged / that
요정도 전혀 나오지 않았다.        그래서 나는 판단을 내렸다

all that stuff was / only just one of Tom Sawyer's lies. I
그 모든 것은        톰 소여의 거짓말 중 하나라고.

reckoned / he believed in the A-rabs and the elephants, /
내 생각에        그는 아랍인들과 코끼리 얘기를 믿고 있는 것 같지만,

but as for me / I think different. It had all the marks / of a
나로 말하자면        생각이 다르다.        그 얘기에는 흔적이 가득하니까

Sunday-school.
주일학교의.

# 4

WELL, three or four months run along, / and it was well
서너 달이 지나갔고,                                 이제 겨울로 접어들었다.

into the winter now. I had been to school / most all the time
                  나는 학교에 다니고 있었고     거의 항상

/ and could spell and read and write / just a little, / and
철자를 익히고 읽고 쓸 수 있게 되었으며         조금은,

could say the multiplication table / up to six times seven
구구단도 외울 수 있게 되었다          육 칠은 삼십오까지,

is thirty-five, / and I don't reckon / I could ever get any
   하지만 생각하지는 않는다     그 이상 외울 수 있다고

further than that / if I was to live forever. I don't take no
           영원히 산다 해도.              나는 산수같은 건 전혀

stock in mathematics, / anyway.
믿을 수 없다,              아무튼.

At first / I hated the school, / but by and by / I got so I could
처음엔     학교가 싫었지만,        마침내       참을 만하게 되었다.

stand it. Whenever I got uncommon tired / I played hookey,
           아주 힘들 때는                    땡땡이를 쳤고,

/ and the hiding I got next day / done me good / and
     다음 날 매를 맞으면              기분이 좋아지고

cheered me up. So the longer I went to school / the easier it
활기차게 되었다.      그래서 학교에 가면 갈수록              점점 쉬워졌다.

got to be. I was getting sort of used / to the widow's ways,
              다소 익숙해져서               과부 아줌마의 방식에도,

too, / and they warn't so raspy on me. Living in a house /
그리 거슬리지 않게 되었다.                  집에서 살면서

and sleeping in a bed / pulled on me pretty tight mostly, /
침대에서 자는 것은       몹시 답답한 일이었지만,

but before the cold weather / I used to slide out / and sleep
추운 겨울이 오기 전에는         몰래 집을 빠져 나와

in the woods / sometimes, / and so that was a rest to me.
숲에서 잠을 자곤 했다   때때로,      그리고 그것은 내게 기분전환이 되었다.

---

shucks 이런, 어머, 아뿔싸 | saphead (속어) 바보, 얼간이 | Injun 아메리칸 인디언 | multiplication table
구구단표 | play hookey 학교를 땡땡이 치다 | hiding 채찍질, 매질 | raspy 목소리가 거친, 목이 쉰 듯한

51

* 소금을 엎지르면 왼쪽 어깨에 귀신이 찾아와 해를 끼친다는 관습이 있는데, 이때 악운을 막기 위해서는 왼쪽 어깨 너머로 소금 한줌을 던지면 소금이 귀신의 눈속으로 들어가 해를 끼칠 수 없게 된다고 한다

turn over 뒤엎다 | salt-cellar (식탁에 놓는) 소금통 | shaky 떨리는, 휘청거리는 | poke along 빈둥거리다, 어슬렁거리다 | low-spirited 풀이 죽은, 시들한 | watch-out 조심, 경계

52    The Adventures of Huckleberry Finn

I liked the old ways best, / but I was getting so / I liked the
예전의 생활방식이 가장 좋았지만,      그렇게 변하여      새로운 방식 또한

new ones, too, / a little bit. The widow said / I was coming
좋아하게 됐다,      약간은.      과부 아줌마는 말했다      내가 비록 느리게 따라

along slow / but sure, / and doing very satisfactory. She
오긴 하지만      확실히,      만족스럽게 잘해 내고 있다고.      그녀는

said / she warn't ashamed of me.
말했다      이제 내가 부끄럽지 않다고.

One morning / I happened to turn over the salt-cellar / at
어느 날 아침      나는 소금병을 엎지르고 말았다

breakfast. *I reached for some of it / as quick as I could /
아침 식사 때.      팔을 뻗어 소금을 집어      가능한 한 빨리

to throw over my left shoulder / and keep off the bad luck,
왼쪽 어깨 너머로 던지려 했지만      악운을 쫓아내기 위해,

/ but Miss Watson was in ahead of me, / and crossed me
왓슨 아줌마가 나보다 먼저 손을 뻗어,      나를 가로 막아버렸다.

off. She says, / "Take your hands away, Huckleberry; /
그녀가 말했다,      "손을 치워, 허클베리;

what a mess you are always making!" The widow put in a
너는 항상 지저분하게 만드는구나!"      과부 아줌마는 나를 위해 좋은

good word for me, / but that warn't going to keep off the
말을 해 주었지만,      그것으로 악운을 물리칠 수 없었다,

bad luck, / I knowed that well enough. I started out, / after
나는 그걸 아주 잘 알고 있었다.      나는 시작했다,

breakfast, / feeling worried and shaky, / and wondering /
아침 식사 후,      걱정되고 떨리면서,      궁금해졌다

where it was going to fall on me, / and what it was going
어디에서 악운이 닥쳐올지,      또 그게 무엇일지도.

to be. There is ways / to keep off some kinds of bad luck,
방법이 있지만      그런 악운을 몰아내는,

/ but this wasn't one of them kind; / so I never tried to do
이건 그런 종류의 악운이 아니었다;      그래서 나는 아무것도 시도하지 않고,

anything, / but just poked along low-spirited / and on the
단지 풀이 죽은 채 어슬렁거리기만 했다

watch-out.
주위를 경계하면서.

I went down to the front garden / and clumb over the stile /
나는 앞뜰로 내려간 다음                                출입구 계단을 올라가

where you go through the high board fence. There was an
높은 판자 울타리를 넘어갔다.                              새로 내린 눈이 1인치쯤

inch of new snow / on the ground, / and I seen somebody's
쌓여 있었는데              땅 위에는,              누군가의 발자국이 보였다.

tracks. They had come up from the quarry / and stood
발자국은 채석장으로부터 와서

around the stile a while, / and then went on / around the
계단 주변에 잠시 서 있다가,        계속 이어졌다         정원 울타리를 따라.

garden fence. It was funny / they hadn't come in, / after
                  이상한 일이었다        안으로 들어오지 않은 것이,

standing around so. I couldn't make it out. It was very
그렇게 서성거린 후.        이해할 수 없었다.              매우 궁금했다,

curious, / somehow. I was going to follow around, / but I
          어쨌든.        나는 그 뒤를 쫓아가려고 하다가,

stooped down / to look at the tracks first. I didn't notice
몸을 구부리고        우선 발자국을 살펴보았다.              아무것도 눈치채지 못했지만

anything / at first, / but next I did. There was a cross / in the
              처음에는,        곧 알아볼 수 있었다.        십자가 자국이 있었던 것이다

left boot-heel / made with big nails, / to keep off the devil.
왼쪽 구두의 뒤꿈치에    큰 못으로 만든,              악마를 쫓기 위해.

I was up in a second / and shinning down the hill. I looked
나는 바로 일어서서        쏜살같이 언덕을 내달렸다.

over my shoulder / every now and then, / but I didn't see
어깨 너머로 뒤를 돌아보았지만 이따금씩,              아무도 보이지 않았다.

nobody. I was at Judge Thatcher's / as quick as I could get
        대처 판사 댁으로 갔다              가능한 빨리.

there. He said:
그가 말했다:

"Why, my boy, / you are all out of breath. Did you come for
"이런, 애야,        숨이 넘어가겠구나.              이자를 받으러 온 거냐?"

your interest?"

stile 층계형 출입구 | quarry 채석장 | stoop 몸을 굽히다 | shin down (손과 다리를 함께 이용하여) 재빨리
내려가다

"No, sir," / I says; / "is there some for me?"
"아니에요, 판사님," 내가 말했다; 제가 받을 이자가 있나요?"

"Oh, yes, / a half-yearly is in last night / — over a hundred
"그럼, 있지, 반년치가 어젯밤에 들어왔단다 — 150달러가 넘는구나.

and fifty dollars. Quite a fortune for you. You had better let
네겐 엄청난 돈이지. 내가 투자하도록 하는 게 좋을

me invest it / along with your six thousand, / because if you
거야 네 그 6,000달러와 함께, 네가 가져가면

take it / you'll spend it."
써 버리고 말테니까."

"No, sir," / I says, / "I don't want to spend it. I don't want it
"아니에요, 판사님," 내가 말했다, "그 돈을 쓰고 싶지 않아요. 전혀 원치 않는다고요.

at all / — nor the six thousand, nuther. I want you to take it;
— 6,000달러도요, 역시. 판사님이 가지셨으면 좋겠어요;

/ I want to give it to you / — the six thousand and all."
판사님께 드리고 싶어요. — 6,000달러랑 몽땅 다."

He looked surprised. He couldn't seem to make it out. He
그는 놀란 듯 보였다. 그는 이해할 수 없는 듯 했다.

says:
그가 말했다:

"Why, what can you mean, / my boy?"
"이런, 무슨 말이냐, 얘야?"

I says, / "Don't you ask me / no questions about it, /
내가 말했다. "묻지 말아주세요 그것에 관해서 아무것도,

please. You'll take it / — won't you?"
제발요. 그냥 가지세요 — 그래 주실 거죠?"

He says:
그가 말했다:

"Well, I'm puzzled. Is something the matter?"
"음, 당황스럽구나. 무슨 일이 있니?"

"Please take it," / says I, / "and don't ask me nothing / —
"제발 가지세요," 내가 말했다, "그리고 나한테 아무것도 묻지 마세요

then I won't have to tell no lies."
— 그러면 저도 거짓말 할 필요가 없으니까요."

He studied a while, / and then he says:
그는 잠시 생각하다가, 잠시 후 말했다:

"Oho-o! I think I see. You want to SELL all your
"으응! 이제 알 것 같구나. 네 모든 재산을 나한테 팔고 싶은 거구나

property to me / — not give it. That's the correct idea."
— 주는 게 아니라. 그거 좋은 생각이야."

Then / he wrote something on a paper / and read it over,
그리고 나서 그는 종이에 뭔가를 적고 꼼꼼히 읽더니,

/ and says:
말했다:

"There; / you see it says 'for a consideration.' That
"여기; '대가를 받고'라고 쓰여진 게 보이지. 그건 의미한단다

means / I have bought it of you / and paid you for it.
내가 그걸 너한테 샀고 그 대가를 지불했다는 걸.

Here's a dollar for you. Now you sign it."
여기 1달러가 있어. 이제 서명하렴.

So I signed it, / and left.
그래서 나는 서명을 하고, 떠났다.

---

* 소·양·고양이 등이 삼킨 털이나 섬유가 위에서 뭉쳐 생긴 덩어리

for a consideration 보수를 받고[받으면] | slick (겉만) 번드르르한 | counterfeit 위조의, 모조의 | brass 놋쇠[황동]
| nohow 전혀(=not at all)

Miss Watson's nigger, Jim, / had a *hair-ball / as big as
왓슨 아줌마의 검둥이인, 짐은,            털공을 가지고 있었는데     주먹만한 크기의,

your fist, / which had been took out of the fourth stomach
황소의 네 번째 위에서 꺼낸,

of an ox, / and he used to do magic with it. He said / there
그걸로 마술을 부리곤 했다.                          그는 말했다

was a spirit inside of it, / and it knowed everything. So I
그 공 안에는 영혼이 있어서,          모든 걸 알고 있다고.           그래서 나는

went to him / that night / and told him / pap was here again,
그에게 가서      그날 밤      말했다        아빠가 이곳에 다시 나타났다고,

/ for I found his tracks / in the snow. What I wanted to
아빠의 발자국을 발견했기 때문에    눈 위에서.      내가 알고 싶은 것은,

know was, / what he was going to do, / and was he going
아빠가 무엇을 할 작정이며,                얼마나 머물 예정인 걸까?

to stay? Jim got out his hair-ball / and said something over
짐은 털공을 꺼내서                    뭔가를 말하더니,

it, / and then he held it up / and dropped it on the floor. It
그것을 높이 치켜든 다음          바닥에 떨어뜨렸다.

fell pretty solid, / and only rolled about an inch. Jim tried it
공은 툭 떨어지더니,       1인치 쯤 굴러갈 뿐이었다.              짐은 다시 한 번

again, / and then another time, / and it acted just the same.
시도하더니,  그리고 또 한 번,            같은 일을 되풀이했다.

Jim got down on his knees, / and put his ear against it / and
짐은 무릎을 꿇고,                    귀를 공에 대고              귀 기울

listened. But it warn't no use; / he said / it wouldn't talk.
여 들었다.   하지만 아무 소용이 없었다;     그가 말했다   공이 말하려 하지 않는다고.

He said / sometimes / it wouldn't talk / without money. I
그는 말했다   가끔씩         공은 말하려 하지 않는다고   돈을 주지 않으면.

told him / I had an old slick counterfeit quarter / that warn't
내가 말했다    오래되고 반들반들한 25센트짜리 가짜 은화가 있는데        별 쓸모가 없다고

no good / because the brass showed / through the silver / a
놋쇠 부분이 보이기 때문에           은 사이로

little, / and it wouldn't pass nohow, / even if the brass didn't
약간,    그리고 쓸모가 없을 것이라고,        놋쇠 부분이 보이지 않는다 하더라도,

show, / because it was so slick / it felt greasy, / and so that
그게 너무 반들거려서        기름이 묻은 것처럼,     그래서 알아채게

would tell on it / every time. (I reckoned / I wouldn't say
되기 때문에        언제나.      (나는 결심했다     아무 말도 하지 않기로

57

nothing / about the dollar / I got from the judge.)  I said / it
1달러에 대해서는              판사가 준.)                         내가 말했다

was pretty bad money, / but maybe the hair-ball would take
이건 가짜 돈이지만,                        아마도 털공은 받을지도 모른다고,

it, / because maybe it wouldn't know the difference.
          그 차이를 구별하지 못할 수도 있으니까.

Jim smelt it / and bit it / and rubbed it, / and said / he would
짐은 동전 냄새를 맡고 깨물어 보고  문질러 보더니,        말했다

manage / so the hair-ball would think / it was good. He
어떻게든 해서  털공이 생각하도록 하겠다고        그 동전이 진짜라고. 그는 말했다

said / he would split open a raw Irish potato / and stick the
말했다  아일랜드 생감자를 갈라서                      25센트 은화를 꽂아놓고

quarter / in between / and keep it there all night, / and next
          그 사이에        하룻밤을 두면,

morning / you couldn't see no brass, / and it wouldn't feel
다음 날 아침에  놋쇠가 보이지 않고,                      더 이상 미끈거리지 않게 되어,

greasy no more, / and so anybody in town would take it / in
                  마을의 누구라도 받아줄 것이라고

a minute, / let alone a hair-ball. Well, I knowed / a potato
바로,        털공은 말할 것도 없이.        음, 나도 알고 있었지만        감자가 그렇게

would do that / before, / but I had forgot it.
할 수 있다는 걸    예전에,    잊어버리고 있었다.

Jim put the quarter / under the hair-ball, / and got down /
짐은 25센트를 놓고        털공 아래,                      무릎을 꿇고

and listened again. This time / he said / the hairball was all
다시 귀 기울였다.              이번에는        그가 말하기를  털공이 잘하고 있다고 했다.

right. He said / it would tell / my whole fortune / if I wanted
그는 말했다  공이 알려 줄 거라고  내 전체 운세를              내가 원한다면.

it to. I says, / go on. So the hairball talked to Jim, / and Jim
나는 말했다,  계속 하라고. 그러자 털공이 짐에게 말했고,

told it to me. He says:
짐이 내게 말했다.    그는 이렇게 말했다:

* agin = again(흑인 영어)
** ole = old(흑인 영어)
*** gal = girl(흑인 영어)
**** fust = first(흑인 영어)
let alone ~는 말할 것도 없이, 물론 | hover 맴돌다 | sail in 끼어들다 | bust 부수다, 고장 내다

"Yo' ole father doan' know yit / what he's a-gwyne to do.
"네 아버지는 아직 모르고 있어        무엇을 해야 할지.

Sometimes / he spec he'll go 'way, / en den *agin / he spec
어떤 때는        사라져 버릴까 생각하다가,        또 다시        머무르겠다고

he'll stay. De bes' way is / to res' easy en / let de **ole man
하지.        제일 좋은 방법은        편하게 놔 두는 거야

take his own way. Dey's two angels hoverin' roun' 'bout
늙은이가 자기 마음대로 하도록. 두 천사가 그의 주위를 맴돌고 있어.

him. One uv 'em is white en shiny, / en t'other one is black.
하나는 하얗게 빛나고 있고,        다른 하나는 까맣지.

De white one gits him / to go right / a little while, / den de
하얀 천사는 그를 인도하지만        옳은 길로        얼마 동안은,

black one sail in / en bust it all up. A body can't tell yit /
검은 천사가 갑자기 나타나서 모든 걸 망쳐버리지.        아직 아무도 몰라

which one gwyne to fetch him / at de las'. But you is all
어느 천사가 그를 데려갈지        결국.        하지만 넌 괜찮아.

right. You gwyne to have considable trouble / in yo' life, /
넌 문제가 많이 있겠지만        살아가면서,

en considable joy. Sometimes / you gwyne to git hurt, / en
상당한 즐거움도 있을 거야. 가끔은        다칠 때도 있고,

sometimes you gwyne to git sick; / but every time you's
아플 때도 있겠지;        하지만 매번 다시 회복할 거야.

gwyne to git well agin. Dey's two ***gals flyin' 'bout you
두 명의 여자가 네 주위에 있어

/ in yo' life. One uv 'em's light / en t'other one is dark. One
일생 동안.        한 명은 밝고        한 명은 어두워.        한 명은

is rich / en t'other is po'. You's gwyne to marry de po' one
부자이고        한 명은 가난해.        넌 먼저 가난한 여자와 결혼하고 나서

****fust / en de rich one / by en by. You wants to keep
부자 여자와 결혼하게 돼 나중에는.        넌 물을 멀리 해야 해

'way fum de water / as much as you kin, / en don't run no
가능한 한,        그리고 위험한 일은 하지 마,

resk, / 'kase it's down in de bills / dat you's gwyne to git
그렇게 쓰여 있거든        네가 목 매달고 죽을 거라고."

hung."

When I lit my candle / and went up to my room / that night /
내가 양초를 켜고 방으로 올라갔을 때 그날 밤

there sat pap — his own self!
아빠가 앉아 있었다 — 바로 그가!

# 5

I had shut the door to. Then I turned around / and there he
나는 방 문을 닫았다.　　　그리고 뒤돌아보니　　　거기 아빠가 있었다.

was. I used to be scared of him / all the time, / he tanned
나는 아빠를 두려워 했었다　　　항상,　　　나를 지독하게 때렸기

me so much. I reckoned / I was scared now, / too; / but in
때문에.　　　나는 생각했다　　그때도 두려워했다고,　　역시;　　그러나 곧

a minute / I see I was mistaken / — that is, / after the first
그 생각이 잘못임을 깨달았다　　— 즉,　　처음의 충격 후에,

jolt, / as you may say, / when my breath sort of hitched, / he
말하자면,　　　숨이 잠시 멈추었을 때와 같은,

being so unexpected; / but right away after I see / I warn't
아빠가 뜻밖에 나타났기 때문에;　　하지만 그렇게 깨닫고 나니

scared of him / worth bothring about.
아빠가 두렵지 않았다　　그리 걱정할 만큼.

He was most fifty, / and he looked it. His hair was long /
그는 거의 쉰 살이었는데,　　정말 그렇게 보였다.　　머리는 길고

and tangled and greasy, / and hung down, / and you could
헝클어지고 기름에 절어 있었으며,　　늘어져 있어서,

see his eyes shining through / like he was behind vines.
그 사이로 눈이 번쩍거리는 듯 보였다　　마치 넝쿨 뒤에 있는 것처럼.

It was all black, / no gray; / so was his long, mixed-up
머리는 검었고,　　새치 하나 없이;　　길고, 뒤엉킨 수염도 마찬가지였다.

whiskers. There warn't no color in his face, / where his face
　　　얼굴에는 핏기라곤 전혀 없이,　　　가려지지 않은 얼굴은;

showed; / it was white; / not like another man's white, / but
흰색이었는데;　　다른 사람과 같은 흰색이 아니라,

a white to make a body sick, / a white to make a body's
사람을 기분 나쁘게 만드는 흰색,　　　소름끼치게 하는 흰색이었다

flesh crawl / — a tree-toad white, / a fish-belly white.
　　　— 청개구리의 흰색이랄까,　　　생선 뱃살의 흰색같은.

---

tan 가죽을 무두질하다(여기서는 '두들겨 패다'의 의미) | jolt 가슴이 철렁하는 느낌 | hitched (잠깐 지체하게 하는)
문제 | tangled 헝클어진 | vine 포도나무, 덩굴 | whisker 구레나룻 수염 | make one's (skin) crawl 소름
끼치게 하다

As for his clothes / — just rags, / that was all. He had
옷으로 말하자면          — 온통 누더기뿐으로, 그게 전부였다.

one ankle resting on t'other knee; / the boot on that foot
한쪽 발목을 다른 쪽 무릎 위에 올려 놓고 있었는데;          그 발의 구두가 망가져서,

was busted, / and two of his toes stuck through, / and he
          발가락 두 개가 비쭉 튀어나와 있었고,

worked them / now and then. His hat was laying on the
발가락을 움직여댔다     이따금씩.          모자는 바닥 위에 놓여 있었는데

floor / — an old black *slouch / with the top caved in, /
          — 낡고 검은 슬라우치였다          위가 움푹 들어간,

like a lid.
주전자 뚜껑처럼.

I stood a-looking at him; / he set there a-looking at me, /
나는 아빠를 쳐다보며 서 있었고;          그도 거기 앉아서 나를 보고 있었다,

with his chair tilted back a little. I set the candle down. I
의자를 뒤로 젖힌 채.          나는 양초를 내려 놓았다.

noticed / the window was up; / so he had clumb in / by the
눈에 띄었다    창문이 열려 있는 것이;          그렇게 아빠가 기어 올라온 것이었다

shed. He kept a-looking me all over. By and by / he says:
헛간을 딛고. 아빠는 나를 뚫어져라 보았다.          이윽고          입을 열었다:

"Starchy clothes / — very. You think / you're a good deal
"빳빳한 옷이군          — 아주.   넌 생각하는 모양이군 대단히 지체 높은 양반인줄,

of a big-bug, / DON'T you?"
          안 그러냐?"

"Maybe I am, / maybe I ain't," / I says.
"그럴 수도 있고, 아닐 수도 있죠," 내가 말했다.

"Don't you give me none o' your lip," / says he. "You've put
"입 다물지 못하겠니," 그가 말했다.

on considerable many frills / since I been away. I'll take you
"상당히 점잔을 빼고 다녔더구나 내가 없는 동안. 네 콧대를 꺾어 놓을

down a peg / before I get done with you. You're educated,
테다 널 해치우기 전에. 교육도 받았더군,

/ too, / they say / — can read and write. You think / you're
역시나, 사람들이 말하길 — 읽고 쓸 줄도 안다고. 생각하는 거로군

better'n your father, / now, / don't you, / because he can't?
네가 아비보다 잘났다고, 이제 그렇지, 아비는 할 줄 모르니까?

I'LL take it out of you. Who told you / you might meddle
혼줄을 내줄 테다. 누가 그러던

with such hifalut'n foolishness, hey? / — who told you you
그렇게 거만한 바보같은 짓을 해도 된다고, 이놈아? — 누가 해도 좋다고 한 거니?"

could?"

"The widow. She told me."
"과부 아줌마요. 그녀가 그랬어요."

"The widow, hey? / — and who told the widow / she could
"과부라고, 뭐야? — 그럼 누가 그 과부한테 말한 거냐

put in her shovel / about a thing that ain't none of her
참견해도 좋다고 자기 일도 아닌 일에?"

business?"

"Nobody never told her."
"아무도 그렇게 말한 적 없어요."

---

* 챙이 처진 부드러운 모자

tree-toad 청개구리 | belly 배 | lid 뚜껑 | tilt 기울이다, 젖히다 | starchy 격식을 차리는, 뻣뻣한 | a good deal
of 많은 | big-bug (속어) 거물, 높은 양반 | put on frills 점잔 빼다 | take somebody down a peg 콧대를 꺾다,
제 분수를 알게 하다 | get done with 끝내다, 처리하다 | take it out of 지치게 하다 | meddle with (남의 것을)
건드리다 | hifalut'n 허풍 떠는, 거만한(=highfalutin, hifalutin) | put in one's shovel 참견하다

63

"Well, I'll learn her / how to meddle. And looky here /
"그럼, 내가 그 여자한테 가르쳐 주지 어떻게 해야 하는지. 그리고 이 봐라

— you drop that school, / you hear? I'll learn people / to
— 넌 학교를 당장 그만둬, 알겠느냐? 내가 가르쳐 줄테다

bring up a boy / to put on airs / over his own father / and
애를 키운 사람들에게 건방을 떨고 아비 앞에서

let on to be better'n what HE is. You lemme catch you /
잘난 척 하도록. 당장 잡을 거다

fooling around that school again, / you hear? Your mother
다시 바보처럼 학교에 얼씬거리면, 알아들어? 네 어미도 읽지 못하고,

couldn't read, / and she couldn't write, nuther, / before she
쓸 줄도 몰랐다, 죽기 전까지.

died. None of the family couldn't / before THEY died. I
가족 모두 그랬다 죽을 때까지.

can't; / and here / you're a-swelling yourself up / like this.
나도 그래; 그런데 여기에서 넌 철자를 배우고 있다니 이렇게.

I ain't the man to stand it / — you hear? Say, lemme hear
나는 그런 걸 두고 볼 수 없다 — 알아들어? 자, 뭘 좀 읽어 봐라."

you read."

I took up a book / and begun / something about General
나는 책을 하나 집어서 읽기 시작했다 워싱턴 장군과 독립전쟁에 관한 것을.

Washington and the wars. When I'd read about a half a
30초쯤 읽었을 때,

minute, / he fetched the book a whack / with his hand / and
아빠는 책을 홱 잡아 채더니 손으로

knocked it across the house. He says:
방에 내던졌다. 그가 말했다:

"It's so. You can do it. I had my doubts / when you told me.
"그렇군. 읽을 줄 아는군. 설마 했었지 네가 말했을 때.

Now looky here; / you stop that putting on frills. I won't
자 이제; 잘난 체 하는 건 그만둬라. 그렇게는 못한다

have it. I'll lay for you, / my smarty; / and if I catch you
몰래 기다리고 있겠어, 이 헛똑똑아; 그리고 학교에서 널 발견하면

about that school / I'll tan you good. First you know / you'll
흠씬 두들겨 패 주겠어. 처음엔 글을 알고

get religion, too. I never see such a son."
종교도 가지게 되겠군.    난 그런 아들은 못 본다."

He took up a little blue and yaller picture / of some cows
그는 파랗고 노란 그림을 집어 들었다                    소 몇 마리와 소년이

and a boy, / and says:
그려진,         그리고 말했다:

"What's this?"
"이게 뭐냐?"

"It's something they give me / for learning my lessons
"그들이 준 거예요              내가 공부를 잘했다고."

good."

He tore it up, / and says:
아빠는 그걸 찢어버리고, 말했다.

"I'll give you something better / — I'll give you a
"내가 더 좋은 걸 주지          — 바로 소가죽 채찍이다."

cowhide."

He set there / a-mumbling and a-growling a minute, /
아빠는 앉아서    잠시 중얼거리며 투덜대더니,

and then he says:
그리고 나서 말했다:

put on airs 잘난 체하다, 점잔빼다 | lemme =let me | nuther (=another) 여기서는 either의 의미 | whack 툭 놓다
| lay for 숨어서 기다리다 | yaller =yellow | mumble 중얼거리다 | growl 으르렁거리다

"AIN'T you a sweet-scented dandy, though? A bed; / and
"네 놈이 달콤한 냄새가 나는 멋쟁이라고, 근데?　　　　　　침대에;

bedclothes; / and a look'n'-glass; / and a piece of carpet on
이불에;　　　거울에;　　　　　　　바닥에 카펫도 있고

the floor / — and your own father got to sleep / with the
　　　　— 네 아비는 잠을 자는데　　　　　돼지들하고

hogs / in the tanyard. I never see such a son. I bet / I'll take
　　무두질 공장에서.　　난 그런 아들 본 적이 없다.　　맹세하지

some o' these frills out o' you / before I'm done with you.
네 놈의 그 잘난 체 하는 콧대를 꺾어놓을 테다　널 해치우기 전에.

Why, there ain't no end to your airs / — they say / you're
정말, 네 잘난 체는 끝이 없구나　　　　　　— 사람들이 말하는데 넌 부자라

rich. Hey? — how's that?"
하더군. 이봐? — 대체 어찌 된 거냐?"

"They lie / — that's how."
"거짓말이에요　— 정말이에요."

"Looky here / — mind how you talk to me; / I'm astanding
"이놈 봐라　— 말하는 것 좀 보게;

about all I can stand now / — so don't gimme no sass. I've
난 이제 참을 만큼 참았다　　　— 그러니 건방진 말은 집어 치워.

been in town two days, / and I hain't heard / nothing but
마을에 이틀 동안 있었는데,　　　　　듣지 못했다

about you bein' rich. I heard about it / away down the river,
네가 부자란 소리밖에.　　그 말이 들렸지　강 아래에서도, 역시.

too. That's why I come. You git me that money to-morrow
그래서 내가 온 거야.　　그 돈을 내일까지 가져와

/ — I want it."
— 내가 갖겠다."

"I hain't got no money."
"저한텐 돈이 없어요."

"It's a lie. Judge Thatcher's got it. You git it. I want it."
"거짓말.　대처 판사가 갖고 있잖아.　네가 찾아와.　내가 필요하다."

"I hain't got no money, / I tell you. You ask Judge Thatcher;
"난 돈이 없어요,　　　정말이에요.　대처 판사에게 물어 보세요;

/ he'll tell you the same."
그도 똑같은 말을 할 거예요."

"All right. I'll ask him; / and I'll make him pungle, too, / or
"좋아.         내가 물어 보지;       그리고 그 돈을 내놓게 할 거다, 또한,

I'll know the reason why. Say, how much you got in your
아니면 그 이유를 알아낼 거고.       그럼, 주머니엔 얼마나 있느냐?

pocket? I want it."
      내 놔."

"I hain't got only a dollar, / and I want that to — "
"1달러밖에 없어요,          그리고 그게 필요해요 —"

"It don't make no difference / what you want it for / — you
"상관없어          네가 그걸 뭐에 쓸지는

just shell it out."
— 그냥 내놓거라."

## Key Expression ❢

### That's why ～ : 그것이 바로 ～한 이유이다

'That's why ～'는 why 앞에 the reason 이라는 선행사가 생략된 관계부
사 구문이에요.
이 문장은 '그것이 바로 ～한 이유이다'라는 의미로 앞문장의 결과를 나타내는 의
미로 '그래서 ～하는 것이다'로 해석하는 것이 자연스럽답니다.
또한 'That's because～'와 비교해서 알아두어야 합니다.

▶ (원인). That's why ～(결과)
▶ (결과). That's because～(원인)

ex) That's why I come.
    그래서 내가 온 거야.

dandy 멋쟁이, 멋부리는 남자 | astand =stand | sass 건방진 행동이나 말 | nothing but 오직(=only) | git =give |
pungle 지불하다, 돈을 내다 | shell out (거금을) 쏟아 붓다, 돈을 내다

He took it and bit it / to see if it was good, / and then he
아빠는 돈을 가져가서 깨물어 보았다  진짜인지 보려고,                   그런 다음 말했다

said / he was going down town / to get some whisky; / said
        마을로 내려가                  술을 마시겠다고;

he hadn't had a drink / all day. When he had got out on the
한 잔도 못 마셨다면서      하루 종일.     아빠는 헛간 지붕으로 나가다가

shed / he put his head in again, / and cussed me for putting
다시 머리를 들이밀더니,                     내게 욕을 했다

on frills / and trying to be better than him; / and when I
          아비보다 잘난 체 하려 한다면서;                   그리고 아빠가 갔다고

reckoned he was gone / he come back and put his head in
생각했을 때                   다시 돌아와서 머리를 다시 들이밀고,

again, / and told me to mind about that school, / because he
           학교를 조심하라고 말했다,

was going to lay for me / and lick me / if I didn't drop that.
몰래 숨어 나를 기다리다가      혼내줄 거라고      그만두지 않으면.

Next day / he was drunk, / and he went to Judge Thatcher's
다음 날      아빠는 취한 채,        대처 판사집으로 갔고

/ and bullyragged him, / and tried to make him give up the
  판사를 협박해서,                 돈을 포기하도록 하려 했지만;

money; / but he couldn't, / and then he swore / he'd make
         실패하자,                          맹세했다

the law force him.
법에 호소하겠다고.

### Key Expression ❢

**if I can help it : 피할 수만 있다면, 되도록이면**

'can help it'의 구문에서 쓰이는 help는 '피하다, 막다'라는 의미입니다. if와
함께 'if I can help it'이란 형태로 자주 쓰이죠.
이와 함께 'can't help it(어쩔 수 없다)'의 뜻도 알아두세요.

ex) He said courts mustn't interfere and separate families if they could help it.
그는 되도록이면 법원이 끼어 들어 가족을 떼어 놓으면 안 된다고 말했다.
There warn't no help for him any more.
그는 더 이상 어쩔 도리가 없었다.

---

cuss 욕하다 | bullyrag 골리다, 겁주다 | druther 상당히, 꽤(=rather) | cowhide 소가죽(여기서는 '소가죽 채찍으로
때리다'의 의미) | whoop 함성을 지르다

The judge and the widow went to law / to get the court
판사와 과부 아줌마는 법에 호소하여

to take me away from him / and let one of them be my
법원으로 하여금 나를 아빠로부터 떼어 내어   내 후견인이 되려고 했다;

guardian; / but it was a new judge / that had just come,
하지만 새 판사는   갓 부임한,

/ and he didn't know the old man; / so he said / courts
아빠를 잘 몰랐다;   그래서 판사는 말했다

mustn't interfere and separate families / if they could help
법원이 끼어들어 가족을 떼어 놓으면 안 된다고   되도록이면;

it; / said he'd druther not take a child away / from its father.
그래서 아이를 떼어 놓지 않겠다고 했다   아버지로부터.

So Judge Thatcher and the widow / had to quit on the
그래서 대처 판사와 과부 아줌마는   그 사건에서 손을 떼야 했다.

business.

That pleased the old man / till he couldn't rest. He said
그것은 아빠를 기쁘게 했다   가만 있지 못할 정도로.   아빠는 말했다

/ he'd cowhide me / till I was black and blue / if I didn't
나를 채찍으로 때리겠다고   시퍼렇게 멍이 들 때까지

raise some money for him. I borrowed three dollars / from
그 돈을 가져오지 않으면.   나는 3달러를 빌렸고

Judge Thatcher, / and pap took it and got drunk, / and went
대처 판사로부터,   아빠는 그걸 가져가 술에 취해서는,

a-blowing around and cussing / and whooping and carrying
허풍을 떨고 욕을 퍼부으며   고함을 지르고 추태를 부렸다;

on; / and he kept it up / all over town, / with a tin pan, / till
그 짓을 계속 했다   온 동네를 돌아다니며,   양은 냄비를 두드리며,

most midnight; / then they jailed him, / and next day / they
거의 한밤중까지;   그래서 결국 감옥에 갔고,   다음 날

had him before court, / and jailed him again / for a week.
법정에 세운 후,   다시 감옥에 가두었다   일주일 동안.

But he said HE was satisfied; / said he was boss of his son,
그러나 아빠는 만족한다고 했다;   자신은 아들을 마음대로 할 수 있는 사람이며,

/ and he'd make it warm for HIM.
그놈을 혼내주겠다고 했다.

When he got out / the new judge said / he was a-going to
아빠가 감옥에서 나오자    새 판사는 말했다    아빠를 제대로 된 사람으로

make a man of him. So he took him to his own house, / and
만들겠다고.    자기 집으로 데려가서,

dressed him up clean and nice, / and had him to breakfast
깨끗하고 단정하게 옷을 입히고,    아침, 점심, 저녁 세 끼 식사를 하게 했다

and dinner and supper / with the family, / and was just old
가족과 함께,    그에게 온정을 베풀었다,

pie to him, / so to speak. And after supper / he talked to
말하자면.    그리고 저녁 식사 후에는    아빠에게 말했다

him / about temperance and such things / till the old man
금주와 그 밖의 일에 관해    결국은 아빠가 울면서,

cried, / and said he'd been a fool, / and fooled away his life;
자기가 바보였고,    인생을 바보처럼 살았다고 말했다;

/ but now / he was a-going to turn over a new leaf / and be
하지만 이제는    새 사람이 될 것이며    사람이

a man / nobody wouldn't be ashamed of, / and he hoped
되겠다고    누구한테도 부끄럽지 않은,    그러니 바란다고

/ the judge would help him / and not look down on him.
판사가 자기를 도와주고    업신여기지 말아 달라고.

The judge said / he could hug him / for them words; / so he
판사는 말했다    그를 껴안아줄 수 있다고    그 말을 듣자;    그래서 판

cried, / and his wife she cried again; / pap said / he'd been
사도 울었고, 그의 아내도 또 울었다;    아빠는 말했다    자신은 그런 사람

a man / that had always been misunderstood / before, / and
이었다고    항상 오해만 받고 살아온    전에는,

the judge said / he believed it. The old man said / that what
그러자 판사가 말했다    자신은 믿는다고.    아빠가 말하자

a man wanted / that was down / was sympathy, / and the
사람이 원하는 것은    타락한    동정이라고,

judge said it was so; / so they cried again. And when it was
판사도 그렇다고 했다;    그리고 그들은 다시 울었다.    취침 시간이 되자

bedtime / the old man rose up / and held out his hand, / and
아빠는 일어나서    손을 내밀며,

says:
이렇게 말했다:

"Look at it, gentlemen and ladies all; / take a-hold of it;

"보십시오, 여러분 모두;                                    이 손을 잡고;

/ shake it. There's a hand / that was the hand of a hog;

악수해 주세요. 손이 있습니다          한때는 돼지의 손이었지만;

so to speak 말하자면 | temperance 금주 | turn over a new leaf 새 사람이 되다

/ but it ain't so no more; / it's the hand of a man / that's
더 이상은 아닙니다;                          사람의 손입니다

started in on a new life, / and'll die / before he'll go back.
새로운 삶을 시작하는,              죽고 말겠습니다    다시 옛날로 돌아간다면.

You mark them words / — don't forget / I said them. It's
이 말을 명심하시고            — 잊지 마세요       내가 그 말을 했다는 걸.

a clean hand now; / shake it — don't be afeard."
이제 깨끗한 손입니다;     악수해 주세요 — 두려워 마시고."

So they shook it, / one after the other, / all around, / and
그래서 그들은 악수를 하고,    차례차례로,              모두 돌아가며,      그리고

cried. The judge's wife she kissed it. Then the old man
울었다.    판사의 아내는 아빠의 손에 입까지 맞추었다.       그러자 아빠는 서약서에 서명을

he signed a pledge / — made his mark. The judge said /
했다              — 표시를 한 것이다.       판사가 말했다

it was the holiest time on record, / or something like that.
그것은 가장 거룩한 시간이니                          뭐니 하면서.

Then they tucked the old man / into a beautiful room, /
그리고 아빠를 데리고                    멋진 방으로 갔다,

which was the spare room, / and in the night some time / he
그곳은 손님용 방이었다,                  그리고 한밤중 몇 시쯤인가

got powerful thirsty / and clumb out on to the porch-roof /
아빠는 몹시 목이 말라서        현관 지붕으로 기어 나와

and slid down a stanchion / and traded his new coat / for a
받침대를 타고 미끄러져 내려와서,        새 코트를 팔아

jug of *forty-rod, / and clumb back again / and had a good
독한 술 한 병을 샀고,        다시 방으로 기어들어와서        예전처럼 재미있는 시간을

old time; / and towards daylight / he crawled out again, /
보냈다;        그리고 동이 트기 전        다시 기어 나오다가,

*drunk as a fiddler, / and rolled off the porch / and broke
몹시 취해서,                현관에서 굴러 떨어져

his left arm in two places, / and was most froze to death
왼팔 두 군데가 부러졌고,                거의 얼어 죽을 뻔 했다

/ when somebody found him / after sun-up. And when
   누군가 발견했을 때에는                해가 뜬 후.

they come to look / at that spare room / they had to take
사람들이 들어가 보았을 때        손님 방에                측량기를 사용해야 할 정도였다

soundings / before they could navigate it.
              길을 찾기 위해.

The judge he felt kind of sore. He said / he reckoned a body
판사는 매우 기분이 상했다.              그는 말했다

could reform the old man / with a shotgun, / maybe, / but
이런 사람은 개조시킬 수 있을 것 같다고    엽총을 사용해야만,        아마도,

he didn't know no other way.
그 밖에 다른 방법은 생각나지 않는다고.

* 포티 롯(비싼 위스키의 상표)
** 몹시 취해서(fiddler는 민속 음악을 연주하는 바이올린 연주자를 뜻함)

tuck 밀어넣다 | stanchion 지지대, 받침대 | jug 물주전자, 물병 | porch 현관 | sounding 수심 측량 | navigate
길을 찾다 | sore 감정이 상한 | shotgun 엽총

73

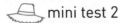

## mini test 2

### A. 다음 문장을 해석해 보세요.

(1) I could see that / there was two Providences, / and a poor chap would stand considerable show / with the widow's Providence, / but if Miss Watson's got him / there warn't no help for him any more.
→

(2) They belong to / whoever rubs the lamp or the ring, / and they've got to do / whatever he says.
→

(3) He had one ankle resting on t'other knee; / the boot on that foot was busted, / and two of his toes stuck through, / and he worked them / now and then.
→

(4) I'll learn people / to bring up a boy / to put on airs / over his own father / and let on to be better'n what HE is.
→


### B. 다음 주어진 문구가 알맞은 문장이 되도록 순서를 맞춰 보세요.

(1) 그들은 <u>나무만큼 키가 크고 교회당처럼 덩치가 크다</u>.
  (a tree / tall / as / big around / as / as / a church / as / and)
  They are _____.

(2) 누가 요정들을 그렇게 움직이게 하는 건데?
  (around / tear / makes / Who / so? / them)
  →

(3) 더 오래 학교에 다닐 수록 학교에 있는 것이 점점 쉬워졌다.

A. (1) 나는 '신의 섭리'에는 두 가지가 있다는 것을 알 수 있었다. 그래서 가난한 건달 녀석은 성공할 가망이 있지만, 왓슨 아줌마가 데려간다면 더 이상 어쩔 도리가 없는 것이다. (2) 요정들은 누구든 램프나 반지를 문지르는 사람의 부하가 되어, 그가 말하는 건 뭐든지 해야 한다. (3) 한쪽 발목을 다른 쪽 무릎 위에 올려 놓고

74    The Adventures of Huckleberry Finn

(I / it / went to / school / The longer / the easier / be / got to)

→

(4) 널 해치우기 전에 <u>네 콧대를 꺾어 놓을 테다.</u>

(a peg / take / down / I'll / you)

<br>

before I get done with you.

C. 다음 주어진 문장이 본문의 내용과 맞으면 T, 틀리면 F에 동그라미 하세요.

(1) The body of Huck's father was found in the river drownded.
( T / F )

(2) Huck sold all his property to Judge Thatcher for one dollar.
( T / F )

(3) The judge and the widow went to law and became Huck's guardian.
( T / F )

(4) The judge finally gave up reforming Huck's father.
( T / F )

D. 의미가 비슷한 것끼리 서로 연결해 보세요.

(1) turn up          ▶          ◀ ① break

(2) lick             ▶          ◀ ② defeat

(3) bust             ▶          ◀ ③ appear

(4) nothing but      ▶          ◀ ④ only

있었는데; 그 발의 구두가 망가져서, 발가락 두 개가 비쭉 튀어나와 있었고, 이따금씩 발가락을 움직
여댔다. (4) 아비 앞에서 건방을 떨고 잘난 척 하도록 애를 키운 사람들에게 내가 가르쳐 줄테다. | B.
(1) as tall as a tree and as big around as a church (2) Who makes them tear around so? (3) The
longer I went to school the easier it got to be. (4) I'll take you down a peg | C. (1) F (2) T (3) F
(4) T | D. (1) ③ (2) ② (3) ① (4) ④

75

## 6

Well, pretty soon / the old man was up and around again,
그리고, 금새 아빠는 다시 나타나 돌아다녔다.

/ and then / he went for Judge Thatcher / in the courts /
그리고는 대처 판사에게 덤벼들었다 법정에서

to make him give up that money, / and he went for me,
그 돈을 포기하라고, 또한 나에게도 덤벼들었다,

/ too, / for not stopping school. He catched me a couple
역시, 학교를 그만두게 하려고. 두어 번 나를 붙잡아

of times / and thrashed me, / but I went to school just
매질을 했지만, 나는 여전히 학교에 갔다,

the same, / and dodged him / or outrun him / most of the
아빠를 재빨리 피하거나 빨리 달리면서

time. I didn't want to go to school much / before, / but I
대부분. 그다지 학교에 가고 싶지 않았지만 전에는,

reckoned I'd go now / to spite pap. That law trial was a
지금은 간다고 생각했다 아빠를 괴롭혀 주려고. 그 소송은 느리게 진행되었다

slow business / — appeared like they warn't ever going to
— 결코 시작되지 않을 것처럼 보였다;

get started on it; / so every now and then / I'd borrow two
그래서 이따금씩

or three dollars off of the judge / for him, / to keep from
판사에게 2~3달러씩 빌려서 아빠에게 주었다,

getting a cowhiding. Every time he got money / he got
쇠가죽 채찍을 피하려고. 아빠는 돈을 가져갈 때마다

drunk; / and every time he got drunk / he raised *Cain
술에 취했고; 술에 취할 때마다 마을에서 난동을 부렸으며;

around town; / and every time he raised Cain / he got
난동을 부릴 때마다 감옥에 갔다.

jailed. He was just suited / — this kind of thing was right
딱 어울렸다 — 이런 종류의 일이야말로 꼭 맞았다

/ in his line.
그의 생활 방식에.

* 카인 : 성서에서 동생인 아벨을 죽인 아담의 장남, 인류 최초의 살인자

He got to hanging around the widow's / too much / and so
아빠가 과부 아줌마 주변을 어슬렁거리자                         너무 많이

she told him / at last / that if he didn't quit using around
아줌마가 말했다      마침내      그 부근을 돌아다니는 걸 그만두지 않으면

there / she would make trouble for him. Well, / WASN'T
           혼내주겠다고.                              그러니,      아빠가 화가 나지

he mad? He said / he would show / who was Huck Finn's
않을리 없지? 아빠는 말했다 보여 주겠다고        누가 헉 핀의 주인인지.

boss. So he watched out for me / one day in the spring, /
      그래서 나를 감시하고 있다가           어느 봄 날,

and catched me, / and took me up the river / about three
나를 붙잡아,           강을 따라 데리고 올라가더니        3마일 떨어진 곳에

mile / in a skiff, / and crossed over to the Illinois shore /
소형 보트에 태워,     일리노이 주 강변 쪽으로 건너갔다

where it was woody / and there warn't no houses / but an
그곳은 숲이 울창했고          집이라곤 없었다                     낡은 오두막

old log hut / in a place / where the timber was so thick /
하나밖에       그곳에는         나무가 아주 우거져 있어서

you couldn't find it / if you didn't know / where it was.
찾아낼 수 없을 정도였다       알지 못한다면          그 오두막이 어디 있는지.

## Key Expression ♩

**every time ~ : ~할 때마다**

every time이 뒤에 절을 동반할 경우 '~할 때마다'(=whenever)의 의미를 가
진 접속사로 쓰입니다. 이때 every time 대신 each time도 쓸 수 있습니다.
이처럼 '~ time'이 절을 동반하여 접속사 역할을 하는 경우가 많습니다. 'first
time ~'은 '처음 ~할 때', 'second time ~'은 '또 다시 ~할 때', 'next time
~'은 '다음 번에 ~할 때'와 같은 의미로 사용됩니다.

ex) Every time he got money he got drunk; and every time he got drunk he
raised Cain around town;…
아빠는 돈을 가져갈 때마다 술에 취했고; 술에 취할 때마다 마을에서 난동을 부
렸으며;…
Another time a man comes a–prowling round here you roust me out, you
hear?
또 다시 누가 이 주변을 어슬렁거리면 나를 깨워라, 알았지?

go for somebody~에게 덤벼들다, 공격하다 | thrash때리다 | dodge재빨리 움직이다, 피하다 | outrun더 빨리
달리다 | spite괴롭히다, 악의 | raise Cain대소동을 일으키다 | suited어울리는, 적당한 | timber수풀, 산림

He kept me with him / all the time, / and I never got a
아빠는 내 곁에 있었고 항상, 그래서 도망칠 기회가 없었다.

chance to run off. We lived in that old cabin, / and he
우리는 그 낡은 오두막에서 살았는데,

always locked the door / and put the key / under his head
아빠는 항상 문을 잠그고 열쇠를 두었다 머리 밑에

/ nights. He had a gun / which he had stole, / I reckon, /
밤마다. 아빠는 총을 갖고 있었고 예전에 훔친 듯한, 내 생각에,

and we fished and hunted, / and that was what we lived
우리는 낚시와 사냥을 해서, 그것으로 먹고 살았다.

on. Every little while / he locked me in / and went down
어쩌다 가끔 아빠는 나를 집에 가두고는 가게에 내려가서,

to the store, / three miles, / to the ferry, / and traded fish
3마일 떨어진, 나루터까지,

and game for whisky, / and fetched it home / and got
물고기와 사냥감을 술과 바꾸어, 집으로 가져왔고 술에 취해서는

drunk / and had a good time, / and licked me. The widow
기분을 내며, 나를 때렸다.

she found out / where I was / by and by, / and she sent a
과부 아줌마가 찾아냈고 내가 있는 곳을 마침내, 사람을 보내어

man over / to try to get hold of me; / but pap drove him
나를 구해 주려고 했지만; 아빠는 그를 쫓아버렸다

off / with the gun, / and it warn't long after that / till I was
총으로, 그리고 얼마 안 되어

used to being / where I was, / and liked it / — all but the
나도 익숙해졌다 내가 있는 곳에, 그리고 좋아했다

cowhide part.
— 소가죽 채찍질만 없다면.

It was kind of lazy and jolly, / laying off comfortable
느긋하고 편안한 생활이었다, 온종일 편하게 내버려두고,

all day, / smoking and fishing, / and no books nor study.
담배를 피우고 낚시를 했으며, 책도 공부도 없었다.

---

ferry 연락선, 나루터 | game 사냥감 | jolly 행복한, 편안한 | lay off 그만두다, 내버려두다 | handy 손재주가
있는, 잘 다루는 | hick'ry 히코리(북미산의 단단한 나무) (=hickory) | welt 부은 자국

Two months or more run along, / and my clothes got to be
두 달 남짓 지나자,                          옷은 온통 누더기에 더러워졌으며,

all rags and dirt, / and I didn't see / how I'd ever got to like
모를 일이었다              어떻게 그렇게 좋아했었는지

it so well / at the widow's, / where you had to wash, / and
과부 아줌마 집에서의 생활을. 그곳에서는 씻어야만 했고,

eat on a plate, / and comb up, / and go to bed and get up
접시에 담아 먹었으며,    머리를 빗었고,      규칙적으로 자고 일어났으며,

regular, / and be forever bothering over a book, / and have
언제나 책과 씨름했고,

old Miss Watson pecking at you / all the time. I didn't want
왓슨 아줌마가 쪼아댔는데 말이다              항상.

to go back no more. I had stopped cussing, / because the
다시는 돌아가고 싶지 않았다.    욕하는 것을 그만두었지만,

widow didn't like it; / but now I took to it again / because
아줌마가 싫어했기 때문에;        다시 하게 되었다

pap hadn't no objections. It was pretty good times up / in
아빠가 반대하지 않았기 때문에.      꽤 좋은 시간이었다

the woods there, / take it all around.
숲 속 그곳에서,         전반적으로 생각해 보면.

But by and by / pap got too handy with his hick'ry, / and I
그러나 이윽고      아빠가 히코리 채찍을 너무 휘두르자,

couldn't stand it. I was all over welts. He got to going away
나는 참을 수 없었다.    온몸이 상처투성이었다.      아빠도 더 자주 나가게 되었다,

so much, / too, / and locking me in. Once he locked me
역시,    나를 집 안에 가둬둔 채.      일단 나를 가둬두면

in / and was gone three days. It was dreadful lonesome. I
사흘이나 돌아오지 않았다.      지독하게 외로운 시간이었다.

judged / he had got drowned, / and I wasn't ever going to
난 판단했다  아빠가 물에 빠져 죽었으면,      난 절대 나갈 수 없다고

get out / any more. I was scared. I made up my mind / I
더 이상.      무서웠다.      결심했다

would fix up some way / to leave there. I had tried / to get
방법을 찾아야겠다고        그곳을 빠져나갈.    시도했었다

out of that cabin / many a time, / but I couldn't find no way.
그 오두막을 빠져나가려고    여러 번,        하지만 길을 전혀 찾을 수 없었다.

There warn't a window to it / big enough / for a dog to get
창문 하나 없었고          충분히 큰          개가 통과할 정도로.

through. I couldn't get up the chimbly; / it was too narrow.
굴뚝을 타고 올라갈 수 없었다;          너무 좁아서.

The door was thick, / solid oak slabs. Pap was pretty careful
문은 두껍고,          딱딱한 참나무 판자로 되어 있었다. 아빠는 꽤나 조심성이 있어

/ not to leave a knife or anything / in the cabin / when he
칼같은 것은 남겨 두지도 않았다          오두막에

was away; / I reckon / I had hunted the place over / as much
집을 비울 때면;          내 생각에          그곳을 샅샅이 뒤진 것 같았다

as a hundred times; / well, I was most all the time at it, /
100번 정도;          글쎄, 대부분 그 짓을 하며 시간을 보냈으니까,

because it was about the only way / to put in the time. But
그것밖에 없었기 때문에          시간을 보낼 방법이.

this time / I found something / at last; / I found an old rusty
하지만 이번엔 뭔가를 발견했다          마침내;          낡고 녹슨 나무톱을 발견했다

wood-saw / without any handle; / it was laid in / between
손잡이가 없는;          톱은 놓여 있었다

a rafter and the clapboards of the roof. I greased it up /
지붕의 서까래와 빗물받이 판자 사이에.          그 톱에 기름칠을 하고

and went to work. There was an old horse-blanket / nailed
작업을 시작했다.          낡은 말 안장 담요가 있었다

against the logs / at the far end of the cabin / behind the
통나무 벽의 못에 걸린          오두막 구석 끝에          식탁 뒤의,

table, / to keep the wind from blowing / through the chinks /
바람이 불어 들어와서          통나무 틈새 사이로

and putting the candle out. I got under the table / and raised
촛불을 끄지 못하도록.          식탁 밑으로 들어가서

the blanket, / and went to work to saw a section / of the big
담요를 들어 올리고는, 한 부분을 톱으로 썰기 시작했다

bottom log out / — big enough / to let me through. Well, / it
맨아래 있는 큰 통나무를   — 충분히 큰          내가 빠져 나가기에.          그런데,

was a good long job, / but I was getting towards the end of it
그건 꽤 시간이 걸리는 작업이었다,   하지만 작업이 거의 끝나갈 무렵

chimbly 굴뚝(=chimney) | slab 판자, 평판 | rusty 녹슨 | saw 톱 | rafter 서까래 | clapboard 물막이 판자 |
horse-blanket 말 담요(말 안장 밑에 까는 담요) | chink (빛이 새는) 틈

/ when I heard pap's gun / in the woods. I got rid of the signs
아빠의 총소리가 들렸다          숲에서.          나는 흔적들을 없애고

/ of my work, / and dropped the blanket / and hid my saw, /
작업의,          담요를 내려서          톱을 감추었고,

and pretty soon / pap come in.
그러자 곧바로          아빠가 들어왔다.

Pap warn't in a good humor / — so he was his natural self.
아빠는 기분이 별로 좋지 않았다                — 그런게 아빠의 타고난 본성이었다.

He said / he was down town, / and everything was going
아빠는 말했다 마을에 내려갔었는데,          모든 일이 잘못 되어가고 있었다고,

wrong. His lawyer said / he reckoned he would win his
그의 변호사가 말하기를       소송에서 이길 것 같다고 했는데

lawsuit / and get the money / if they ever got started on the
그리고 돈을 차지할 수 있다고    재판만 시작한다면;

trial; / but then / there was ways / to put it off a long time,
그러나        방법이 있었다고       재판을 계속 연기시키는,

/ and Judge Thatcher knowed / how to do it. / And he said
그리고 대처 판사가 알고 있다고        그 방법을.        그리고 또 말했다

/ people allowed / there'd be another trial / to get me away
사람들 말로는        또 다른 재판이 있을 거라고       나를 아빠에게서 떼어 내어

from him / and give me to the widow / for my guardian, /
과부 아줌마에게 맡기려는               후견인으로 삼아,

and they guessed it would win / this time. This shook me
그리고 그들은 이길 거라고 생각한다고    이번에는.    이 말은 나를 상당히 몸서리

up considerable, / because I didn't want to go back / to the
치게 했다,        왜냐하면 돌아가기 싫었으니까                 과부 아줌마

widow's / any more / and be so cramped up / and sivilized,
집에         더 이상        그리고 그렇게 구속 받고        교양 있는 사람이 되는 것이,

/ as they called it. Then / the old man got to cussing, / and
그들이 말하는.        그리고 나서 아빠는 욕을 하기 시작했다,

cussed everything and everybody / he could think of, / and
모든 일과 사람에 대해 욕했다                생각나는,

then cussed them all over again / to make sure / he hadn't
그리고는 다시 한 번 모두에게 욕을 했다       확실히 하려는지

skipped any, / and after that he polished off / with a kind of
누군가를 빼먹지 않도록, 그렇게 해치운 후에

a general cuss all round, / including a considerable parcel of
한바탕 욕설을 퍼붓는 것을,        상당수의 사람들이 끼어 있었는데

people / which he didn't know the names of, / and so called
아빠가 이름을 알지 못하는,                그래서 그들을 불렀다

them / what's-his-name / when he got to them, / and went
아무개라며        이름을 모르는 사람이 생각나면,

right along with his cussing.
그리고 욕설을 계속 퍼부어댔다.

He said / he would like to see / the widow get me. He said
아빠는 말했다 보고 싶다고 과부 아줌마가 나를 데려가는지. 그는 말했다

/ he would watch out, / and if they tried to come any such
계속 지켜볼 것이며, 만약 그들이 어떤 속임수를 쓰려 하면

game on him / he knowed of a place / six or seven mile off
장소를 한 군데 알아 두었다고 6~7마일 떨어진 곳에

/ to stow me in, / where they might hunt / till they dropped
나를 숨겨둘, 그곳은 그들이 찾아다녀도 쓰러질 때까지

/ and they couldn't find me. That made me pretty uneasy /
나를 못 찾을 거라고 했다. 그 말은 나를 걱정스럽게 만들었다

again, / but only for a minute; / I reckoned / I wouldn't stay
다시금, 잠시 동안이긴 했지만; 나는 생각했다 머물러 있지 않겠다고

on hand / till he got that chance.
아빠가 그런 기회를 가질 때까지.

Key Expression

**how to ~ : ~ 하는 방법**

'how to + 동사원형'은 '~하는 방법'이란 의미로 'how + 주어 + should + 동사원형' 형태의 절이 축약된 것입니다.
이처럼 의문사가 이끄는 명사절은 종종 의문사 + to부정사의 형태로 축약하여 사용하며 다음과 같은 의미를 가집니다.

▶ what to ~ : 무엇을 ~할지
▶ which to ~ : 어느 것을 ~할지
▶ where to ~ : 어디서 ~할지
▶ who(m) to ~ : 누구를 ~할지
▶ how to ~ : 어떻게 ~할지(=~하는 방법)

ex) Judge Thatcher knowed how to do it.
대처 판사는 그 일을 하는 방법을 알고 있다.

in good humor 기분이 좋은 | trial 재판, 공판 | cramp 바싹 죄다, 속박하다 | polish off 해치우다. 죽이다 |
what's-one's-name 아무개 씨, 그 사람 | stow 집어넣다

83

The old man made me go to the skiff / and fetch the things
아빠는 나에게 소형 보트로 가서 물건을 가져오게 했다

/ he had got. There was a fifty-pound sack of corn meal,
그가 사 온. 50파운드짜리 옥수수 한 부대,

/ and a side of bacon, / ammunition, / and a four-gallon
베이컨 한 덩어리, 탄약, 4갤론짜리 술병,

jug of whisky, / and an old book and two newspapers
오래된 책과 신문 두 부

/ for wadding, / besides some tow. I toted up a load, /
충전재로 사용할, 그리고 견인용 밧줄이 있었다. 나는 짐을 나른 후,

and went back / and set down on the bow of the skiff
되돌아가 보트 뱃머리에 걸터 앉아

/ to rest. I thought it all over, / and I reckoned I would
쉬었다. 그 말에 대해 곰곰히 생각한 후, 도망쳐야겠다고 결심했다

walk off / with the gun and some lines, / and take to the
총과 낚싯줄을 갖고, 그리고 숲 속으로 가겠다고

woods / when I run away. I guessed / I wouldn't stay /
도망칠 때에는. 나는 생각했다 머물지 않고

in one place, / but just tramp right / across the country, /
한 곳에는, 떠돌아 다니면서 온 나라를,

mostly night times, / and hunt and fish / to keep alive, /
주로 밤 시간에, 사냥하고 낚시하며 살아가겠다고,

and so get so far away / that the old man nor the widow /
그래서 아주 멀리 가겠다고 아빠도 과부 아줌마도

couldn't ever find me any more. I judged / I would saw out
더 이상 날 찾을 수 없도록. 나는 판단했다 톱질을 끝내고

/ and leave / that night / if pap got drunk enough, / and I
떠날 것이라고 그 날 밤 아빠가 만취되면, 그리고 아빠

reckoned he would. I got so full of it / I didn't notice / how
는 그럴 거라고 생각했다. 그 생각으로 가득해서 눈치채지 못했다

long I was staying / till the old man hollered / and asked
얼마나 오랫동안 머물러 있었는지 아빠가 고함을 지르며 내게 물을 때까지

me / whether I was asleep or drownded.
잠든 거냐 물에 빠져 죽은 거냐라며.

---

* 남자 이름, 익명의 남자 혹은 신원이 확실하지 않은 남자를 칭할 때 쓰인다

I got the things all / up to the cabin, / and then / it was
물건을 모두 갖고 왔다          오두막까지,                   그러자

about dark. While I was cooking supper / the old man took
날이 어두워졌다.   내가 저녁을 요리하고 있는 동안              아빠는 술을 한두 잔 벌컥벌

a swig or two / and got sort of warmed up, / and went to
컥 마시고는       꽤 흥이 나서,              다시 난동을 부리기

ripping again. He had been drunk over / in town, / and laid
시작했다.      술에 취해                마을에서,       시궁창에 처

in the gutter / all night, / and he was a sight to look at. A
박혀 있었기 때문에     밤새 내내,       꼴이 말이 아니었다.

body would a thought he was *Adam / — he was just all
시체의 모습이 알아보기 힘들 정도였다        — 온통 진흙투성이였기 때문

mud. Whenever his liquor begun to work / he most always
이다.    아빠는 술이 오르기 시작하면

went for the govment. This time he says:
언제나 정부를 공격해 대곤 했다.   그럴 때면 이렇게 말했다:

### Key Expression ❢

**think it all over : 그것을 곰곰이 생각하다**

'think ~ (all) over'는 '~을 곰곰이 생각하다'의 의미를 가진 숙어입니다. 이처럼 think는 뒤에 오는 전치사나 부사에 따라 다양한 의미를 가집니다.

▶ think about ~ : ~에 대해 생각하다
▶ think again : 다시 생각하다, 재고하다
▶ think ahead : 미리 생각하다
▶ think back : 돌이켜 생각하다
▶ think of ~ : ~을 생각하다, 머리에 떠올리다
▶ think of A as B : A를 B로 생각하다, 여기다
▶ think on[upon] : 생각해 내다, 기억하다
▶ think ~ out : ~을 (신중하게) 생각하다, 고려하다
▶ think ~ over : ~을 심사숙고하다
▶ think ~ through : ~에 대해 충분히 생각하다
▶ think twice : 재차 생각하다, 신중히 생각하다
▶ think ~ up : ~을 생각해 내다, 고안하다

ex) I thought it all over, and I reckoned I would walk off.
    나는 곰곰이 생각한 후, 도망쳐야겠다고 결심했다.

ammunition 탄약 | wadding 충전재 | tow 견인, 견인용 밧줄 | tote 나르다 | bow 뱃머리 | tramp 터벅터벅
걷다 | holler 소리지르다, 고함치다 | take a swig 꿀꺽꿀꺽 마시다 | rip 찢다, 멋대로 행동하다 | gutter 시궁창,
밑바닥 삶 | govment (=government)

"Call this a govment! Why, just look at it / and see / what
"이런 걸 정부라고!　　맙소사, 한 번 보면　　　알게 될 거야　그게 어떤

it's like. Here's the law / a-standing ready to take a man's
꼴인지.　법이 있단 말야　　남의 아들을 빼앗아 가려고 하는

son away / from him / ── a man's own son, / which he
그 아비로부터　　── 진짜 아들을 말이야,　온갖 고생을 하고

has had all the trouble / and all the anxiety / and all the
걱정을 하며　　　돈을 들여 키워냄.

expense of raising. Yes, / just as that man has got that son
그래,　이제 막 아들을 키워 내서

raised / at last, / and ready to go to work / and begin to do
마침내,　일을 할 준비가 되어　　아비를 먹여 살리기

suthin' for HIM / and give him a rest, / the law up / and
시작하고　편하게 해 주려고 하는데,　그 법이 나타나서

goes for him. And they call THAT govment! That ain't
괴롭히는 거지.　그걸 정부라고 부른단 말이지!　그뿐만이 아니야.

all, nuther. The law backs that old Judge Thatcher up / and
법은 저 늙은 대처 판사랑 한편이 되어

helps him / to keep me out o' my property. Here's what
돕고 있는 거야　내게서 재산을 빼앗아 가려고.　이게 바로 법이란게

the law does: / The law takes a man / worth six thousand
하는 일이라고:　법이란 게 사람을 데려가서　6,000달러가 넘는 가치를 지닌,

dollars and up'ards, / and jams him / into an old trap of
쑤셔 넣고는　　이런 낡은 오두막에,

a cabin like this, / and lets him go round / in clothes that
돌아다니게 한단 말이지　돼지한테도 어울리지 않을

ain't fitten for a hog. They call that govment! A man can't
옷을 입고.　그런 걸 정부라 부른단 말이지!　사람은 권리를 제대로

get his rights / in a govment like this. Sometimes / I've a
가질 수 없어　이런 정부에선.　가끔

mighty notion / to just leave the country / for good and all.
나는 엄청 생각해　이 나라를 떠나겠다고　영원히.

Yes, and I TOLD 'em so; / I told old Thatcher so / to his
그럼, 그놈들에게 그렇게 말했지;　늙은 대처 놈에게도 그렇게 말했어　면전에 대고.

face. Lots of 'em heard me, / and can tell what I said. Says
여러 사람이 내 말을 들었고,　내가 한 말을 이해할 수 있을 거야.　난 말하지,

I, / for two cents / I'd leave the blamed country / and never
2센트만 있으면          이 빌어먹을 나라를 떠나서          근처에 얼씬거리

come a-near it / agin. Them's the very words. I says look
지도 않겠다고          다지는. 내 말이 바로 그 말이야.          내 모자를 한 번

at my hat / — if you call it a hat — / but the lid raises up /
보라고          — 그걸 모자라고 부르기나 한다면 —          뚜껑은 쑥 올라간 데다

and the rest of it goes down / till it's below my chin, / and
다른 부분은 축 쳐져 있으니          턱 밑에까지,

then it ain't rightly a hat at all, / but more like my head was
그러니 이건 모자도 뭣도 아니지,          내 머리가 불쑥 나와있는 것 같잖아

shoved up / through a jint o' stovepipe. Look at it, / says I
난로 연통의 이음새를 비집고.          그것 좀 봐,          내가 말해잖아

/ — such a hat / for me to wear — / one of the wealthiest
— 그런 모자를          나한테 쓰라 하다니 —          제일 부자 중 한 명인데 말이야

men / in this town / if I could git my rights."
이 마을에서          내 권리를 제대로 찾을 수만 있다면.

"Oh, yes, / this is a wonderful govment, / wonderful. Why,
"오, 그럼,          이건 굉장한 정부지,          대단하고 말고.

looky here. There was a free nigger / there from Ohio
자, 보라고.          자유 신분이 된 검둥이가 하나 있지          오하이오 주에서 온

/ — a mulatter, / most as white as a white man. He had
— 혼혈이고,          백인만큼 피부가 하얀.

the whitest shirt on / you ever see, / too, / and the shiniest
그는 가장 하얀 셔츠를 입었어          지금까지 본 것 중,          또한,          가장 번쩍거리는 모자도;

hat; / and there ain't a man / in that town / that's got as
사람은 없다고          그 마을에는          그렇게 멋진 옷을 가진

fine clothes / as what he had; / and he had a gold watch
그의 것만큼;          그는 금줄 달린 시계도 있고,

and chain, / and a silver-headed cane / — the awfulest old
윗부분에 은장식을 입힌 지팡이도 있어          — 가장 굉장한 백발의 명사라

gray-headed nabob / in the State. And what do you think?
는 거지          이 미주리 주에서.          어떻게 생각하나?

---

jam 쑤셔 넣다, 채워 넣다 | for good 영원히 | shove up 아무렇게나 놓다 | jint 연결 부위(=joint) | stovepipe
난로의 연통 | mulatter 흑백 혼혈의(=mulatto) | watch and chain 체인이 달린 시계 | cane 지팡이 | nabob
통치자, 유력 인사

They said / he was a p'fessor in a college, / and could talk
사람들이 말하길   그는 대학 교수인데다가,

all kinds of languages, / and knowed everything. And that
여러 나라 말을 할 줄 알고,        모든 걸 알고 있다는 거야.        진짜 최악인 건

ain't the wust. They said / he could VOTE / when he was at
그게 아니야.        사람들이 말하길   그가 투표도 할 수 있었다는군   고향에 있었을 때.

home. Well, / that let me out. Thinks I, / what is the country
맙소사,   그 말에 기절할 뻔 했어.   나는 생각했지,      이 나라가 도대체 어떻게 되어가

a-coming to? It was 'lection day, / and I was just about to
는 거야?        그날은 선거 날이어서,        나는 직접 투표를 하러 가려는 참이었지

go and vote myself / if I warn't too drunk to get there; /
                갈 수 없을 정도로 취하지만 않았다면;

but when they told me / there was a State in this country
하지만 그 말을 듣고        이 나라에 그런 주가 있다는

/ where they'd let that nigger vote, / I drawed out. I says /
검둥이한테 투표를 시키는,        그만둬 버렸어.   난 말했지

I'll never vote agin. Them's the very words / I said; / they
절대 다시는 투표하지 않겠다고.   바로 그 말이야        내가 말한 게; 사람들은

all heard me; / and the country may rot for all me / — I'll
모두 내 말을 들었지;   나라가 썩어 없어진다 하더라도        — 나는

never vote agin / as long as I live. And to see the cool way
절대 투표하지 않을 거야   살아있는 한.        그 잘난 검둥이를 보라고

of that nigger / — why, he wouldn't a give me the road / if
                — 이런, 내게 길을 비키려고도 하지 않거든

I hadn't shoved him out o' the way. I says to the people, /
길 밖으로 밀쳐내지 않으면.        난 사람들에게 말했지,

why ain't this nigger put up at auction / and sold? / — that's
왜 이 검둥이를 경매에 붙여서        팔아버리지 않느냐고?

what I want to know. And what do you reckon / they said?
— 그게 바로 내가 알고 싶은 거였지. 상상할 수 있겠나        사람들이 뭐라 했는지?

Why, / they said / he couldn't be sold / till he'd been in the
맙소사,   사람들이 그러는데   팔 수 없다는 거야        여기 미주리 주에서 6개월이 지나지

State six months, / and he hadn't been there / that long yet.
않으면,        그리고 그놈은 있지 않았었다는 거야        그만큼 오래.

wust (=worst) | 'lection (=election) | prowl 돌아다니다 | thieve 도둑질 하다 | infernal 지긋지긋한 | limber
유연한 | head over heels 거꾸로 | tub 통 | bark 피부를 까다[벗기다] | shin 정강이

There, now / — that's a specimen. They call that a govment
자, 이제,            — 그게 바로 한 예지.        그걸 정부라고 하는 거야

/ that can't sell a free nigger / till he's been in the State / six
자유롭게 풀려난 검둥이를 팔 수 없는        그 주에서 머무를 때까지는

months. Here's a govment / that calls itself a govment, / and
6개월 간.      여기 정부가 있지        스스로 정부라고 불러대며,

lets on to be a govment, / and thinks it is a govment, / and
정부인 척 하고,                정부라고 생각하는,

yet's got to set stock-still / for six whole months / before
하지만 손 놓고 기다려야 하다니      6개월 내내 가만히

it can take a hold / of a prowling, / thieving, / infernal, /
잡을 수 있을 때까지      마구 돌아다니며,      도둑질하고,      지긋지긋한,

white-shirted free nigger, / and — "
하얀 셔츠를 입은 자유로운 검둥이를 말이야,  그리고 — "

Pap was agoing on / so he never noticed / where his old
아빠는 계속 불평했고        그래서 눈치채지 못했다        그 늙고 힘없는 다리가

limber legs was taking him to, / so he went head over heels
자신을 어디로 데려가고 있는지,        그러다 거꾸로 곤두박질쳤다

/ over the tub of salt pork / and barked both shins, / and
소금에 절인 돼지고기 통에 부딪혀      양쪽 정강이가 모두 까졌다,

the rest of his speech / was all the hottest kind of language
그리고 마지막 퍼부은 말은      엄청 격한 욕설이었다

/ — mostly hove at the nigger and the govment, / though
— 대부분은 검둥이와 정부를 향한,

he give the tub some, / too, / all along, here and there. He
그 통에게도 몇 마디 퍼부었지만,  역시,  계속, 이리저리 다니며.  아빠는

hopped / around the cabin considerable, / first on one leg
깡총깡총 뛰었다  오두막 주변을 한참,  처음에는 한쪽 발로

/ and then on the other, / holding first one shin / and then
다음에는 다른 쪽 발로,  처음에는 한쪽 정강이를 붙잡고  다음에는 다른

the other one, / and at last / he let out with his left foot /
쪽을 붙잡고,  그러더니 마침내  왼쪽발을 뻗더니

all of a sudden / and fetched the tub / a rattling kick. But
갑자기  통을 가격했다  있는 힘껏.

it warn't good judgment, / because that was the boot / that
하지만 그건 옳은 판단이 아니었다,  왜냐하면 구두였기 때문이다

had a couple of his toes / leaking out of the front end of it;
발가락 두 개가  앞 축에 삐져 나와 있던;

/ so now he raised a howl / that fairly made a body's hair
그래서 아빠는 비명을 질렀고  온몸의 털을 곤두서게 하는,

raise, / and down he went in the dirt, / and rolled there, /
먼지투성이에 주저 앉아,  구르면서,

and held his toes; / and the cussing he done then / laid over
발가락을 움켜쥐었다;  그리고 그때 퍼부은 욕설은  훨씬 심한 것이

anything / he had ever done previous. He said so his own
었다  이전에 했던 어떤 욕설보다.  직접 그렇게 말했다

self / afterwards. He had heard old Sowberry Hagan / in his
나중에.  소우베리 헤이건 영감이 했던 욕설을 들은 적이 있는데  한창 잘

best days, / and he said / it laid over him, too; / but I reckon
나가던 시절에,  아빠가 말하기를  그 욕설이 영감보다 더 했다고;  하지만 내 생각에

/ that was sort of piling it on, / maybe.
그건 과장인 것 같았다,  아마도.

After supper / pap took the jug, / and said / he had enough
저녁 식사 후  아빠는 술병을 가져가며,  말했다  충분한 술이 있다고

whisky there / for two drunks / and one delirium tremens.
두 번은 적당히 취하고  한 번은 필름이 끊길 만큼 취할 수 있는.

heave 크게 한숨을 내쉬다 | all of a sudden 갑자기 | fetch 일격을 가하다 | rattling 아주 좋은 | howl 비명 |
pile 쌓다 | delirium tremens (알코올 중독에 의한) 진전 섬망증 | tumble 굴러 떨어지다 | groan 신음 소리를
내다 | moan 신음하다 | thrash 몸부림치다

That was always his word. I judged / he would be blind
그건 아빠의 입버릇이었다.                    나는 판단했고     아빠가 완전히 취할 거라고

drunk / in about an hour, / and then I would steal the key,
한 시간 후에는,                    그러면 열쇠를 훔치거나,

/ or saw myself out, / one or t'other. He drank and drank,
톱질을 해서 빠져나가거나     둘 중 하나라고.     아빠는 계속 술을 마셨고,

/ and tumbled down on his blankets / by and by; / but luck
담요 위에 쓰러졌다                    이윽고;

didn't run my way. He didn't go sound asleep, / but was
하지만 행운은 내게 오지 않았다. 아빠는 깊이 잠들지 못하고,     오히려 불안해 했다.

uneasy. He groaned and moaned / and thrashed around /
계속 끙끙 신음 소리를 내며     몸부림을 쳤다

this way and that / for a long time. At last / I got so sleepy
이리저리     오랫동안.     마침내     나는 너무 졸려서

/ I couldn't keep my eyes open / all I could do, / and so /
눈을 뜰 수 없었다     아무리 해도,     그래서 그렇게

before I knowed what I was about / I was sound asleep, /
뭘 하려 했는지 알기 전에     깊이 잠들어 버렸다,

and the candle burning.
촛불을 켜 놓은 채.

I don't know / how long I was asleep, / but all of a sudden
알 수 없었다     얼마나 오래 잠들었는지,     하지만 갑자기

/ there was an awful scream / and I was up. There was pap
끔찍한 비명 소리가 들려서     일어났다.     미친 사람같은 아빠가

looking wild, / and skipping around every which way / and
있었는데,     사방을 뛰어다니며

yelling about snakes. He said / they was crawling up his
뱀이 있다고 소리치고 있었다.     아빠는 말했다 뱀들이 다리 위로 기어오르고 있다고;

legs; / and then he would give a jump / and scream, / and
그리고는 번쩍 뛰더니     소리지르며,     말했다

say / one had bit him on the cheek / — but I couldn't see
한 놈이 뺨을 물었다고     — 하지만 뱀은 보이지 않았다.

no snakes. He started and run round and round the cabin,
아빠는 오두막을 이리저리 뛰어다니기 시작하며,

/ hollering / "Take him off! Take him off! He's biting me
소리질렀다     "떼어줘!     떼어달라고!     내 목을 물고 있어!"

on the neck!" I never see / a man look so wild / in the eyes.
나는 본 적이 없었다 그렇게 미친 듯이 날뛰는 사람을     내 눈으로.

Pretty soon / he was all fagged out, / and fell down panting;
얼마 후                아빠는 완전히 지쳐서,              숨을 헐떡이며 쓰러졌다;

/ then he rolled over and over / wonderful fast, / kicking
  그리고는 이리저리 굴렀다                     굉장히 빠른 속도로,

things every which way, / and striking and grabbing at the
사방을 걷어차고,               허공에 대고 때리거나 움켜쥐면서,

air / with his hands, / and screaming and saying / there was
손으로,              소리지르며 말했다          악마가 있다고

devils / a-hold of him. He wore out / by and by, / and laid
자신을 잡으러 온.    아빠는 녹초가 되었고 이윽고,       가만히 누워 있었다,

still / a while, / moaning. Then he laid stiller, / and didn't
잠시동안,    신음하면서.   그리고는 더 조용해지더니,   아무 소리도 내지 않았다.

make a sound. I could hear the owls and the wolves / away
                    부엉이와 늑대 울음 소리가 들렸고

off in the woods, / and it seemed terrible still. He was laying
저 멀리 숲 속에서,         무척이나 고요했다.           아빠는 기대어 누워 있

over / by the corner. By and by / he raised up part way / and
었다       한쪽 구석에.   마침내       몸을 조금 일으키더니

listened, / with his head to one side. He says, / very low:
귀를 기울였다,  머리를 한쪽으로 기울인 채.        그리고는 말했다, 아주 낮은 소리로:

"Tramp — tramp — tramp; / that's the dead; / tramp —
"쾅 — 쾅 — 쾅;                  저건 죽은 사람이야;

tramp — tramp; / they're coming after me; / but I won't go.
쾅 — 쾅 — 쾅;          그들이 나를 쫓아 오고 있어;         하지만 가지 않을 거야.

Oh, they're here! Don't touch me / — don't! Hands off / —
이런, 그들이 왔어!    날 만지지 마    — 하지 마! 손 떼

they're cold; / let go. Oh, let a poor devil alone!"
— 손도 차갑구나;    놔 줘.    이런, 불쌍한 악마를 내버려 둬!"

Then he went down on all fours / and crawled off, /
그리고 나서 아빠는 네 발로 갔다    기어서,

begging them / to let him alone, / and he rolled himself up
죽은 사람들에게 애원하면서 자신을 내버려 두라고,    그리고 몸을 둘둘 말고는

/ in his blanket / and wallowed in / under the old pine table,
담요에    굴러 들어갔다    낡은 소나무 식탁 아래로,

/ still a-begging; / and then he went to crying. I could hear
여전히 애원하면서,    그러다가 울기 시작했다.    소리가 들렸다

him / through the blanket.
담요 밖으로 새어 나오는.

By and by / he rolled out / and jumped up on his feet /
이윽고    아빠가 기어나와    벌떡 일어서더니

looking wild, / and he see me / and went for me. He chased
미친 사람처럼,    나를 보고    덤벼들었다.    나를 쫓아다니며

me / round and round the place / with a clasp knife, /
이리저리 방 안을    칼을 갖고,

calling me the Angel of Death, / and saying he would kill
나를 저승사자라고 불렀다.    나를 죽이겠다고 하면서,

me, / and then I couldn't come for him / no more. I begged,
그러면 내가 공격할 수 없을 거라고    더 이상.    나는 애원하며,

/ and told him / I was only Huck; / but he laughed SUCH
말했다    나는 헉일 뿐이라고:    그러나 아빠는 쇳소리나게 웃더니,

a screechy laugh, / and roared and cussed, / and kept on
으르렁거리고 욕을 하면서,    계속 쫓아다녔다.

chasing me up. Once / when I turned short and dodged /
한번은    내가 재빨리 몸을 돌려 피하자

under his arm / he made a grab and got me by the jacket
팔 아래에서    아빠가 내 자켓을 움쳐 잡았고

/ between my shoulders, / and I thought / I was gone; /
내 어깨 사이로,    그래서 생각했다    나는 죽은 거라고;

---

fagged 피곤한 | pant 헐떡이다 | wallow 뒹굴다 | clasp knife 접는 칼 | angel of death 죽음의 사자(使者) |
come for 덮치러 오다 | screechy 절규하는, 날카로운 소리를 내는

but I slid out of the jacket / quick as lightning, / and saved
하지만 자켓에서 빠져나와    번개처럼 빨리,    가까스로 살아남았다.

myself. Pretty soon / he was all tired out, / and dropped
곧    아빠는 탈진하여,    주저 앉았고

down / with his back against the door, / and said / he would
등을 문에 기대며,    말했다

rest a minute / and then kill me. He put his knife under
잠깐 쉬고 나서    나를 죽일 거라고.    칼을 깔고 앉아서,

him, / and said / he would sleep / and get strong, / and then
말했다    한숨 잔 뒤    기운을 차리면,    그 다음에

/ he would see / who was who.
두고 보자고    누가 누군지.

So he dozed off / pretty soon. By and by / I got the old
그렇게 아빠는 잠이 들었다 금새.    이윽고    나는 등나무 의자를 가져다

split-bottom chair / and clumb up / as easy as I could, / not
올라갔다    될 수 있는 한 조심스럽게,

to make any noise, / and got down the gun. I slipped the
소음을 내지 않도록,    그리고는 총을 꺼내 들었다.    탄약을 재는 쇠꼬챙이를

ramrod down / it to make sure / it was loaded, / then I laid
밀어넣었고    확실히 하려고    장전되었는지,    그리고는 총을 놓고

it / across the turnip barrel, / pointing towards pap, / and
순무통 위에 걸쳐서,    총구를 아빠 쪽으로 한 채,

set down behind it / to wait for him to stir. And how slow
그 뒤에 앉아서    아빠가 움직이기를 기다렸다.    그리고 너무나 느리고

and still / the time did drag along.
조용하게    시간이 흘러갔다.

## 7

"GIT up! What you 'bout?"
"일어나! 뭘 하고 있는 거냐"

I opened my eyes / and looked around, / trying to make out
난 눈을 뜨고 주위를 둘러 보았다, 알아내려고

/ where I was. It was after sun-up, / and I had been sound
내가 어디 있는지. 해는 이미 떠 있었고, 나는 깊게 잠들어 있었다.

asleep. Pap was standing over me / looking sour / — and
아빠는 내 앞에 서 있었다 시큰둥하고 — 아픈 얼굴로,

sick, / too. He says:
역시나. 아빠가 말했다:

"What you doin' / with this gun?"
"뭘 하고 있는 거냐 이 총으로?"

I judged / he didn't know nothing / about what he had been
난 판단했다 아빠는 아무것도 모른다고 했던 일에 대해,

doing, / so I says:
그래서 말했다:

"Somebody tried to get in, / so I was laying for him."
"누군가 들어오려고 해서, 숨어서 기다리고 있었어요."

"Why didn't you roust me out?"
"왜 날 깨우지 않았니?"

"Well, I tried to, / but I couldn't; / I couldn't budge you."
"글쎄, 그러려고 했는데, 할 수 없었어요; 조금도 움직이지 않던 걸요."

"Well, all right. Don't stand there palavering / all day, /
"그럼, 됐어. 거기 서서 떠들지 말고 온종일,

but out with you and see / if there's a fish on the lines / for
나가서 보렴 물고기가 낚싯대에 걸렸는지

breakfast. I'll be along / in a minute."
아침으로 먹을. 나도 따라가마 곧."

He unlocked the door, / and I cleared out up the river-bank.
아빠가 문을 열어 주었고, 나는 강둑 위로 급히 떠났다.

---

doze 잠이 들다 | split-bottom chair 나무 조각을 엮어서 만든 의자 | ramrod 탄약을 재는 쇠꼬치 | sour
시큰둥한 | roust 밀어내다, 방해하다 | palaver 재잘거리다, 떠들다 | clear out 급히 떠나다 | river-bank 강둑,
강기슭

95

I noticed some pieces of limbs and such things / floating
나뭇가지 몇 개와 비슷한 걸 발견했다 / 떠내려 오고

down, / and a sprinkling of bark; / so I knowed / the river
있는 것을, / 또한 드문드문 나무 껍질들도; / 그래서 알았다 / 강물이 불어나기

had begun to rise. I reckoned / I would have great times
시작했다는 걸. / 나는 생각했다 / 지금이 아주 좋은 시기일 거라고

now / if I was over at the town. The June rise / used to be
/ 만약 마을에 있다면. / 6월의 물이 불어나면

always luck for me; / because as soon as that rise begins
내게 항상 행운이 오곤 했었다; / 왜냐하면 물이 불어나자 마자

/ here comes cordwood floating down, / and pieces of log
/ 장작 다발들이 떠내려 왔기 때문에. / 또 통나무 뗏목 조각들도

rafts / — sometimes a dozen logs together; / so all you have
/ — 때로는 수십 개의 통나무들이 함께; / 그러면 해야 할 일은

to do / is to catch them and sell them / to the wood-yards
/ 그걸 가져다 다는 것뿐이다 / 목재상이나 제재소에.

and the sawmill.

I went along up the bank / with one eye out for pap / and
나는 강둑을 따라 올라갔다 / 한 눈으로는 아빠를 쳐다보고 / 

t'other one out / for what the rise might fetch along. Well,
다른 눈으로는 / 불어난 물에 뭐가 떠내려 오는지를 보면서.

all at once / here comes a canoe; / just a beauty, too, / about
그런데, 갑자기 / 카누가 오고 있었다; / 게다가 아주 멋진 것이었다,

thirteen or fourteen foot long, / riding high like a duck. I
길이가 13~14피트 정도로, / 물오리처럼 살랑살랑 떠 있었다.

shot head-first off / of the bank / like a frog, / clothes and all
나는 뛰어들어서 / 강둑에서 / 개구리처럼, / 옷을 다 입은 채,

on, / and struck out for the canoe. I just expected / there'd
/ 카누를 향해 헤엄쳤다. / 단지 기대했다

be somebody laying down in it, / because people often done
누군가 그 안에 누워 있을 거라고, / 사람들이 종종 그렇게 했기 때문에

a sprinkling of 드문드문 오는, 조그마한 |cordwood 장작 다발 |raft 뗏목; 뗏목배 |wood-yard 목재 공장 |
sawmill 제재소 |ride high 의기양양하다, 잘 나가다, 높은 자리에 오르다 |strike out for ~로 헤엄치다 |folks
(복수형) 사람들 |chap 녀석, 친구 |drift 표류하다, 떠 다니다 |paddle 노를 젓다 |ashore 물가로 |creek 작은
만 |gully 협곡, 도랑 |willow 버드나무 |shanty 판잣집 |bunch 다발, 송이 |draw a bead on ~을 겨누다

that / to fool folks, / and when a chap had pulled a skiff out
사람들을 놀려 주려고, 그리고 한 녀석이 소형 보트를 저어

/ most to it / they'd raise up / and laugh at him. But it warn't
그 근처로 가면 벌떡 일어서서 비웃곤 했던 것이다. 그러나 이번엔 그렇

so this time. It was a drift-canoe sure enough, / and I clumb
지 않았다. 그건 표류한 카누가 틀림없었다. 나는 올라타서

in / and paddled her ashore. Thinks I, / the old man will be
강변으로 노를 저었다. 나는 생각했다, 아빠도 기뻐할 것이라고

glad / when he sees this / — she's worth ten dollars. But
이걸 본다면 — 그 배는 10달러는 되어 보였으니까.

when I got to shore / pap wasn't in sight yet, / and as I was
하지만 강기슭에 도착해 보니 아빠는 아직 보이지 않았고, 나는 그 배를 몰았다

running her / into a little creek / like a gully, / all hung over
작은 만으로 도랑같은, 포도넝쿨과 버드나무

with vines and willows, / I struck another idea: / I judged /
들로 모두 뒤덮여 있는, 그때 다른 아이디어가 떠올랐다: 나는 생각했다

I'd hide her good, / and then, / 'stead of taking to the woods
그 배를 잘 숨겨놓았다가, 그리고 나서, 숲으로 가지 않고

/ when I run off, / I'd go down the river / about fifty mile
도망쳐서, 강을 따라 내려가 5마일 정도를

/ and camp in one place / for good, / and not have such a
어느 곳에서 야영을 한다면 영원히, 그런 고생을 하지 않아도 될 것이었다

rough time / tramping on foot.
두 발로 걸어다니며.

It was pretty close / to the shanty, / and I thought / I heard
그곳은 꽤 가까워서 통나무집에, 생각했다 아빠가 오는

the old man coming / all the time; / but I got her hid; /
소리를 들었다고 줄곧; 그러나 그 배를 숨겼고;

and then / I out and looked around / a bunch of willows,
그리고는 나가서 둘러 보니 버드나무 숲을,

/ and there was the old man / down the path a piece / just
아빠가 있었다 길에서 약간 떨어진 곳에

drawing a bead on a bird / with his gun. So he hadn't seen
새 한 마리를 겨냥하면서 총으로. 그렇다면 아빠는 아무것도 보

anything.
지 못했던 것이었다.

97

When he got along / I was hard at it taking up a "*trot"
아빠가 다가왔을 때       나는 주낙 줄을 열심히 끌어올리고 있었다.

line. He abused me a little / for being so slow; / but I told
아빠는 나를 좀 나무랐지만       너무 늦다고;       나는 말했다

him / I fell in the river, / and that was what made me so
강물에 빠졌기 때문에,       오래 걸렸다고.

long. I knowed / he would see / I was wet, / and then he
나는 알고 있었다   아빠가 보고는       내가 젖어 있는 것을,

would be asking questions. We got five catfish off the lines
질문을 할 것이라고.       우리는 메기 다섯 마리를 낚시줄에서 떼어서

/ and went home.
집으로 갔다.

While we laid off / after breakfast / to sleep up, / both of
쉬는 동안       아침을 먹은 후       한잠 자려고,

us being about wore out, / I got to thinking that / if I could
둘 다 지쳐 있었으므로,       나는 생각했다       어떤 방도를 꾸며

fix up some way / to keep pap and the widow / from trying
놓을 수만 있다면   아빠와 과부 아줌마 둘 다       나를 따라오지 못하

to follow me, / it would be a certainer thing / than trusting
도록,       그게 더 확실할 것이라고       운에 맡기고

to luck / to get far enough off / before they missed me; /
멀리 도망치는 것보다       내가 없어진 것을 알기 전에;

you see, / all kinds of things might happen. Well, / I didn't
알다시피,   모든 일은 일어날 수 있으니까.       그런데,   방법이 떠오르

see no way / for a while, / but by and by / pap raised up a
지 않았다   한동안,       그런데 마침내   아빠가 잠시 일어나더니

minute / to drink another barrel of water, / and he says:
물 한 통을 마시려고,       말했다:

"Another time / a man comes a-prowling round here / you
"또 다시       누가 이 주변을 어슬렁거리면

roust me out, / you hear? That man warn't here / for no
나를 깨워라,       알았지?   그놈은 여기 온 거야       뭔가 목적이 있어서.

good. I'd a shot him. Next time / you roust me out, / you
쏴 죽였어야 했는데.   다음 번에는   나를 깨워라,

hear?"
알았지?"

Then he dropped down / and went to sleep again; / but what
그리고는 쓰러져서                                    다시 잠이 들었다;

he had been saying / give me the very idea / I wanted. I
그런데 아빠가 한 말로 인해    내게 아이디어가 떠올랐다        원했던.

says to myself, / I can fix it now / so nobody won't think / of
속으로 말했다,            이제 그 방법을 쓸 수 있어   그러면 아무도 생각하지 못할 거야

following me.
나를 따라오겠다고.

About twelve o'clock / we turned out / and went along up
12시 쯤                    우리는 밖으로 나가서      강둑을 따라 올라갔다.

the bank. The river was coming up pretty fast, / and lots of
        강물은 꽤 빠르게 흐르고 있었고,                      많은 표류목이 떠내

driftwood going by / on the rise. By and by / along comes
려 오고 있었다      붙어난 강물 위로.  이윽고      통나무 뗏목의 파편이

part of a log raft / — nine logs fast together. We went out
왔다               — 즉 아홉 개의 통나무들이 한꺼번에 빠른 속도로. 우리는 소형

with the skiff / and towed it ashore. Then we had dinner.
보트를 타고 가서      그것을 강가로 끌어왔다.        그리고는 저녁 식사를 했다.

* 든든한 줄에 일정한 간격을 두고 짧은 낚싯줄을 매서 물에 띄워 두는 낚싯줄

catfish 메기 | driftwood 표류목, 떠다니는 목재

Anybody but pap would a waited / and seen / the day
아빠가 아니었다면 누구나 기다렸을 것이고       보였겠지만       하루 종일,

through, / so as to catch more stuff; / but that warn't pap's
더 많은 것을 건지기 위해;       하지만 그건 아빠의 방식이 아니었다.

style. Nine logs was enough / for one time; / he must shove
아홉 개의 통나무로 충분했다       한 번에;

right over to town / and sell. So he locked me in / and took
아빠는 마을로 곧장 달려가       팔아야만 했다. 그래서 나를 집 안에 가두고는

the skiff, / and started off / towing the raft / about halfpast
소형 보트를 타고, 떠났다       통나무를 끌면서       3시 반쯤.

three. I judged / he wouldn't come back that night. I waited
나는 판단했다       그날 밤에는 돌아오지 않을 거라고.       나는 기다렸고

/ till I reckoned / he had got a good start; / then I out with
생각될 때까지       아빠가 꽤 멀리 갔을 거라고;       그리고는 톱을 들고 가서,

my saw, / and went to work on that log again. Before he
이전의 그 통나무를 다시 자르기 시작했다.

was t'other side of the river / I was out of the hole; / him
아빠가 강 건너편에 닿기 전에       구멍을 빠져 나왔다;

and his raft was just a speck / on the water / away off
아빠와 뗏목은 점으로 보였다       물 위에 있는       저 멀리.

yonder.

## Key Expression

**so as to ~ : ~ 하기 위해**

'so as to + 동사원형' 구문은 '~하기 위해'라는 의미로 쓰이며 'in order to ~'와 같은 뜻입니다.
또한 'so that + 주어 + 조동사 + 동사 ~' 형태의 절로 바꾸어 쓸 수 있습니다.

ex) Anybody but pap would a waited and seen the day through, so as to catch
more stuff.
아빠가 아니었다면 누구나 더 많은 것을 잡기 위해 하루종일 기다리고 보였을
것이다.

---

halfpast 그 시간을 지나 30분 | speck 작은 얼룩 | yonder 저기 보이는 | bucket 양동이 | gourd 박, 바가지 |

dipper 국자 | skillet (스튜용) 냄비 | woodpile 장작더미 | smoothness 반들반들함 | sawdust 톱밥

I took the sack of corn meal / and took it / to where the
나는 옥수수 자루를 들고 　　　　　가져갔다 　　카누를 숨겨둔 곳으로,

canoe was hid, / and shoved the vines and branches apart
그리고 나무 넝쿨과 가지들을 헤친 후

/ and put it in; / then I done the same / with the side of
그 안에 넣었다; 　그리고 똑같이 옮겼다 　베이컨도;

bacon; / then the whisky-jug. I took all the coffee and
그 다음에는 술병도. 　　　커피와 설탕도 모두 가져갔다

sugar / there was, / and all the ammunition; / I took the
거기 있던, 　또 탄약도 전부; 　　충전재도 가져갔고;

wadding; / I took the bucket and gourd; / I took a dipper
양동이와 바가지도 가져갔으며; 　　국자와 주석 컵도 가져갔고,

and a tin cup, / and my old saw and two blankets, / and the
낡은 톱과 담요 두 장과,

skillet and the coffee-pot. I took fish-lines / and matches
냄비와 커피포트도. 　　　낚싯줄도 가져갔고 　성냥과

/ and other things / — everything that was worth a cent. I
그리고 다른 것들도 　— 1센트라도 값어치가 나가는 것은 모두.

cleaned out the place. I wanted an axe, / but there wasn't
그 오두막을 깨끗이 비워 버렸다. 　도끼도 갖고 싶었지만, 　다른 건 없었다,

any, / only the one out / at the woodpile, / and I knowed /
그 하나밖에는 　장작더미에 있던, 　그리고 알고 있었다

why I was going to leave that. I fetched out the gun, / and
그걸 남겨둔 이유를. 　　　총을 가져가자,

now I was done.
모든 일이 끝났다.

I had wore the ground a good deal / crawling out of the
땅바닥이 꽤 많이 닳았다 　　구멍에서 기어나오느라

hole / and dragging out so many things. So I fixed that /
아주 많은 물건들을 끌면서. 　　　그래서 그곳을 고쳐놓았다

as good as I could from the outside / by scattering dust /
밖에서 가능한 대로 　　흙을 뿌려서

on the place, / which covered up the smoothness and the
그곳에, 　반들거리는 곳과 톱밥이 있는 곳을 덮었다.

sawdust.

Then I fixed the piece of log back / into its place, / and put
그리고 나서 통나무 조각을 다시 맞춰 놓은 후          제자리에,

two rocks / under it / and one against it / to hold it there,
돌 두 개를 놓고     그 아래     돌 하나를 기대놓았다          그것을 받치도록,

/ for it was bent up / at that place / and didn't quite touch
왜냐하면 굽어져서          그곳이          땅에 닿지 않았기 때문에.

ground. If you stood four or five foot away / and didn't
만약 4~5피트 정도 떨어진 곳에 서 있고                          톱으로 잘라낸 것을

know it was sawed, / you wouldn't never notice it; / and
알지 못한다면,          눈치채지 못할 것이었다;

besides, / this was the back of the cabin, / and it warn't
게다가,     이곳은 오두막의 뒤쪽이어서,          없을 것 같았다

likely / anybody would go fooling around there.
누군가 거기에 서성거리는 일은.

It was all grass clear to the canoe, / so I hadn't left a track.
카누까지 가는 길은 모두 풀이 우거져 있었다,          그래서 발자국이 남지 않았다.

I followed around to see. I stood on the bank / and looked
주위를 둘러 보았다.          강둑에 서서

out over the river. All safe. So I took the gun / and went
강 너머를 내다 보았다.     모두 안전했다. 그래서 총을 들고

up a piece into the woods, / and was hunting around / for
숲으로 조금 들어가서,          사냥하러 돌아 다녔다

some birds / when I see a wild pig; / hogs soon went wild /
새를 찾아서     그때 멧돼지를 보았다:          돼지들은 곧 야생짐승이 되고 만다

in them bottoms / after they had got away / from the prairie
저지대에서는     도망쳐 나온 후          대초원의 농장에서.

farms. I shot this fellow / and took him into camp.
나는 돼지를 쏴서     집으로 가져갔다.

I took the axe / and smashed in the door. I beat it and
도끼를 집어들고     문을 부수었다.          때려 부쉈다

hacked it / considerable a-doing it. I fetched the pig in, /
꽤 심하게.          돼지를 끌고 들어가서,

and took him back nearly to the table / and hacked into his
식탁 근처로 가져가서          목을 내리친 후

---

fool around 노닥거리다. 서성이다 | prairie 대초원 | sling 휙 던지다

throat / with the axe, / and laid him down / on the ground
도끼로, 뉘어 놓았다 땅바닥에

/ to bleed; / I say ground / because it was ground / — hard
피를 흘리도록; 땅바닥이라고 말하는데 그건 정말 땅이었기 때문이다

packed, / and no boards. Well, next / I took an old sack /
— 굳게 다지고, 판자도 없는. 그 다음에는 낡은 자루를 가져가

and put a lot of big rocks / in it / — all I could drag — /
큰 돌들을 넣었다 그 안에 — 끌 수 있는 한 많이 —

and I started it from the pig, / and dragged it to the door /
그리고는 돼지가 있는 곳부터 출발해, 그 자루를 문으로 끌고 가서

and through the woods / down to the river / and dumped it
숲을 지나 강까지 내려가 집어 던져서,

in, / and down it sunk, / out of sight. You could easy see /
가라 앉혔더니, 보이지 않았다. 쉽게 알 수 있었다

that something had been dragged / over the ground. I did
뭔가 끌려갔다는 것을 땅 위로. 나는

wish / Tom Sawyer was there; / I knowed / he would take
바랐다 톰 소여가 있다면 얼마나 좋을까 하고; 나는 알고 있었다 톰이라면 흥미를 가지고

an interest / in this kind of business, / and throw in the
이런 종류의 일에 , 멋진 솜씨를 부렸을 거라는 것을.

fancy touches. Nobody could spread himself / like Tom
아무도 능력을 펼치지 못할 것이다 톰소여만큼

Sawyer / in such a thing as that.
그런 일에서는.

Well, last / I pulled out some of my hair, / and blooded the
마지막으로 내 머리카락을 몇 가닥 뽑았고, 도끼에 피를 잘 묻힌 후,

axe good, / and stuck it on the back side, / and slung the
그것을 뒤쪽에 붙여놓았다, 그리고 도끼를 휙 던져

axe / in the corner. Then / I took up the pig / and held him
버렸다 구석에. 그리고는 돼지를 들어 올려

to my breast / with my jacket / (so he couldn't drip) / till I
가슴팍까지 안아서 재킷으로 감싸서 (피가 떨어지지 않도록)

got a good piece below the house / and then dumped him /
집 아래쪽으로 꽤 멀리까지 간 후 던져 버렸다

into the river. Now I thought of something else. So I went /
강 속으로. 이때 다른 생각이 떠올랐다. 그래서 다시 가서

and got the bag of meal and my old saw / out of the canoe,
옥수수 자루와 톱을 꺼내어 카누에서,

103

/ and fetched them to the house. I took the bag / to where it
집으로 가져왔다.                                자루를 가져와서        원래 있던 곳으로,

used to stand, / and ripped a hole / in the bottom of it / with
                          구멍을 찢은 후          그 아래쪽을              톱으로,

the saw, / for there warn't no knives and forks / on the place
            왜냐하면 칼이나 포크가 없었으므로                그곳에는

/ — pap done everything / with his clasp-knife / about the
— 아빠는 모든 걸 했다          접는 칼로              요리같은 것을 할 때.

cooking. Then / I carried the sack / about a hundred yards
        그리고는  그 자루를 옮겼다        100야드 정도

/ across the grass / and through the willows / east of the
풀밭을 가로질러        버드나무 숲을 뚫고            집 동쪽에 있는,

house, / to a shallow lake / that was five mile wide / and
        얕은 호수로              폭이 5마일이고

full of rushes / — and ducks too, / you might say, / in the
골풀들로 가득찬      — 또한 오리들도 있을 법한,  말하자면,

season. There was a slough or a creek / leading out of it on
제철이라면.  수렁이라고 할까 작은 만같은 게 있었다      반대편에서 시작된

the other side / that went miles away, / I don't know where,
                수 마일 떨어진,              어딘지는 모르지만,

/ but it didn't go to the river. The meal sifted out / and
미시시피 강을 향해 가는 것은 아니었다.    옥수수 가루가 흘어 떨어져서

made a little track / all the way to the lake. I dropped pap's
흔적을 만들어 냈다        호수까지 쭉.

whetstone there too, / so as to look like / it had been done
아빠의 숫돌도 거기에 떨어뜨렸다,  보이기 위해        우연히 그렇게 된 것처럼.

by accident. Then I tied up the rip / in the meal sack / with
              그리고는 찢어진 자리를 묶어서      옥수수 자루에 난

a string, / so it wouldn't leak no more, / and took it and my
끈으로,      더 이상 새지 않게 한 후,              그 자루와 톱을 가져갔다

saw / to the canoe again.
    다시 카누까지.

It was about dark now; / so I dropped the canoe down the
이제 거의 어두워졌다;          그래서 나는 카누를 강 아래쪽으로 떠밀고

river / under some willows / that hung over the bank, /
        버드나무 숲 아래로        강둑을 가리고 있는,

and waited for the moon to rise. I made fast to a willow;
달이 뜰 때까지 기다렸다.　　　　　버드나무 한 그루에 배를 고정시켰다;

/ then I took a bite to eat, / and by and by / laid down in
그리고는 간단히 식사를 했다,　　　그리고 마침내　　　카누 안에 드러누워서

the canoe / to smoke a pipe / and lay out a plan. I says to
담배를 피우며　　　또 계획을 짜냈다.　　　속으로 생각했다,

myself, / they'll follow / the track of that sackful of rocks
사람들은 따라 갈 거야　돌맹이로 가득 찬 자루의 흔적을

/ to the shore / and then drag the river for me. And they'll
강변으로 향하는　　　그리고는 나를 찾아 강을 수색할 거야.

follow that meal track / to the lake / and go browsing /
또한 옥수수 자국도 따라가서　　호수 쪽으로　　샅샅이 뒤질 테지

down the creek / that leads out of it / to find the robbers /
그 만 아래를　　　거기로 유도한　　　도둑을 찾아내려고

that killed me / and took the things. They won't ever hunt
나를 죽이고　　　물건을 훔쳐간.　　　강을 뒤지지는 않을 거야

the river / for anything but my dead carcass. They'll soon
내 시체 때문이 아니라면.　　　　곧 지쳐서,

get tired of that, / and won't bother no more / about me.
더 이상 신경 쓰지 않겠지　　　나에 대해.

All right; / I can stop / anywhere I want to. Jackson's
좋았어;　　머물 수 있어　　내가 원하는 어느 곳에서든.

Island is good enough for me; / I know that island pretty
잭슨 섬은 내게 충분히 좋은 곳이야;　　그 섬을 꽤 잘 알고,

well, / and nobody ever comes there. And then / I can
아무도 올리 없으니까.　　　　그러면

paddle over to town nights, / and slink around / and pick
나는 밤에는 노를 저어 마을로 가서,　　살금살금 숨어다니며　　원하는 물건을

up things I want. Jackson's Island's the place.
집어오면 돼.　　　잭슨 섬이 적당한 곳이지.

---

shallow 얕은 | rush 골풀, 등심초 | slough 진창, 수렁 | sift 체로 치다, 샅샅이 살피다 | whetstone 숫돌 | rip 찢다,
찢어지다 | make fast 단단히 매다, 고정시키다 | anything but 결코 아닌 | carcass 시체 | slink 살금살금 움직이다

I was pretty tired, / and the first thing I knowed / I was
꽤 피곤해져서,                    나도 모르는 사이에                    잠이 들어버렸다.

asleep. When I woke up / I didn't know where I was / for a
일어났을 때                    내가 어디 있는지 몰랐다

minute. I set up and looked around, / a little scared. Then I
잠시 동안.    일어나서 주위를 둘러보았다.                    조금 겁이 나서.

remembered. The river looked miles and miles across. The
그러자 기억이 났다.    강은 수 마일이나 떨어진 것처럼 보였다.

moon was so bright / I could a counted the drift logs / that
달이 너무 밝아서                    표류목의 숫자를 셀 수 있을 정도였다

went a-slipping along, / black and still, / hundreds of yards
미끄러지듯 떠내려 가는,                    시커멓고 조용히,                    강변에서 수백 야드 떨어진 곳

out from shore. Everything was dead quiet, / and it looked
에서.                    모든 것이 너무나 조용하고,                    시간이 늦은 것처럼

late, / and SMELT late. You know / what I mean / — I
보였다,    늦은 듯한 냄새가 났기에.    알 것이다                    내가 하는 말을

don't know the words / to put it in.
— 단어가 생각나지 않지만                    그걸 표현할 만한.

take a gap 하품하다 | unhitch 풀다 | rowlock 노걸이 | peep out (구멍·틈 등을 통해) 엿보다 | abreast of ~
와 나란히, 옆에 | aspin (=spin)

I took a good gap and a stretch, / and was just going to
나는 하품을 하고 기지개를 켠 후,　　　　　　밧줄을 풀고 떠나려고 했다

unhitch and start / when I heard a sound away / over the
　　　　　　그때 멀리서 소리가 들렸다　　　　　강물 저쪽에서.

water. I listened. Pretty soon / I made it out. It was that
귀를 기울였다.　금새　　　그 소리를 알아차렸다.

dull kind of a regular sound / that comes from oars /
둔탁하고 규칙적인 소리였다　　　　노를 저을 때 나는

working in rowlocks / when it's a still night. I peeped out /
　　　　　조용한 밤에.　　　　　들여다 보았다

through the willow branches, / and there it was — a skiff,
버드나무 가지 사이로,　　　　그리고 그곳에 있었다 — 소형 보트가,

/ away across the water. I couldn't tell / how many was in
멀리서 강물을 가로지르는.　　　알 수 없었다　　얼마나 많은 사람이 탔는지.

it. It kept a-coming, / and when it was abreast of me / I see
보트는 계속 다가왔고,　　　내 옆까지 오자

there warn't but one man in it. Think's I, / maybe it's pap,
오직 한 명만 타고 있는 게 보였다.　　　나는 생각했다,　아마도 아빠일지 모른다고,

/ though I warn't expecting him. He dropped below me
아빠가 올 거라고 예상하지는 않았지만.　　　그 사람은 내 아래에서 멈췄다가

/ with the current, / and by and by / he came a-swinging
조류 때문에,　　　　이윽고　　　강가로 방향을 틀었다

up shore / in the easy water, / and he went by so close / I
물결이 잔잔한 강에서,　　　너무 가까이 지나가서

could a reached out the gun / and touched him. Well, it
총을 뻗으면　　　　그를 건드릴 수 있을 정도였다. 그렇다, 그건

WAS pap, / sure enough / — and sober, / too, / by the way
아빠였다,　틀림없이　　　— 맨 정신인,　게다가,

he laid his oars.
노를 젓는 폼으로 보아.

I didn't lose no time. The next minute / I was aspinning
더 이상 시간을 지체할 수 없었다. 다음 순간　　　나는 배의 방향을 돌렸다

down stream / soft but quick / in the shade of the bank. I
　　　　부드럽지만 빠르게　강둑 그늘 아래서.

made two mile and a half, / and then struck out a quarter
2마일 반쯤 빠져나온 후에,　　　4분의 1마일 이상을 나아갔다

of a mile or more / towards the middle of the river, /
　　　　　강 한복판을 향해,

107

because pretty soon / I would be passing the ferry landing,
왜냐하면 곧　　　　　　　선착장 옆을 지나게 될 것이고,

/ and people might see me / and hail me. I got out amongst
그러면 사람들이 나를 알아보고　　　불러 세울지 모르기 때문이었다. 나는 표류목 사이로

the driftwood, / and then laid down / in the bottom of the
들어가서,　　　　　누운 후에　　　　　카누 바닥에

canoe / and let her float. I laid there, / and had a good rest /
배를 떠다니게 했다.　　거기에 누워서,　　충분한 휴식을 가졌다

and a smoke out of my pipe, / looking away into the sky; /
담배 한 모금을 피우며,　　　　　하늘을 쳐다보면서,

not a cloud in it. The sky looks ever so deep / when you lay
구름 한 점 없는.　　하늘은 아주 깊게 보인다　　　　등을 대고 누워 있으면

down on your back / in the moonshine; / I never knowed it
　　　　　　달빛 아래;　　　　　나는 그걸 알지 못했었다

/ before. And how far a body can hear / on the water / such
전에는.　　그리고 얼마나 멀리까지 들을 수 있는지　　물 위에서는

nights! I heard people talking / at the ferry landing. I heard
그런 밤에! 사람들이 말하는 소리가 들렸다　　선착장에서.　　　　　들렸다

/ what they said, / too / — every word of it. One man said /
그들이 말하는 내용도,　　역시　　— 모든 내용이.　　한 남자가 말했다

it was getting towards the long days / and the short nights /
낮이 점점 길어지고　　　　　　　　　밤이 짧아지고 있다고

now. T'other one said / THIS warn't one of the short ones,
이제.　　다른 사람이 말했다　　오늘은 짧은 밤은 아닌 것 같다고,

/ he reckoned / — and then they laughed, / and he said it
그가 생각하기에　　— 그리고 나서 그들은 웃었다,　　　그리고 그 사람이 똑같은

over again, / and they laughed again; / then they waked up
말을 반복하자,　　그들은 다시 웃었다;　　　그러자 또 다른 친구를 깨워서

another fellow / and told him, / and laughed, / but he didn't
그에게 말했고,　　　웃었다,　　　하지만 그는 웃지

laugh; / he ripped out something brisk, / and said let him
않았다;　　그는 날카롭게 욕설을 퍼붓더니,　　　혼자 내버려두라고 말했다.

---

hail 불러서 세우다 | rip out 갑자기 욕설을 퍼붓다 | brisk 빠른 | mumble 중얼거리다 | bar 모래톱(=sandbar)

alone. The first fellow said / he 'lowed to tell it / to his
첫 번째 남자가 말했다          그걸 말할 거라고

old woman / — she would think / it was pretty good; /
그의 늙은 부인에게    — 그러면 그녀는 생각할 거라고  꽤 멋진 말이라고;

but he said / that warn't nothing to some things / he had
그러나 그는 말했다  그것은 어떤 것에 비하면 아무것도 아니라고

said in his time. I heard one man say / it was nearly three
그가 젊었을 때 말했던.    한 남자가 말하는 소리가 들렸다    지금 거의 3시라고,

o'clock, / and he hoped / daylight wouldn't wait more
그리고 바란다고      날이 밝는데 일주일 이상 걸리지 않았으면 좋겠다고.

than about a week longer. After that / the talk got further
그 후에는              말소리가 점점 멀어져 갔고,

and further away, / and I couldn't make out the words /
그 말들을 알아들을 수 없었지만

any more; / but I could hear the mumble, / and now and
더 이상;      중얼거리는 소리는 들렸다,              이따금 웃음 소리도,

then a laugh, / too, / but it seemed a long ways off.
또한,      그러나 아주 멀리서 들려오는 것 같았다.

I was away below the ferry / now. I rose up, / and there
나는 선착장 아래로 멀리 떨어진 곳에 있었다  이제.  일어나보니,     잭슨 섬이 있었다,

was Jackson's Island, / about two mile and a half down
2마일 반 쯤 아래 쪽에,

stream, / heavy timbered / and standing up / out of the
나무들이 울창하고      우뚝 서 있었다          강 한복판에,

middle of the river, / big and dark and solid, / like a
크고 시커멓고 육중하게,                증기선처럼

steamboat / without any lights. There warn't any signs /
불을 켜 놓지 않은.        어떤 흔적도 없었다

of the bar at the head / — it was all under water now.
섬 앞쪽 모래톱에는      — 모두 물 밑에 잠겨 있는 것이었다.

It didn't take me long / to get there. I shot past the head
그리 오랜 시간이 걸리지 않았다    그곳에 도착하는 데. 나는 섬 앞쪽을 지나서

/ at a ripping rate, / the current was so swift, / and then I
빠른 속도로,          조류가 아주 빨랐으므로,

got into the dead water / and landed on / the side towards
잔잔한 수역으로 들어가서          상륙했다          일리노이 주 방향 쪽에.

the Illinois shore.

109

I run the canoe / into a deep dent / in the bank / that I
카누를 저었다     움푹 들어간 곳으로     강둑에서

knowed about; / I had to part the willow branches / to get
전에 알고 있던;     버드나무 가지들을 헤쳐야만 했다     들어가기

in; / and when I made fast / nobody could a seen the canoe
위해;  그리고는 배를 매어놓자     아무에게도 카누가 보이지 않았다

/ from the outside.
밖에서는.

I went up / and set down on a log / at the head of the island,
나는 올라가서     통나무 위에 앉아     섬의 앞쪽에 있는,

/ and looked out on the big river / and the black driftwood
큰 강을 바라보았다     검은 표류목과

/ and away over to the town, / three mile away, / where
저 멀리 마을도,     3마일 떨어진,

there was three or four lights twinkling. A monstrous big
그곳에는 서너 개의 불빛이 반짝이고 있었다.     괴물같은 커다란 목재-뗏목이

lumber-raft / was about a mile up stream, / coming along
1마일 쯤 상류 쪽에서,     아래로 떠내려오고 있었다,

down, / with a lantern in the middle of it. I watched it come
중앙에 등불을 걸어놓은 채.     그것이 느릿느릿 떠내려 오는

creeping down, / and when it was most abreast of where I
걸 지켜보는데,     내가 서 있는 곳까지 거의 다가왔을 때

stood / I heard a man say, / "Stern oars, there! Heave her
누군가 말하는 게 들렸다,     "노를 뒤로 저어, 저기로!

head to stabboard!" I heard that just as plain / as if the man
뱃머리를 우측으로 돌려!"     그 말은 뚜렷하게 들렸다

was by my side.
마치 그가 내 옆에 있는 것처럼.

There was a little gray in the sky / now; / so I stepped into
하늘에는 잿빛이 감돌고 있었다     이제;     그래서 나는 숲 속으로

the woods, / and laid down for a nap / before breakfast.
들어가,     한잠 자기 위해 누웠다     아침을 먹기 전에.

---

dent 움푹 들어간 곳 | lantern 손전등, 등불 | stern 선미, 뒤로(뒤로 젓게 하는 구령) | stabboard 배의 우현
(=starboard)

 mini test 3

A. 다음 문장을 해석해 보세요.

(1) Every time he got money / he got drunk; / and every time he got drunk / he raised Cain around town; / and every time he raised Cain / he got jailed.
→

(2) I didn't notice / how long I was staying / till the old man hollered / and asked me / whether I was asleep or drowned.
→

(3) They said / he couldn't be sold / till he'd been in the State six months, / and he hadn't been there / that long yet.
→

(4) I went along up the bank / with one eye out for pap / and t'other one out / for what the rise might fetch along.
→



B. 다음 주어진 문장이 되도록 빈칸에 써 넣으세요.

(1) 전반적으로 생각해 보면 숲 속 그곳에서 꽤 좋은 시간을 보냈다.

It was pretty good times up in the woods there, _____

_____ .

(2) 대처 판사는 그 일을 하는 방법을 알고 있다.

→

(3) 나는 강물에 빠졌고, 그 때문에 내가 그렇게 오래 걸렸다.

I fell in the river, and _____ .

(4) 내가 그곳에 도착하는 데에는 그리 오랜 시간이 걸리지 않았다.

_____ to get there.

A. (1) 아빠는 돈을 가져갈 때마다 술에 취했고; 술에 취할 때마다 마을에서 난동을 부렸으며; 난동을 부릴 때마다 감옥에 갇혔다. (2) 아빠가 고함을 지르며 내게 잠든 거냐 물에 빠져 죽은 거냐며 물을 때까지 얼마나 오랫동안 머물렀는지 눈치채지 못했다. (3) 사람들 말로는 여기 미주리 주에서 6개월이 지나지 않으면 팔 수 없다

C. 다음 주어진 문구가 알맞은 문장이 되도록 순서를 맞춰 보세요.

(1) 이게 바로 법이 하는 일이야.
(the law / Here's / does / what)
→

(2) 그는 나를 잡더니 <u>내 어깨 사이로</u> 내 재킷을 움켜 잡았다.
(by / me / between / the jacket / my shoulders / got)
He made a grab and _____

_____ .

(3) 그는 <u>등을 문에 기댄</u> 채 주저앉았다.
(his back / with / the door / against)
He dropped down _____ .

(4) 통나무 뗏목의 파편이 떠내려 왔다
(a log raft / comes / Along / part of)
→


D. 다음 단어에 대한 맞는 설명과 연결해 보세요.

(1) dodge        ▶        ◀ ① move quietly

(2) holler       ▶        ◀ ② move suddenly

(3) fagged       ▶        ◀ ③ shout loudly

(4) slink        ▶        ◀ ④ very tired

## 8

The sun was up so high / when I waked / that I judged / it
해가 너무 높이 떠 있어서    깨었을 때    생각했다

was after eight o'clock. I laid there / in the grass and the
8시가 넘었다고.    누워 있었다    잔디밭 시원한 그늘에

cool shade / thinking about things, / and feeling rested and
여러 가지를 생각하면서,

ruther comfortable and satisfied. I could see the sun out / at
느긋하고 편하고 만족스러운 기분으로.    해가 나오는 것이 보였다

one or two holes, / but mostly it was big trees all about, / and
한두 개 구멍 사이로,    그러나 대부분 큰 나무들이라,

gloomy in there amongst them. There was freckled places
그 안이 어둑어둑했다.    얼룩덜룩 반점이 있었다

/ on the ground / where the light sifted down / through the
땅 위에는    빛이 걸러져 내려온 곳에는    나뭇잎 사이로,

leaves, / and the freckled places swapped about a little, /
그 반점들이 조금씩 흔들리면서,

showing / there was a little breeze up there. A couple of
보여 주었다    약간 산들바람이 분다는 것을.

squirrels set on a limb / and jabbered at me / very friendly.
다람쥐 몇 마리가 나뭇가지에 앉아    내게 재잘거렸다    아주 친근하게.

---

**Key Expression**

**단위 표현하기**
키, 높이, 길이 등의 치수나 단위를 표현할 때에는 'be동사 + 단위 + 형용사'의 형식을 사용합니다.
이때 사용하는 형용사는 tall(키), high(높이), long(길이), wide(폭), deep(깊이)이며 무게의 경우에는 동사 'weigh(무게가 나가다) + 단위'의 형태로 표현합니다.

ex) The river was a mile wide there.
강은 폭이 1마일이었다.
The island was three mile long.
섬은 길이가 3마일이었다.

---

gloomy 어둑어둑한, 음울한 | freckled 주근깨가 있는, 점박이의 | sift 체로 치다 | swap 바꾸다 | jabber
재잘거리다 | ferryboat 연락선, 나룻배 | squirt 내뿜다 | cannon 대포

I was powerful lazy and comfortable / — didn't want to
나는 꽤 나른하고 편안해졌다 — 자리에서 일어나고 싶지도

get up / and cook breakfast. Well, I was dozing off again /
아침을 요리하고 싶지도 않았다. 그래서, 다시 졸고 말았는데

when I thinks I hears / a deep sound of "boom!" / away up
그때 들린 것 같았다 "꽝!"하는 큰 소리가 멀리 상류에서.

the river. I rouses up, / and rests on my elbow / and listens;
몸을 일으켜, 팔꿈치를 괴고 귀를 기울이자;

/ pretty soon / I hears it again. I hopped up, / and went and
곧 그 소리가 다시 들렸다. 벌떡 일어나, 나가서 밖을 내다보니

looked out / at a hole in the leaves, / and I see a bunch of
나뭇잎 사이 구멍으로, 뿌연 연기가 보였다

smoke / laying on the water / a long ways up / — about
물 위에서 피어있는 여러 줄기로 길게 솟아 오르는

abreast the ferry. And there was the ferryboat / full of
— 선착장 근처에서. 그리고 나룻배가 있었다 사람들을 가득

people / floating along down. I knowed what was the matter
태운 채 아래로 떠내려 오는. 이제 무슨 일이 일어난 건지 알았다.

now. "Boom!" I see the white smoke squirt / out of the
"꽝!" 하얀 연기가 솟아오르는 것이 보였다 나룻배의 한쪽으로부터.

ferryboat's side. You see, / they was firing cannon / over
알다시피, 그들은 대포를 쏘고 있었던 것이다

the water, / trying to make my carcass come to the top.
강물 위로, 내 시체를 물 위로 떠오르게 하려고.

I was pretty hungry, / but it warn't going to do for me / to
나는 꽤 배가 고팠지만, 할 수 없었다

start a fire, / because they might see the smoke. So I set
불을 지피는 것을, 그들이 연기를 볼지 모르니까. 그래서 그곳에 앉아

there / and watched the cannon-smoke / and listened to
대포 연기를 지켜보며 꽝하는 소리에 귀를 기울였다.

the boom. The river was a mile wide there, / and it always
강폭은 1마일이었는데, 늘 예쁘게 보이곤 했다

looks pretty / on a summer morning / — so / I was having
여름날 아침에는 — 그렇게

a good enough time / seeing them hunt for my remainders
즐거운 시간을 보내고 있었다 그들이 내 시체를 찾는 것을 보면서

/ if I only had a bite to eat. Well, then / I happened to think
다만 먹을 게 있다면 좋겠지만.　　　그런데, 그때　　　생각이 떠올랐다

/ how they always put quicksilver / in loaves of bread /
사람들이 항상 수은을 넣어　　　　빵 덩어리 속에

and float them off, / because they always go right / to the
띄어 보낸다는 것이,　　왜냐하면 수은을 넣은 빵 덩어리는 늘 곧바로 가서

drownded carcass / and stop there. So, says I, / I'll keep
물에 빠진 익사체에게　　그곳에서 멈추기 때문이다. 그래서, 말했다,　잘 지켜보고 있다가,

a lookout, / and if any of them's floating around after me
빵 덩어리들이 나를 쫓아 떠내려 오는지

/ I'll give them a show. I changed to the Illinois edge of
한 번 시험해 보겠다고.　　일리노이 주 쪽의 섬 끝으로 자리를 옮겼고

the island / to see what luck I could have, / and I warn't
내게 행운이 오는지 보기 위해,　　　그리고 실망스럽지 않았다.

disappointed. A big double loaf come along, / and I most
커다란 빵 덩어리 두 개가 다가와서,　　그걸 거의 건질 뻔

got it / with a long stick, / but my foot slipped / and she
했는데　긴 막대로,　　하지만 발이 미끄러져

floated out further. Of course / I was / where the current set
빵이 멀리 떠내려가고 말았다.　물론　나는 있었다 조류가 밀려오는 장소에

/ in the closest to the shore / — I knowed enough for that.
강가에서 가장 가까운 곳의　　　— 그런 것은 충분히 잘 알고 있었으니까.

But by and by / along comes another one, / and this time /
그러나 마침내　　또 다른 빵 덩어리가 떠내려 왔고,　　이번에

I won. I took out the plug / and shook out the little dab of
성공했다. 마개를 뽑고　　흔들어서 수은 덩어리를 버린 후,

quicksilver, / and set my teeth in. It was "baker's bread" /
한 입 베어 물었다.　　　그것은 "제빵사가 만든 빵"이었다

what the quality eat; / none of your low-down corn-pone.
— 즉 높은 사람들이나 먹는 빵이었다; 질 낮은 옥수수 빵이 아니라.

I got a good place / amongst the leaves, / and set there on
나는 좋은 자리를 찾아내어　나뭇잎들 속에서,　　통나무 위에 앉아,

a log, / munching the bread / and watching the ferryboat,
빵을 우적우적 씹으며　　나룻배를 바라보면서,

quicksilver 수은(水銀) | dab 한줌 | the quality 상류 인사들 | low-down 야비한, 질이 낮은 | corn-pone
둥글납작하게 군 옥수수 빵 | munch 우적우적 먹다 | parson (개신교의) 목사

/ and very well satisfied. And then / something struck
매우 만족해 하고 있었다.                     그런데 그때      갑자기 뭔가 생각났다.

me. I says, / now I reckon / the widow or the parson or
말하자면,       이제 생각해 보니     과부 아줌마나 목사나 누군가 기도했고

somebody prayed / that this bread would find me, / and
이 빵이 나를 찾아내도록,

here it has gone / and done it. So there ain't no doubt /
그래서 여기로 이 빵이 와서 해 낸 것이라고.       그렇다면 틀림없는 것이다

but there is something in that thing / — that is, there's
그 기도에 뭔가 있는 게            — 즉, 뭔가 있는 것이다

something in it / when a body like the widow or the parson
과부 아줌마나 목사같은 사람이 기도할 때,

prays, / but it don't work for me, / and I reckon / it don't
그러나 나한테는 효과가 없다,          그래서 생각한다      기도는 효과가 없

work / for only just the right kind.
을까라고   옳은 일에서만.

I lit a pipe / and had a good long smoke, / and went on
담배에 불을 붙이고 길게 한 모금 빨면서,                        계속 지켜보았다.

watching. The ferryboat was floating / with the current, /
나룻배는 떠다니고 있었고                   조류를 따라,

and I allowed I'd have a chance / to see who was aboard /
나는 기회를 잡을 수 있을 거라고 생각했다      누가 탔는지 볼 수 있는

when she come along, / because she would come in close,
배가 떠내려 오면,                  왜냐하면 배가 가까이 올 테니까,

/ where the bread did. When she'd got pretty well along
그곳에 빵도 실제로 떠내려 왔으니까. 그 배가 내 쪽으로 꽤 가까이 다가왔을 때,

down towards me, / I put out my pipe and went / to where
나는 담뱃불을 끄고 가서

I fished out the bread, / and laid down / behind a log on the
빵을 건져 올렸던 장소로,        누웠다          강둑 위 통나무 뒤에

bank / in a little open place. Where the log forked / I could
줍은 공터에 있는.        통나무가 갈라진 틈을 통해

peep through.
들여다 보았다.

117

By and by / she come along, / and she drifted in so close /
마침내     배가 떠내려 왔고,     너무 가까이 떠 있어서

that they could a run out a plank / and walked ashore. Most
그들은 널빤지를 걸치고     강가로 걸어 나올 수 있었다.

everybody was / on the boat. Pap, / and Judge Thatcher, /
거의 모든 사람들이     배에 타 있었다.   아빠와,   대처 판사,

and Bessie Thatcher, / and Jo Harper, / and Tom Sawyer,
베시 대처,     조 하퍼와     톰 소여,

/ and his old Aunt Polly, / and Sid and Mary, / and plenty
톰의 폴리 아줌마,     시드와 메리,     그리고 그밖에도

more. Everybody was talking about the murder, / but the
많았다.   모두 살인 사건에 대해 얘기하고 있었는데,

captain broke in / and says:
선장이 끼어들어     말했다:

"Look sharp, now; / the current sets / in the closest / here, /
"자세히 보세요, 이제;     조류가 밀려 들어와요   제일 가깝게     여기에서,

and maybe / he's washed ashore / and got tangled / amongst
그리고 아마도     그 애는 강가로 밀려와     엉켜 있을지도 모릅니다

the brush / at the water's edge. I hope so, anyway."
덤불 속에     물가에 있는.     그랬으면 좋겠는데요, 아무튼."

---

### Key Expression

**thanks to : ~ 덕분에, ~ 때문에**

thanks to는 '~덕분에, 때문에'라는 의미입니다. because of와 같은 의미이지만 주로 좋은 일의 원인에 쓰이는 표현입니다. 비슷한 것으로 due to와 owing to가 있습니다. 문어적인 표현으로 책임이나 원인를 따질 때 쓰는 말로 thanks to 보다는 부정적인 일에 주로 쓰입니다.
이것들은 모두 전치사이기 때문에 뒤에는 명사나 동명사가 온다는 사실도 기억하세요.

ex) I see I warn't hurt, thanks to goodness.
　　나는 신의 가호로 다치지 않은 것 같았다.

I didn't hope so. They all crowded up / and leaned over
난 그렇게 되길 바라지 않았다. 모든 사람들이 모여서          난간 너머로 기대며,

the rails, / nearly in my face, / and kept still, / watching /
내 얼굴 가까이에서.          가만히 서서,          살피고 있었다

with all their might. I could see them first-rate, / but they
온 힘을 다해.          나는 그들을 똑똑히 볼 수 있었지만,

couldn't see me. Then the captain sung out: /
그들은 나를 볼 수 없었다. 그때 선장이 소리질렀다:

"Stand away!" / and the cannon let off such a blast / right
"비키세요!"          그리고 대포가 꽝음을 내며 발사되었고

before me / that it made me deef / with the noise / and
바로 내 앞에서          그로 인해 귀가 먹먹해지며          소음으로

pretty near blind / with the smoke, / and I judged I was
거의 장님이 될 뻔했다          연기로 인해,          그래서 나는 죽는 게 아닌가 생각했다.

gone. If they'd a had some bullets in, / I reckon / they'd a
그들이 실탄을 장전했다면,          내 생각에          시체를 찾았을

got the corpse / they was after. Well, I see I warn't hurt, /
지도 모른다          그들이 찾고 있던.          그런데, 다치지 않은 것 같았다,

thanks to goodness. The boat floated on / and went out of
신의 가호로.          배는 떠내려가서          시야에서 사라졌다

sight / around the shoulder of the island. I could hear the
섬의 끝 쪽을 돌아서.          꽝 하는 소리가 들렸다

booming / now and then, / further and further off, / and
이따금,          점점 멀어지더니,

by and by, / after an hour, / I didn't hear it no more. The
머지않아,          1시간쯤 지나자,          더 이상 들리지 않았다.

island was three mile long. I judged / they had got to the
섬 길이는 3마일이었다.          나는 판단했다          그들이 섬 끝으로 가서,

foot, / and was giving it up. But they didn't yet / a while.
포기할 거라고.          하지만 아직 포기하지 않았다          한동안.

---

plank 널빤지, 판자 | tangle 얽히게 하다, 엉키게 하다 | brush 덤불, 잡목림 | rail 난간 | first-rate 일류의, 최고의
| blast 폭발, 발사

They turned around the foot of the island / and started up
그들은 섬 끝머리를 돌아서                                                    수로를 올라오기 시작했다

the channel / on the Missouri side, / under steam, / and
                        미주리 주 쪽에 있는,                        증기의 힘으로,

booming once in a while / as they went. I crossed over to
이따금 대포를 쏘면서                        지나갈 때.                나는 그쪽으로 건너가서

that side / and watched them. When they got abreast the
                        그들을 지켜보았다.                        그들은 섬의 앞쪽에 다다르자,

head of the island / they quit shooting / and dropped over to
                        발포를 멈추고                        미주리 해안으로 내려가

the Missouri shore / and went home to the town.
                        마을로 향했다.

I knowed I was all right now. Nobody else would come
이제 괜찮다는 걸 알았다.                        아무도 나를 찾으러 오지 않을 것이다.

a-hunting after me. I got my traps out of the canoe / and
                        카누에서 짐 보따리를 꺼내

made me a nice camp / in the thick woods. I made a kind of
멋진 야영을 했다                        우거진 숲 속에서.                        담요로 텐트를 만들어서

a tent out of my blankets / to put my things under / so the
                        물건들을 그 안에 넣었다

rain couldn't get at them. I catched a catfish / and haggled
비가 와서 젖지 않도록.                        메기를 잡아서

him open with my saw, / and towards sundown / I started
톱으로 아무렇게나 잘라,                        해질 무렵                        모닥불을 지피고

my camp fire / and had supper. Then I set out a line / to
모닥불을 지피고        저녁을 먹었다.                        그리고는 낚싯줄을 설치했다

catch some fish / for breakfast.
물고기를 잡으려고        아침 식사로 먹을.

Key Expression 🍋

**so to say**
'So to say'는 '말하자면'의 의미로 say 대신에 speak도 자주 쓰입니다. 단독
으로 쓰이는 독립부정사의 한 예입니다.

ex) I was boss of it; it all belonged to me, so to say, and I wanted to know all
about it.
나는 그 섬의 주인이었고; 말하자면 그 모든 게 내 소유였으니, 섬에 대한 모든
걸 알고 싶었다.

When it was dark / I set by my camp fire / smoking, / and
어두워지자                        모닥불 옆에 앉아                      담배를 피우면서,

feeling pretty well satisfied; / but by and by / it got sort
꽤 만족해 했다:                          그러나 이윽고              외로워졌고,

of lonesome, / and so I went / and set on the bank / and
                    그래서 나가서          강둑에 앉아

listened to the current swashing along, / and counted / the
조류가 밀려오는 소리에 귀를 기울이며,                      수를 세었다

stars and drift logs and rafts / that come down, / and then
별과 통나무와 뗏목의                          떠내려 오는,              그리고 나서

went to bed; / there ain't no better way / to put in time /
잠자리에 들었다;      더 나은 방법은 없었다                  시간을 보내는데

when you are lonesome; / you can't stay so, / you soon get
외로울 때에는;                          그렇게 있을 수는 없고,        곧 극복하게 되는 법

over it.
이다.

And so for three days and nights. No difference / —
그렇게 사흘 밤낮이 흘렀다.                              별다른 일은 없었다

just the same thing. But the next day / I went exploring
— 그냥 똑같았다.            그러나 다음 날          주변을 탐험하러 갔다

around / down through the island. I was boss of it; / it
            섬 아래 쪽 전체를.                  나는 그 섬의 주인이었고;

all belonged to me, / so to say, / and I wanted to know
그 모든 게 내 소유였으니,              말하자면,          섬에 대한 모든 걸 알고 싶었다;

all about it; / but mainly / I wanted to put in the time. I
                    하지만 주로        시간을 때우고 싶었기 때문이었다.

found plenty strawberries, / ripe and prime; / and green
많은 딸기를 발견했다,                          한참 잘 익은;

summer grapes, / and green razberries; / and the green
또 녹색의 여름 포도와,        녹색 라즈베리와;                          녹색 블랙베리가

blackberries / was just beginning to show. They would all
                    막 나오기 시작하고 있었다.                    아마 먹기 편해질 거라고

come handy / by and by, / I judged.
                    머지않아,              생각했다.

channel 수로, 운하 | traps (복수형) 휴대품, 짐 | haggle 토막내다, 난도질하다 | swash 쇄파(파도가 부서진 뒤
강변으로 밀려오는 물살) | ripe (과일이나 곡물이) 익은 | prime 최고의, 뛰어난

Well, I went fooling along / in the deep woods / till I judged
나는 어슬렁거리며 걸었다          깊은 숲 속을          판단할 때까지

/ I warn't far from the foot of the island. I had my gun
섬의 끝이 머지 않았다고.          총을 가지고 있었지만,

along, / but I hadn't shot nothing; / it was for protection; /
아무것도 쏘지는 않았다;          그건 방어용이었다;

thought I would kill some game / nigh home. About this
사냥감을 죽이려고 생각했다          집 근처에서.          이때쯤

time / I mighty near stepped on a good-sized snake, / and
하마터면 꽤 큰 뱀을 밟을 뻔 했는데,

it went sliding off / through the grass and flowers, / and I
뱀은 미끄러져 지나갔다          잔디와 꽃 사이로,          그래서

after it, / trying to get a shot at it. I clipped along, / and all
그걸 쫓아서,   총을 쏘려고 했다.          빠르게 쫓아가다가,          갑자기

of a sudden / I bounded right on / to the ashes of a camp
뛰어들고 말았다          모닥불의 잿더미 바로 위로

fire / that was still smoking.
아직 연기가 나고 있는.

My heart jumped up / amongst my lungs. I never waited for
심장이 두근두근 뛰었다          폐 사이에서.          더 이상 둘러보려 하지 않고,

to look further, / but uncocked my gun / and went sneaking
총의 방아쇠를 풀고          살금살금 물러섰다

back / on my tiptoes / as fast as ever I could. Every now
발 끝으로          될 수 있는 한 빨리.          이따금씩

and then / I stopped a second amongst the thick leaves /
나뭇잎이 우거진 곳에서 잠시 멈추어

and listened, / but my breath come so hard / I couldn't hear
귀를 기울였다,          그러나 매우 숨이 차서          아무 소리도 들리지

nothing else. I slunk along another piece further, / then
않았다.          좀 더 멀리까지 살금살금 움직인 후,

listened again; / and so on, and so on. If I see a stump, /
다시 귀를 기울였다;          그렇게 여러 번 계속했다.          그루터기를 보면,

nigh 거의 가까이 | clip 재빠르게 움직이다, 한 방 먹이다, 쏘다 | bound 접하다 | uncock 마개를 열다 | sneak
살금살금 가다, 몰래 가다 | slink 슬그머니 움직이다 | stump (나무의) 그루터기 | tread 디디다, 밟다 | brash
자신만만한, 용기 있는 | craw (새의) 모이 주머니

I took it for a man; / if I trod on a stick / and broke it, / it
그것이 사람처럼 보였고;　　　나뭇가지를 밟아　　　부러지면,

made me feel / like a person had cut one of my breaths in
느낌이 들었다　　　내 숨통이 둘로 쪼개지는 것같은

two / and I only got half, / and the short half, / too.
그래서 반쪽만 남고,　　　또 더 작은 토막만 남은 것처럼,　　　또한.

When I got to camp / I warn't feeling very brash, / there
야영장에 도착했을 때에는　　　용기를 잃어버린 듯 느꼈고,

warn't much sand in my craw; / but I says, / this ain't no
기운도 남아 있지 않았다;　　　하지만 말했다,　　　시간이 없다고

time / to be fooling / around. So I got all my traps into my
노닥거릴　　　더 이상.　　　그래서 모든 짐을 다시 카누에 싣고

canoe again / so as to have them out of sight, / and I put out
눈에 띄지 않도록 하기 위해,　　　불을 끈 후

the fire / and scattered the ashes around / to look like an old
재를 주변에 뿌려 놨다　　　작년에 피운 오래된 모닥불처

last year's camp, / and then clumb a tree.
럼 보이게 하려고,　　　그리고는 나무 위로 기어 올라갔다.

I reckon / I was up in the tree / two hours; / but I didn't
내 생각에　　　나무 위에 올라가 있었던 것 같다　두 시간쯤;　　　그러나 아무것도 보이지

see nothing, / I didn't hear nothing — I only THOUGHT
않았고,　　　아무 소리도 들리지 않았다　　　— 오직 생각했을 뿐이다

/ I heard and seen as much as a thousand things. Well, / I
천여 가지의 것을 보고 들은 것처럼.　　　　　　그런데,

couldn't stay up there / forever; / so at last / I got down, /
그곳에 머물 수는 없었다　　　영원히;　　　그래서 결국　　내려왔다,

but I kept in the thick woods / and on the lookout / all the
하지만 우거진 숲 속에 머물러 있었다　　　계속 감시하면서

time. All I could get to eat / was berries / and what was left
줄곧.　　먹을 수 있는 것이라고는　　　딸기와　　　남은 것뿐이었다

over / from breakfast.
아침에.

By the time it was night / I was pretty hungry. So when it
밤이 되자　　　배가 아주 고팠다.

was good and dark / I slid out from shore / before moonrise
그래서 완전히 어두워지자　　　강가에서 빠져 나와　　　달이 뜨기 전에

/ and paddled over / to the Illinois bank / — about a quarter
노를 저어갔다        일리노이 주 쪽 강둑을 향해        — 4분의 1마일 정도.

of a mile. I went out in the woods / and cooked a supper, /
숲 속으로 들어가        저녁을 짓고,

and I had about made up my mind / I would stay there / all
결심했다        그곳에서 머물기로

night / when I hear a PLUNKETY- PLUNK, PLUNKETY-
밤새도록        그때 쿵쾅, 쿵쾅 소리가 들렸고,

PLUNK, / and says to myself, / horses coming; / and next
생각했다,        말이 다가오고 있다고;        그 다음

/ I hear people's voices. I got everything into the canoe /
사람들의 목소리가 들렸다.        모든 짐을 카누에 싣고

as quick as I could, / and then went creeping through the
되도록 빨리,        숲 속으로 기어 들어가

woods / to see what I could find out. I hadn't got far / when
무슨 일인지 살펴보았다.        그리 멀리 가지 않았을 때

I hear a man say:
한 남자가 말하는 소리가 들렸다:

"We better camp here / if we can find a good place; / the
"여기에서 야영하는 게 낫겠어        괜찮은 장소를 찾게 되면;

horses is about beat out. Let's look around."
말들이 거의 녹초가 됐어.        좀 둘러보자."

I didn't wait, / but shoved out / and paddled away easy. I
나는 기다리지 않고,        빠져 나와서        노를 저어 도망쳤다.

tied up / in the old place, / and reckoned / I would sleep in
배를 묶어놓고        예전의 장소에,        생각했다

the canoe.
카누에서 자야겠다고.

I didn't sleep much. I couldn't, / somehow, / for thinking.
잠이 깊이 들지 않았다.        잘 수 없었다,        이렇게 저렇게,        생각하느라고.

And every time I waked up / I thought somebody had me
그리고 잠이 깰 때마다        누군가 내 목을 누르고 있는 것 같았다.

by the neck. So the sleep didn't do me no good. By and by /
그래서 잠을 자도 도움이 될 것 같지 않았다.        마침내,

plunk 똥땅, 쿵쾅거리다 | beat out 녹초가 된

I says to myself, / I can't live this way; / I'm a-going to find
생각했다,                  이렇게는 살 수 없어;              알아내야겠어

out / who it is that's here / on the island / with me; / I'll
도대체 여기에 누가 있는 건지      이 섬                나와 함께;

find it out or bust. Well, I felt better right off.
찾기 아니면 죽기야.        그러자, 기분이 한결 나아졌다.

So I took my paddle / and slid out from shore / just a
그래서 나는 노를 저어        강가에서 미끄러져 나와          한두 걸음 정도,

step or two, / and then / let the canoe drop along down
그런 다음      카누를 저어 내려갔다

/ amongst the shadows. The moon was shining, / and
그늘 사이로.        달이 빛나고 있어서,

outside of the shadows / it made it most as light as day. I
그늘 밖에는              대낮처럼 환했다.

poked along well on to an hour, / everything still as rocks
한 시간 동안 돌아다녔지만,              모든 게 바위처럼 고요했고

/ and sound asleep. Well, by this time / I was most down /
깊은 잠에 빠진 듯했다.    그리고, 이때쯤       나는 거의 내려와 있었다

to the foot of the island. A little ripply, / cool breeze begun
섬의 아래쪽 끝까지.        잔물결을 일으키는,      차가운 바람이 불기 시작했고,

to blow, / and that was as good as saying / the night was
말해도 좋을 정도였다                      밤을 거의 샜다고.

about done. I give her a turn / with the paddle / and brung
방향을 틀어서          노를 가지고

her nose to shore; / then / I got my gun / and slipped out
뱃머리를 강가에 댔고;    그리고는   총을 갖고      미끄러져 내려와

/ and into the edge of the woods. I sat down there / on a
숲 가장자리로 갔다.        거기에 앉아서          통나무 위에,

log, / and looked out / through the leaves. I see the moon
내다보았다          나뭇잎 사이로.          달이 불침번을 그만두고

go off watch, / and the darkness begin to blanket the river.
사라지는 걸 봤고,   어둠이 강을 덮기 시작했다.

---

or bust 아니면 죽기(라는 각오) | poke along 어슬렁거리다 | ripply 잔물결이 이는 | watch 불침번, 감시 |
blanket (완전히) 뒤덮다, 담요

But in a little while / I see a pale streak / over the treetops,
하지만 잠시 동안　　　　희미한 줄무늬가 보였고　　　나무 꼭대기 위에,

/ and knowed the day was coming. So I took my gun / and
아침이 다가오고 있음을 알게 되었다.　　　　그래서 총을 가지고

slipped off / towards where I had run across that camp fire,
빠져 나와서　　아까 밟았던 모닥불 쪽으로 향했다,

/ stopping every minute or two / to listen. But I hadn't no
1~2분씩 걸음을 멈추고　　　　　귀를 기울이면서. 그러나 운이 따르지 않았다

luck / somehow; / I couldn't seem to find the place. But by
어쩐지;　　　그 장소를 발견할 수 없었다.　　　　　그러나 이윽고,

and by, / sure enough, / I catched a glimpse of fire away /
틀림없이,　　멀리서 희미한 불빛이 보였다

through the trees. I went for it, / cautious and slow. By and
나무 사이로.　　　그래서 그곳으로 갔다, 조심스럽게 천천히.　　마침내

by / I was close / enough to have a look, / and there laid a
가까이 갔고　　볼 수 있을 만큼,　　　　그러자 한 사람이 누워 있었다

man / on the ground. It most give me the fantods. He had
바닥에.　　　　나는 너무 불안해졌다.

a blanket around his head, / and his head was nearly in the
그는 머리에 담요를 썼는데,　　　　머리는 거의 불 속으로 들어갈 정도였다.

fire. I set there behind a clump of bushes / in about six foot
나는 덤불 뒤에 앉아　　　　그의 발에서 6피트쯤 떨어진

of him, / and kept my eyes on him steady. It was getting
곳에,　　　그를 계속 지켜보았다.　　　이제 잿빛으로 날이 밝아오

gray daylight now. Pretty soon / he gapped and stretched
기 시작했다.　　머지않아　　그가 하품을 하고 기지개를 켜며

himself / and hove off the blanket, / and it was Miss
담요를 들어 올렸는데,　　　바로 왓슨 아줌마네 짐이었다!

Watson's Jim! I bet I was glad to see him. I says:
그를 보자 반가웠다.　　　　나는 말했다:

"Hello, Jim!" / and skipped out.
"안녕, 짐!"　　그리고는 튀어나왔다.

He bounced up / and stared at me / wild. Then / he drops
그는 번쩍 일어나더니　나를 쳐다보았다　흥분하며. 그러더니

down on his knees, / and puts his hands together / and says:
무릎을 꿇고 앉아,　　　두 손을 모으며　　　　　말했다:

"Doan' hurt me / — don't! I hain't ever done no harm / to
"나를 해치지 마        — 안 돼!    나는 해를 끼친 적이 없어

a ghos'. I alwuz liked dead people, / en done all I could /
귀신한테.     항상 죽은 사람들을 좋아했고,        할 수 있는 일은 다 했어

for 'em. You go en git in de river agin, / whah you b'longs,
그들을 위해. 넌 다시 강으로 돌아가,        네가 속한 곳으로,

/ en doan' do nuffn / to Ole Jim, / 'at 'uz awluz yo' fren'.""
그리고 아무 짓도 하지 말라고  이 늙은 짐에게,     '항상 네' 친구였던.'

Well, I warn't long / making him understand / I warn't
그리 오랜 시간이 걸리지 않았다   그를 이해시키는데        내가 죽지 않았다고.

dead. I was ever so glad / to see Jim. I warn't lonesome
나는 아주 기뻤다        짐을 만나서.    이제 외롭지 않았다.

now. I told him / I warn't afraid / of HIM telling the people
그에게 말했다   생각하지 않는다고     그가 사람들에게 말할 거라고

/ where I was. I talked along, / but he only set there / and
내가 어디 있는지.    나는 계속 이야기를 했지만, 그는 저쪽에 앉아서

looked at me; / never said nothing. Then I says:
날 쳐다보기만 하고;   아무 말도 하지 않았다.     그래서 내가 말했다:

"It's good daylight. Le's get breakfast. Make up your camp
"날이 완전히 밝았네.     아침을 먹자.      모닥불을 피워줘.'

fire good."

"What's de use / er makin' up de camp fire / to cook
"무슨 소용이람     모닥불을 지피는 게

strawbries en sich truck? But you got a gun, / hain't you?
딸기같은 걸 요리하는데?        하지만 넌 총을 갖고 있잖아,    그렇지 않아?

Den we kin git / sumfn better den strawbries."
그럼 잡을 수 있겠군    딸기보다 나은 것을.'

"Strawberries and such truck," / I says. "Is that what you
"딸기같은 것들이라니"        내가 말했다. "넌 그런 걸 먹고 산 거야?"

live on?"

"I couldn' git nuffn else," / he says.
"그밖엔 아무것도 없는 걸"        그가 말했다.

streak (줄같은) 긴 자국 | fantods (복수형) 안절부절 못함

"Why, how long you been / on the island, / Jim?"
"저런, 얼마나 오래 있었는데          섬에서,          짐?"

"I come heah / de night arter you's killed."
"이곳에 왔어          네가 죽은 날 밤에."

"What, all that time?"
"그럼, 그렇게 오랫동안?"

"Yes — indeedy."
"응 — 정말이야."

"And ain't you had nothing / but that kind of rubbage to
"그리고 아무것도 못 먹었다고          그런 쓰레기같은 것밖에?"

eat?"

"No, sah — nuffn else."
"전혀 — 그거 말곤 없어."

"Well, you must be most starved, / ain't you?"
"음, 정말 배가 고프겠구나,          그렇지 않아?"

"I reck'n / I could eat a hoss. I think I could. How long you
"내 생각에          말도 먹을 수 있을 것 같아.          먹을 수 있을 거야.          넌 얼마나 오래 있었니

ben / on de islan'?"
이 섬에서?"

"Since the night I got killed."
"내가 죽은 날 밤부터."

"No! W'y, / what has you lived on? But you got a gun. Oh,
"아니!          그럼,          뭘 먹고 산 거야?          하긴 넌 총이 있으니.          오, 맞아,

yes, / you got a gun. Dat's good. Now you kill sumfn / en
넌 총이 있었지.          그거 잘됐군.          이제 네가 뭔가 잡아와

I'll make up de fire."
그럼 난 불을 지필 테니."

So we went over / to where the canoe was, / and while he
그래서 우리는 갔다          카누가 있는 곳으로,          그리고 짐이 불을 지피

built a fire / in a grassy open place / amongst the trees, / I
는 동안          풀이 난 공터에          나무들 사이의,

fetched meal and bacon and coffee, / and coffee-pot and
나는 옥수수와 베이컨과 커피를 가져왔고,          커피포트와 프라이팬,

rubbage 쓰레기(=rubbish) | witchcraft 마법, 마술 | loll 드러눕다

frying-pan, / and sugar and tin cups, / and the nigger was
설탕과 주석 컵도,

set back considerable, / because he reckoned / it was all
그러자 검둥이는 멀리 떨어져 앉았다, 생각했기 때문에

done with witchcraft. I catched a good big catfish, / too, /
모든 게 마술이라고. 나는 꽤 큰 메기를 잡았고, 또한,

and Jim cleaned him / with his knife, / and fried him.
짐이 그걸 손질해서 자기 칼로, 튀겼다.

When breakfast was ready / we lolled on the grass / and
아침이 준비되자 우리는 잔디에 주저앉아 김이 나는

eat it smoking hot. Jim laid it in with all his might, / for he
뜨거운 음식을 먹었다. 짐은 온 힘을 다해 먹어 치웠다,

was most about starved. Then when we had got pretty well
거의 굶어 죽을 것 같았으니까. 그리고는 배가 많이 부르자,

stuffed, / we laid off / and lazied. By and by / Jim says:
먹기를 그만두고 빈둥거렸다. 이윽고 짐이 말했다:

"But looky here, Huck, / who wuz it / dat 'uz killed in dat
"그런데 이봐, 헉, 도대체 누구지 그 오두막에서 죽은 건

shanty / ef it warn't you?"
네가 아니라면?"

Then I told him the whole thing, / and he said / it was
그러자 나는 그에게 모든 것을 말해 주었고, 그는 말했다 정말 영리하다고.

smart. He said / Tom Sawyer couldn't get up / no better
그는 말했다 톰 소여도 짤 수 없었을 거라고 더 좋은 계획을

plan / than what I had. Then I says:
내가 한 것보다. 그래서 내가 말했다:

"How do you come to be here, Jim, / and how'd you get
"넌 이곳에 어떻게 온 거야, 짐, 여기에 어떻게 왔어?"

here?"

He looked pretty uneasy, / and didn't say nothing / for a
그는 불안한 듯 보였고, 아무 말도 하지 않았다

minute. Then he says:
잠시동안. 그리고 나서 말했다:

"Maybe I better not tell."
"아마 말하지 않는 게 나을 거야."

"Why, Jim?"
"왜 그래, 짐?"

"Well, dey's reasons. But you wouldn' tell on me / ef I uz to
"음, 이유가 있어.        그런데 넌 내 얘기를                내가 말하더

tell you, / would you, Huck?"
라도,        그럴 거지, 헉?"

"Blamed if I would, / Jim."
"그렇게 한다면 성을 갈겠어,        짐."

"Well, I b'lieve you, Huck. I — I RUN OFF."
"그럼, 널 믿겠어, 헉.                난 — 난 도망쳤어."

"Jim!"
"짐!"

"But mind, / you said you wouldn' tell / — you know / you
"하지만 기억해,        말 안 한다고 했어        — 알고 있지        니

said you wouldn' tell, / Huck."
말 안 하겠다고 한 거,                헉."

"Well, I did. I said I wouldn't, / and I'll stick to it. Honest
"음, 그래.        안 한다고 했고 말고,        그리고 그 말 지킬게.

INJUN, / I will. People would call me / a lowdown
정말이야,        그럴 거야. 사람들이 나를 부르고        보잘것없는 노예폐지론자라고

Abolitionist / and despise me / for keeping mum / — but
깔보겠지만        조용히 입 다물라고        — 하지만 그래도 상관없어.

that don't make no difference. I ain't a-going to tell, / and I
— 하지만 그래도 상관없어.                말하지 않을 거야,

honest Injun 정말로 | Abolitionist 폐지론자 | keep mum 조용히 입 다물다 | tumble-down 황폐한,
무너질듯한 | cooper 통 제조업자

ain't a-going back there, / anyways. So, now, / le's know all
그곳에 다시 돌아가지 않을 거니까,　　　　아무튼.　　　그럼, 이제,

about it."
모두 알려 줘."

"Well, you see, / it 'uz dis way. Ole missus / — dat's Miss
"음, 그러니까,　　　이렇게 된 거야.　　늙은 부인　　　　— 왓슨 부인 말이야

Watson / — she pecks on me / all de time, / en treats me
　　　— 그녀는 내게 잔소리를 퍼부어댔고 항상,　　　　내게 심하게 대했지만,

pooty rough, / but she awluz said / she wouldn' sell me /
항상 말했어　　　　　나를 내다 팔지 않겠다고

down / to Orleans. But I noticed / dey wuz a nigger trader /
올리언스에.　　　그런데 알게 됐어　　노예상이 왔었다는 걸

roun' de place / considable lately, / en I begin to git oneasy.
그곳에　　　　　최근,　　　　그래서 불안해졌지.

Well, one night / I creeps to de do' pooty late, / en de do'
그런데, 어느 날 밤　　꽤 늦은 시간에 문으로 기어들어 가는데,

warn't quite shet, / en I hear old missus tell de widder / she
문이 꽉 닫혀 있지 않아서,　　부인이 미망인에게 말하는 걸 들었어

gwyne to sell me down to Orleans, / but she didn' want to, /
나를 올리언스에 팔아야겠다고,　　　　　　그리고 싶진 않지만,

but she could git eight hund'd dollars for me, / en it 'uz sich
나를 팔면 8백 달러를 받을 수 있고,

a big stack o' money / she couldn' resis'. De widder she try
그건 아주 큰 돈이어서　　　거부할 수 없다고.

to git her to say / she wouldn' do it, / but I never waited / to
미망인은 설득하려 했지만　팔지 말라고,　　　　나는 기다리지 않고

hear de res'. I lit out mighty quick, / I tell you.
더 이상 듣기를.　　재빨리 도망쳤지,　　　말하자면.

"I tuck out en / shin down de hill, / en 'spec to steal a skift /
"난 빠져 나와서　　언덕을 내려갔지,　　　소형 보트를 훔칠 생각으로

'long de sho' / som'ers 'bove de town, / but dey wuz people
강가에서　　마을 위쪽 어딘가에,　　　　하지만 아직 서성거리는 사람들

a-stirring yit, / so I hid / in de ole tumble-down cooper-
이 있어서,　　숨었어　　오래되어 무너질듯한 통 가게에

shop / on de bank / to wait for everybody to go 'way.
　　　강둑에 있는　　모두 떠나길 기다리면서.

Well, I wuz dah all night. Dey wuz somebody roun' / all de
그곳에 밤새 있었지.                  누군가가 돌아다녔어            항상.

time.

'Long 'bout six in de mawnin' / skifts begin to go by, / en
아침 6시쯤                   소형 보트가 지나가기 시작했고,

'bout eight er nine / every skift dat went 'long / wuz talkin'
8시나 9시쯤            지나가는 소형 보트마다            이야기를 하고 있었지

'bout / how yo' pap come over to de town / en say you's
네 아빠가 마을로 와서                  네가 살해당했다고 말

killed. Dese las' skifts wuz full o' ladies en genlmen /
했다고.   그곳을 지나는 보트에는 사람들로 가득 했지

a-goin' over for / to see de place. Sometimes dey'd pull up /
건너가 보려는        그곳을 보기 위해.    때때로 그들은 배를 대고

at de sho' / en take a res' / b'fo' dey started acrost, / so by de
강가에        휴식을 취했어      건너기 전에,            그렇게 하는

talk / I got to know / all 'bout de killin'. I 'uz powerful sorry
얘기를 듣고  알게 되었지    그 살인 사건에 대해.    나는 너무 슬펐어

/ you's killed, / Huck, / but I ain't no mo' / now."
네가 죽어서,       헉,       하지만 더 이상 슬프지 않아   이제는.

"I laid dah under de shavin's / all day. I 'uz hungry, / but I
"난 톱밥 아래 누워 있었어              하루 종일. 배는 고팠지만,

warn't afeard; / bekase I knowed / ole missus en de widder
두렵진 않았어;        알고 있었으니까      왓슨 부인과 미망인은 출발해서

wuz goin' to start / to de campmeet'n' / right arter breakfas'
야외 모임을 위해            아침 식사가 끝나자 마자

/ en be gone all day, / en dey knows / I goes off wid de
하루 종일 집을 떠나 있을 걸, 그리고 그들은 알고 있으니까  내가 가축을 데리고 나간다는 걸

cattle / 'bout daylight, / so dey wouldn' 'spec to see me /
날이 새면,            그러니 그들은 날 찾으려 하지 않을 거고

roun' de place, / en so dey wouldn' miss me tell / arter dark
근처에서,        내가 없어진 걸 알지 못할 거야            저녁에 어두워진

in de evenin'. De yuther servants wouldn' miss me, / kase
후에도.        다른 하인들도 나를 찾지 않을 거야,

dey'd shin out / en take holiday / soon / as de ole folks 'uz
그들은 밖으로 나가서    휴식을 취할 테니까    곧    주인들이 나가자 마자.

out'n de way."

"Well, when it come dark / I tuck out up de river road,
"그리고, 어두워지자      나는 강둑길을 빠져 나와,

/ en went / 'bout two mile er more / to whah dey warn't
걸어갔어    2마일 이상을      집이 없는 곳까지.

no houses. I'd made up my mine / 'bout what I's agwyne
나는 결심했어      무엇을 할지.

to do. You see, / ef I kep' on tryin' to git away afoot, / de
알다시피,    계속 걸어서 도망간다면,

dogs 'ud track me; / ef I stole a skift to cross over, / dey'd
개들이 뒤쫓아오겠지;    소형 보트를 훔쳐 강을 건넌다면,      사람들은

miss dat skift, / you see, / en dey'd know / 'bout whah I'd
보트를 찾을 거고,    알다시피,    알아내겠지

lan' on de yuther side, / en whah to pick up my track. So I
내가 반대편 어디에 상륙했는지,    어디에서 내 흔적을 쫓아야 하는지.      그래서

says, / a raff is what I's arter; / it doan' MAKE no track."
생각했지, 내가 찾아야 하는 건 뗏목이라고;    그건 흔적을 남기지 않으니까.

"I see a light a-comin' roun' de p'int / bymeby, / so I wade'
"불빛이 다가오는 걸 봤어      마침내,    그래서 물 속으로

in / en shove' a log / ahead o' me / en swum more'n half
뛰어들어 통나무 하나를 붙잡고   내 앞에 있던    반마일 이상 헤엄쳐

way / acrost de river, / en got in / 'mongst de driftwood,
강을 건넜고,    들어갔어    표류목 사이로,

/ en kep' my head down low, / en kinder swum / agin de
머리를 낮게 숙이고,      계속 헤엄쳤어      조류를 거슬러서

current / tell de raff come along. Den I swum to de stern
뗏목이 떠내려 오는 걸 알았지.      그리고는 그 뒤쪽으로 헤엄쳐

uv it / en tuck a-holt. It clouded up / en 'uz pooty dark
꽉 붙잡았어.    날이 흐려서    꽤 어두웠지

/ for a little while. So I clumb up / en laid down / on de
잠시 동안.      그래서 기어 올라가서   누웠지      널판지 위에.

planks. De men 'uz all 'way yonder / in de middle, / whah
사람들은 모두 멀리 저편에 있었어      한가운데,

de lantern wuz. De river wuz arisin', / en dey wuz a good
랜턴이 있는 곳에.    강물이 불어나고 있어서,      물살이 빨랐어;

---

shaving 톱밥, 대팻밥 | tuck 밀어넣다 | wade in 마구 뛰어들다

current; / so I reck'n'd 'at / by fo' in de mawnin' / I'd be
그래서 생각했지      아침 4시가 되면

twenty-five mile down de river, / en den I'd slip in / jis
강 아래쪽으로 25마일은 가 있을 거라고;      그러면 빠져 나와

b'fo' daylight / en swim asho', / en take to de woods / on
날이 밝기 전에      강가로 헤엄쳐서,      숲으로 가겠다고

de Illinois side."
일리노이 주 쪽에 있는.

"But I didn' have no luck. When we 'uz mos' down / to
"하지만 난 운이 없었지.      거의 떠내려 왔을 때

de head er de islan' / a man begin to come aft / wid de
섬 앞쪽까지      한 남자가 쫓아오기 시작했어      랜턴을 들고,

lantern, / I see / it warn't no use fer to wait, / so I slid
나는 알았지 기다려 봐도 소용이 없다는 걸,      그래서 배에서

overboard / en struck out fer de islan'. Well, I had a notion
빠져 나와      섬을 향해 헤엄쳤어.      음, 나는 생각했어

/ I could lan' mos' anywhers, / but I couldn't / — bank
어디든 상륙할 수 있을 거라고,      하지만 그럴 수 없었어      — 강둑이 너무

too bluff. I 'uz mos' to de foot er de islan' / b'fo' I found'
가파르거든.      섬의 끝 가까이 갔어      적당한 곳을 찾을 때까지.

a good place. I went into de woods / en jedged I wouldn'
숲으로 들어가서      뗏목을 이용하지 않겠다고 생각했어

fool wid raffs / no mo', / long as dey move de lantern roun'
더 이상은,      사람들이 저렇게 랜턴을 들고 돌아다니는 한.

so. I had my pipe / en a plug er dog-leg, / en some matches
난 담뱃대를 가져왔는데      싸구려 담배 쌈지와,      성냥을

/ in my cap, / en dey warn't wet, / so I 'uz all right."
모자 속에,      그런데 그건 젖지 않았지,      그러니 나는 괜찮아.'

"And so you ain't had no meat nor bread to eat / all this
"그러면 넌 고기도 빵도 못 먹었다는 거야      줄곧?

time? Why didn't you get mud-turkles?"
왜 거북이라도 잡지 않은 거야?"

"How you gwyne to git 'm? You can't slip up / on um / en
"어떻게 그걸 잡을 수 있겠어?      살금살금 올라가서      거북 위로

grab um; / en how's a body gwyne to hit um / wid a rock?
잡을 수도 없어; 때려 잡을 수도 없고      바위로?

How could a body do it / in de night? En I warn't gwyne to
어떻게 할 수 있겠어          밤에?          그리고 눈에 띄지 않으려 했으니까

show mysef / on de bank / in de daytime."
          강둑 위에          낮에는.'

"Well, that's so. You've had to keep in the woods / all the
"음, 그건 그래.          넌 숲 속에 있어야 했지          종일,

time, / of course. Did you hear 'em shooting the cannon?"
물론.          저들이 대포 쏘는 건 들었니?"

"Oh, yes. I knowed / dey was arter you. I see um go by
"어, 그래.     그래서 알았지     그들이 널 찾고 있는 걸.     이곳을 지나가는 걸 봤어

heah / — watched um / thoo de bushes."
— 그들을 지켜봤지          수풀 사이로.'

Some young birds come along, / flying a yard or two / at a
어린 새들이 다가와서,          1~2야드를 날더니

time / and lighting. Jim said / it was a sign / it was going
한 번에     내려앉았다.     짐이 말했다     그건 징조라고     비가 올 거라는.

to rain. He said / it was a sign / when young chickens flew
그는 말했다     징조라고     병아리들이 저렇게 나는 것은,

that way, / and so he reckoned / it was the same way / when
그래서 생각한다고          똑같은 식이라고

young birds done it. I was going to catch some of them, /
어린 새들이 그렇게 했을 때.          내가 새 몇 마리를 잡으려고 하자,

bluff 깎아지른 듯한, 가파른 | dog-leg 질이 나쁜 담배

135

but Jim wouldn't let me. He said / it was death. He said / his
짐이 말렸다.                               그는 말했다    그런 짓은 죽음이라고. 그는 말했다

father laid mighty sick / once, / and some of them catched a
아빠가 매우 아파 누워 있었을 때    한 번은,    누군가 새를 잡자,

bird, / and his old granny said / his father would die, / and
                      할아버지가 말했다고         아빠가 죽을 거라고,

he did.
그리고 정말 죽었다고.

And Jim said / you mustn't count the things / you are going
짐은 말했다       물건을 세어봐서는 안 된다고          저녁 식사를 요리할 때,

to cook for dinner, / because that would bring bad luck. The
                  그런 짓은 악운을 가져오니까.                   마찬가

same / if you shook the table-cloth / after sundown. And
지라고    테이블보를 흔들어도              해가 진 후에.

he said / if a man owned a beehive and that man died, / the
그는 말했다    만약 벌통 주인이 죽으면,

bees must be told about it / before sun-up next morning, /
벌에게 그 사실을 말해야 한다고        다음 날 해뜨기 전에,

or else the bees would all weaken down / and quit work /
그러지 않으면 벌이 모두 약해져서              일을 멈추고

and die. Jim said / bees wouldn't sting idiots; / but I didn't
죽어버린다고. 짐은 말했다    벌은 얼간이는 쏘지 않는다고;          하지만 나는 그 말을

believe that, / because I had tried them / lots of times /
믿지 않았다,          왜냐하면 시도해 봤었지만          여러 번

myself, / and they wouldn't sting me.
나를 쏘도록,    쏘려고 하지 않았으니까.

I had heard / about some of these things / before, / but not
들은 적이 있었다    이런 징조들에 대해                   예전에도,    하지만 전부는

all of them. Jim knowed / all kinds of signs. He said / he
아니었다.       짐은 알았다       모든 징조들을.        그는 말했다

knowed most everything. I said / it looked to me / like all
거의 모두 알고 있다고.            나는 말했다   내가 보기에는

the signs was about bad luck, / and so I asked him / if there
모든 징조는 악운에 대한 것 같다고,              그래서 물었다

warn't any good-luck signs. He says:
행운을 가져다 주는 징조도 있는지.       그가 말했다:

"Mighty few / — an' DEY ain't no use / to a body. What
"거의 없을 걸        — 별로 소용이 없어                사람들에게.

you want to know / when good luck's a-comin' for? Want
뭘 알고 싶은 건데          행운이 언제 올지?

to keep it off?" And he said: "Ef you's got hairy arms en a
행운이 오는 걸 막으려고?" 그리고는 말했다:    "만약 팔과 가슴에 털이 많다면,

hairy breas', / it's a sign dat you's agwyne to be rich. Well,
부자가 된다는 징조야.

dey's some use / in a sign like dat, / 'kase it's so fur ahead.
그래, 쓸모가 있지      그런 징조는,            왜냐하면 먼 미래의 일이니까.

You see, / maybe you's got to be po' / a long time fust, / en
알다시피,      아마 가난할 거야            처음 오랫동안,

so you might git discourage' / en kill yo'sef / 'f you didn'
그래서 낙담하거나              자살해 버릴지도 모르지

know by de sign / dat you gwyne to be rich / bymeby."
그 징조를 모른다면      부자가 될 거라는            결국에는.

"Have you got hairy arms and a hairy breast, / Jim?"
"넌 팔과 가슴에 털이 많아,                    짐?"

"What's de use / to ax dat question? Don't you see / I has?"
"무슨 소용이 있지      그런 질문이?          안 보이는 거야      내가 가진 게?"

"Well, are you rich?"
"그럼, 넌 부자란 거야?"

"No, / but I ben rich / wunst, / and gwyne to be rich / agin.
"아니,      하지만 나도 부자였어      한때는,      그리고 부자가 될 거야            다시.

## Key Expression ❗

### 금지의 표현 must not

must not은 '~해서는 안 된다'라는 뜻을 지닌 금지의 표현입니다.
조동사 must는 '~해야 한다'(의무)와 '~임에 틀림없다'(강한 추측)의 두 가지 의
미를 지니고 있는데, 각각의 부정형이 다르다는 것에 주의합니다.

▶ 의무의 must(~해야 한다) → must not(~해서는 안 된다)
▶ 추측의 must(~임에 틀림없다) => cannot(~일리가 없다)

ex) Jim said you mustn't count the things you are going to cook for dinner.
    짐은 저녁 식사를 요리할 때 물건을 세어 봐서는 안 된다고 말했다.

Wunst I had foteen dollars, / but I tuck to specalat'n', / en
한때는 14달러가 있었는데,                투기에 손을 대서,

got busted out."
모두 날려버렸어."

"What did you speculate in, Jim?"
"어디에 투기를 했는데, 짐?"

"Well, fust I tackled stock."
"처음엔 주식에 손을 댔지."

"What kind of stock?"
"어떤 주식이었는데?"

"Why, live stock — cattle, / you know. I put ten dollars / in
"음, 살아있는 가축 주식이야 — 소 말이야,    알다시피.      10달러에 걸었어

a cow. But I ain' gwyne to resk / no mo' money in stock. De
소 한 마리에. 하지만 모험은 하지 않을 거야      더 이상 돈을 가축에 거는.

cow up 'n' died / on my han's."
그 소는 자라다가 죽었어      내 손에서."

"So you lost the ten dollars."
"그럼 10달러를 잃은 거군."

## Key Expression

### 재귀대명사의 해석

'~ 자신'을 뜻하는 -self형태의 재귀대명사는 용법에 따라 두 가지로 해석합니다.

주어와 목적어가 같을 경우 목적어 대신에 오는 재귀대명사는 '재귀용법'이라 부르며 '~ 자신을'이라고 해석합니다. 반면에 주어나 목적어를 강조하기 위해 쓰이는 '강조용법'의 재귀대명사는 '직접'이라는 의미를 가집니다.

강조용법의 재귀대명사는 문장성분에 영향를 주지 않는 것으로 구분할 수 있습니다.

ex) I said 'f I didn' git it I'd start a bank myself. (강조)
그걸 주지 않으면 내가 직접 은행을 차리겠다고 말했다.
I says to myself. (say to의 목적어)
나는 내 자신에게 말했다. ('혼잣말하다' 혹은 '생각하다'의 의미)
He gapped and stretched himself and hove off the blanket.
(stretched의 목적어)
그는 하품을 하고 기지개를 켜며 담요를 들어올렸다.

speculation 투기 | tackle (힘든 문제와) 씨름하다 | stock 주식, 가축(이중적 의미) | hide (특히 큰) 짐승의 가죽 |
woodflat 뗏목

"No, I didn't lose it all. I on'y los' 'bout nine of it. I sole
"아니, 다 잃은 건 아니야.          9달러만 잃었지.                            소가죽과

de hide en taller / for a dollar en ten cents."
비계는 팔았으니까          1달러 10센트에."

"You had five dollars and ten cents left. Did you
"그럼 5달러 10센트가 남았네.                        또 투기를 했어?"

speculate any more?"

"Yes. You know that one-laigged nigger / dat b'longs
"그럼.          외다리 검둥이를 알 거야                        브래디쉬 영감네의? '

to old Misto Bradish? Well, he sot up a bank, / en say /
그가 은행을 차린 거야,                        그리고는 말했지

anybody dat put in a dollar / would git fo' dollars mo' / at
누구든지 1달러를 저금하면          4달러를 받게 될 거라고

de en' er de year. Well, all de niggers went in, / but dey
그 해 말에.          글쎄, 모든 검둥이들이 돈을 넣었는데,

didn't have much. I wuz de on'y one dat had much. So I
그들은 돈이 많지 않았지.          내가 많은 돈을 가진 유일한 사람이었어.

stuck out for mo' dan fo' dollars, / en I said 'f I didn' git
그래서 나는 4달러 이상을 요구하며,                        그걸 주지 않으면

it / I'd start a bank / mysef. Well, o' course / dat nigger
내가 은행을 차리겠다고 했어 직접.          그런데, 물론          그 검둥이는 원했지

want' / to keep me out er de business, / bekase he says /
내가 그 사업에 들어오지 않기를,                        그가 말하길

dey warn't business 'nough / for two banks, / so he say /
이 사업은 충분하지 않다는 거야          은행이 두 곳이나 있기에, 그래서 그가 말했지

I could put in my five dollars / en he pay me thirty-five /
내가 5달러를 넣으면                        35달러를 주겠다고

at de en' er de year.
그 해 말에.

"So I done it. Den I reck'n'd / I'd inves' de thirty-five
"그래서 나는 그렇게 했어. 그리고 생각했어          35달러를 투자해서

dollars right off / en keep things a-movin'. Dey wuz a
그걸 계속 굴려보겠다고.                        밥이라는 검둥이가

nigger name' Bob, / dat had ketched a woodflat, / en his
있었는데,                        뗏목을 주웠던,

marster didn' know it; / en I bought it off'n him / en told
그의 주인은 아직 그걸 몰랐지;　　　그래서 그한테 뗏목을 사고

him to take de thirty-five dollars / when de en' er de year
35달러를 가져가라고 했어　　　　　　연말이 오면;

come; / but somebody stole de wood-flat / dat night, / en
그런데 누군가가 뗏목을 훔쳐갔고　　　　그날 밤에,

nex day / de one-laigged nigger say / de bank's busted. So
다음 날　　그 외다리 검둥이가 말하는 거야　　은행이 파산했다고.

dey didn' none uv us git no money."
그래서 아무도 돈을 건지지 못했지."

"What did you do / with the ten cents, / Jim?"
"그럼 뭐했는데　　　　　10센트로는,　　　짐?"

"Well, I 'uz gwyne to spen' it, / but I had a dream, / en
"글쎄, 그걸 써 버리려고 했는데,　　　　　꿈을 꾸었어,

de dream tole me / to give it / to a nigger name' Balum /
꿈 속에서 그러는데　　　그 돈을 주라는 거야　발룸이라는 검둥이에게

—Balum's Ass / dey call him for short; / he's one er dem
— 멍청이 발룸 말이야　　사람들이 줄여서 부르는;　　발룸은 멍청이였지,

chuckleheads, / you know. But he's lucky, / dey say, / en
너도 알다시피.　　그런데 그는 운이 있었어, 사람들이 말하길,

I see I warn't lucky. De dream say / let Balum inves' de
그리고 내겐 운이 없다는 걸 알았지. 꿈이 말하길　　발룸에게 10센트를 투자하도록

ten cents / en he'd make a raise / for me. Well, Balum he
그러면 그가 돈을 늘려줄 거라는 거야　나를 위해. 그런데, 발룸은 그 돈을

tuck de money, / en when he wuz in church / he hear de
가져가서,　　　　교회에 있을 때　　　　　목사님이 말하는 걸

preacher say / dat whoever give to de po' len' to de Lord, /
들었어　　　가난한 자에게 돈을 주는 자는 하나님에게 돈을 빌려 준 거라고,

en boun' to git his money back a hund'd times. So Balum
그러면 그 돈을 100배로 되돌아온다고.

he tuck en give de ten cents to de po', / en laid low / to see
그래서 발룸은 10센트를 가난한 사람들에게 주었고,　　　기다렸지

what wuz gwyne to come of it."
거기에서 뭐가 나오는지 보려고."

chucklehead 바보, 멍청이 |security 담보

"Well, / what did come of it, / Jim?"
"그래, 뭐가 나왔는데, 짐?"

"Nuffn never come of it. I couldn' manage to k'leck dat
"아무것도 안 나왔지. 그 돈을 다시 모을 방법이 없었어;

money no way; / en Balum he couldn'. I ain' gwyne to
발룸도 할 수 없었지. 더 이상 돈을 빌려 주지

len' no mo' money / 'dout I see de security. Boun' to git
않을 거야 담보를 보지 않고는.

yo' money back a hund'd times, / de preacher says! Ef I
돈이 100배로 돌아온다고, 목사님이 말하듯이!

could git de ten CENTS back, / I'd call it squah, / en be
10센트만이라도 돌려받는다면, 그게 공정한 거지,

glad er de chanst."
그리고 그 행운에 기뻐할 거야."

"Well, / it's all right anyway, / Jim, / long as you're going
"글쎄, 어쨌든 잘 되었어, 짐, 다시 부자가 될 거니까

to be rich again / some time or other."
언젠가는."

"Yes; / en I's rich now, / come to look at it. I owns mysef, /
"맞아: 난 지금도 부자야, 이걸 봐. 내 자신이 있고,

en I's wuth eight hund'd dollars. I wisht I had de money, /
8백 달러의 가치가 있으니까. 그 돈을 가진다면 얼마나 좋을까,

I wouldn' want no mo'."
그 이상 바랄 게 없을 텐데."

Key Expression 🔑

**I wish 가정법**

I wish 가정법은 가정법의 특수한 형태로 '~하면 좋을 텐데'라는 의미로 해석합니다.
현재 사실의 반대를 가정할 때에는 가정법 과거를, 과거 사실의 반대를 가정할 때에는 가정법 과거를 사용합니다.

▶ I wish + 주어 + 과거동사/were : ~하면 좋을 텐데
▶ I wish + 주어 + had p.p : ~했으면 좋았을 텐데

ex) I wisht I had de money, I wouldn' want no more.
그 돈을 가진다면 얼마나 좋을까, 그 이상 바랄 게 없을 텐데.

A. 다음 문장을 해석해 보세요.

(1) I happened to think / how they always put quicksilver in loaves of bread / and float them off, / because they always go right / to the drownded carcass / and stop there.
→

(2) If I see a stump, / I took it for a man; / if I trod on a stick / and broke it, / it made me feel / like a person had cut one of my breaths in two.
→

(3) I ain' gwyne to len' / no mo' money / 'dout I see de security.
→

(4) I wisht I had de money, I wouldn' want no mo'.
→

B. 다음 주어진 문구가 알맞은 문장이 되도록 순서를 맞춰 보세요.

(1) 사람들을 가득 태운 채 아래로 떠내려 오는 나룻배가 있었다.
(down / people / along / floating / full of)
There was the ferryboat _____

_____ .

(2) 그것 때문에 소음으로 귀가 먹먹해졌다.
(It / made / me / deef / with / the noise)
→

(3) 잠이 깰 때마다 누군가 내 목을 누르고 있는 것 같았다.
(waked up / I / I / thought / the neck / somebody / me / Every time / by / had)
→

A. (1) 나는 갑자기 사람들이 항상 빵 덩어리 속에 수은을 넣어 띄어 보낸다는 생각이 떠올랐다. 왜냐하면 빵 덩어리들은 늘 곧바로 물에 빠진 익사체에게 가서 멈추기 때문이다. (2) 그루터기를 보면, 사람으로 착각했고; 나뭇가지를 밟아 부러지면, 내 숨통이 둘로 쪼개지는 것 같은 느낌이 들었다. (3) 담보를 보지 않으면 더 이

(4) 잠을 자도 도움이 될 것 같지 않았다.
(me / do / The sleep / good / no / didn't)

_____ the other girl's

"I think he killed a man".


C. 다음 주어진 문장이 본문의 내용과 맞으면 T, 틀리면 F에 동그라미 하세요.

(1) Huck saw people looking for him.
( T / F )

(2) Huck was the only person in the island.
( T / F )

(3) Huck happened to meet Jim in the island.
( T / F )

(4) Jim knows a lot about sign.
( T / F )


D. 의미가 비슷한 것끼리 서로 연결해 보세요.

(1) swap ▶          ◀ ① spray

(2) squirt ▶          ◀ ② exchange

(3) tangle ▶          ◀ ③ mature

(4) ripe ▶          ◀ ④ twist

## 9

I wanted to go and look at a place / right about the middle
나는 어느 장소에 가서 잘 봐두고 싶었다          섬 한가운데 있는

of the island / that I'd found / when I was exploring; / so
발견한          탐험하다가;          그래서

we started and / soon got to it, / because the island was /
우리는 출발했고     곧 도착했다,     왜냐하면 섬은

only three miles long / and a quarter of a mile wide.
길이가 겨우 3마일이고     넓이가 4분의 1마일밖에 안 되었기에.

This place was a tolerable long, steep / hill or ridge / about
이 장소는 꽤 길고, 가파른          언덕 혹은 산마루였다

forty foot high. We had a rough time / getting to the top,
높이가 40피트 정도인.  꽤 힘들었다          정상까지 올라가는데,

/ the sides was so steep / and the bushes so thick. We
사면이 가파른 데다가     나무들이 우거져 있어서.

tramped and clumb / around all over it, / and by and by /
우리는 걸어다니다 올라갔다,     그 주위를          그리고 마침내

found a good big cavern / in the rock, / most up to the top /
큰 동굴을 발견했다     바위 속에 있는,     꼭대기 근처에서

on the side towards Illinois. The cavern was / as big as two
일리노이 주 쪽을 향한.          그 동굴은

or three rooms bunched together, / and Jim could stand up
방 두세 개를 합친 정도의 크기로,          짐은 똑바로 설 수 있었다

straight / in it. It was cool in there. Jim was for putting our
그 안에서. 동굴 안은 시원했다.          짐은 짐을 옮겨놓자고 했지만

traps / in there / right away, / but I said / we didn't want /
그곳에     바로,     나는 말했다     하고 싶지 않다고

to be climbing up and down there / all the time.
그곳에 오르락내리락 하는 것을          계속.

Jim said / if we had the canoe hid / in a good place, / and
짐은 말했다     카누를 숨겨 놓을 수 있다면     적당한 장소에,

had all the traps / in the cavern, / we could rush there / if
그리고 모든 짐을 놓으면     동굴 안에,     그곳으로 달려갈 수 있을 거라고

ridge 산등성이, 산마루 | cavern 큰 동굴 | lug (무거운 것을 힘들게) 나르다, 끌다 | hogshead 큰 통

anybody was to come to the island, / and they would never
만약 누군가 섬으로 들어오면,                    그러면 우리를 찾을 수 없을 거라고

find us / without dogs. And, besides, / he said / them little
개 없이는.        그리고, 게다가,        말했다    그 작은 새들이

birds had said / it was going to rain, / and did I want the
알려 줬다고        곧 비가 올 거라고,

things to get wet?
그런데 물건들이 젖어도 괜찮느냐고?

So we went back / and got the canoe, / and paddled up /
그래서 우리는 다시 돌아가   카누를 타고,        노를 저어서

abreast the cavern, / and lugged all the traps / up there.
동굴 가까이까지,        모든 짐들을 날랐다        그곳으로.

Then we hunted up / a place close by / to hide the canoe
그리고는 샅샅이 뒤져서        그곳 주변을        카누를 숨겼다,

in, / amongst the thick willows. We took some fish off of
우거진 버드나무 숲 속에.        낚시줄에서 물고기 몇 마리를 떼어내고

the lines / and set them again, / and begun to get ready for
                다시 설치한 후,        저녁 준비를 시작했다.

dinner.

The door of the cavern was big / enough to roll a hogshead
동굴의 문은 컸다        큰 통을 굴려 넣을 수 있을 만큼,

in, / and on one side of the door / the floor stuck out a little
그리고 문 한 쪽에        바닥이 약간 나와 있었으며,

bit, / and was flat and a good place / to build a fire on. So
평평하고 적당한 장소였다        불을 지피기에.

we built it there / and cooked dinner.
그래서 거기에 불을 지피고   저녁을 요리했다.

We spread the blankets inside / for a carpet, / and eat our
우리는 안쪽에 담요를 깔고          카펫 대용으로,     저녁을 먹었다

dinner / in there. We put all the other things handy / at
그곳에서.     다른 물건도 모두 가까이 두었다

the back of the cavern. Pretty soon / it darkened up, / and
동굴 뒤쪽에.          금방          날이 어두워지더니

begun to thunder and lighten; / so the birds was right about
천둥 번개가 치기 시작했다;          그러니 새들이 맞은 것이었다.

it. Directly / it begun to rain, / and it rained like all fury, /
곧바로       비가 오기 시작했고,     세차게 퍼부었다,

too, / and I never see / the wind blow so. It was one of these
또한,     그리고 나는 본 적이 없었다 바람이 그렇게 세게 부는 것을.

regular summer storms. It would get so dark / that it looked
이건 한여름의 폭풍우였다.          날이 매우 어두워져서

all blue-black outside, / and lovely; / and the rain would
밖은 온통 검푸른 색으로,     아름답게 보였다;     또한 비바람이 몰아치자

thrash along by / so thick / that the trees off / a little ways
아주 세차게     쓰러진 나무들이     여러 곳에서

/ looked dim and spiderwebby; / and here would come a
희미하게 거미줄이 엉킨 것처럼 보였다;     그리고 이곳에도 바람이 불어 닥쳐서

blast of wind / that would bend the trees down / and turn
나무들이 휘어졌고          연한 부분이

up the pale / underside of the leaves; / and then / a perfect
보였다     잎사귀 아래쪽의;          그리고는

ripper of a gust / would follow along / and set the branches
찢어질 듯 세찬 돌풍이     뒤따라와서     나뭇가지들을 흔들어댔다

to tossing their arms / as if they was just wild; / and next, /
미친 듯이;     그리고 다음 순간,

when it was just about the bluest and blackest / — FST! it
가장 푸르고 검은 색이 되려는 순간          — 번쩍!

was as bright as glory, / and you'd have a little glimpse / of
번개는 눈부시게 밝았고,     그래서 살짝 볼 수 있었다

treetops a-plunging / about away off yonder / in the storm,
나무 꼭대기가 깊이 파인 것을     저 멀리 보이는     폭풍 속에서,

/ hundreds of yards further / than you could see before;
수백 야드 더 멀리 떨어진     이전에 보였던 것보다;

/ dark as sin again / in a second, / and now / you'd hear
칠흑같이 어두웠고　잠시 동안,　그리고 이제

the thunder let go / with an awful crash, / and then / go
천둥이 치는 소리가 들렸다　엄청난 충격과 함께,　그리고 나서

rumbling, grumbling, tumbling, / down the sky / towards
으르렁, 쿵쾅, 콰당거리며,　하늘에서 떨어졌다

the under side of the world, / like rolling empty barrels
아래 세상을 향해,　빈 통이 계단을 구르듯

down stairs / — where it's long stairs / and they bounce a
— 긴 계단에서　그리고 아주 잘 뛰어 오르는,

good deal, / you know.
알다시피.

"Jim, this is nice," / I says. "I wouldn't want to be /
"짐, 이거 굉장한데,"　내가 말했다. "아무데도 가지 않을 거야

nowhere else but here. Pass me along / another hunk of
이곳이 아닌 다른 곳에는.　건네 줘　생선 토막이랑

fish / and some hot corn-bread."
따뜻한 옥수수 빵 좀.'

"Well, you wouldn't a ben here / 'f it hadn't a ben for Jim.
"그런데, 넌 여기에 있지 않았을 거야　짐이 없었다면.

You'd a ben down dah / in de woods / widout any dinner,
넌 저 아래에 있었을 거야　숲 속에　저녁도 못 먹고,

/ en gittn' mos' drownded, / too; / dat you would, / honey.
거의 물에 빠진 채로,　역시나;　그랬을 거야,　친구.

Chickens knows / when it's gwyne to rain, / en so do de
병아리들은 알거든　비가 언제 올지,　또 새들도 마찬가지이고,

birds, / chile."
애야."

fury 분노, 격렬함 | thrash 때리다, 요동치다 | gust 세찬 바람, 돌풍 | toss 흔들다 | plunge 거꾸러지다 |
rumbling 우르릉 소리 | hunk 덩이, 조각

The river went on raising and raising / for ten or twelve
강물이 점점 불어나                                               10~12일 동안,

days, / till at last / it was over the banks. The water was
마침내          강둑을 넘어 버렸다.

three or four foot deep / on the island / in the low places
수심이 3~4피트나 되었다          이 섬에서          낮은 곳과

/ and on the Illinois bottom. On that side / it was a good
일리노이 주 쪽에 면한 저지대는.          그쪽은

many miles wide, / but on the Missouri side / it was the
강폭이 몇 마일이나 되었지만,    미주리 주 쪽은

same old distance across / — a half a mile — / because the
강 폭이 예전 그대로였다          — 반 마일로 —

Missouri shore was / just a wall of high bluffs.
왜냐하면 미주리 쪽 강가는          높은 절벽이었기 때문이다.

bluff 절벽의, 깎아지른 듯한

Daytimes / we paddled / all over the island / in the canoe,
대낮에는        우리는 노를 저었다    섬 전체를 돌아다니며      카누를 타고,

/ it was mighty cool and shady / in the deep woods, / even
아주 시원하고 그늘졌다              깊은 숲 속에는,

if the sun was blazing outside. We went winding in and out
밖에서 해가 내리쬐어도.                우리는 들락날락 했다

/ amongst the trees, / and sometimes / the vines hung so
나무 사이로,              그리고 때로는        넝쿨이 너무 우거져 있었기 때문에

thick / we had to back away / and go some other way. Well,
두껍게      뒤로 물러섰다가          다른 길로 돌아가야 했다.              그리고,

/ on every old broken-down tree / you could see / rabbits
오래되고 부러진 나무마다            볼 수 있었다

and snakes and such things; / and when the island had been
토끼나 뱀이나 그런 동물들을;          섬에 홍수가 났을 때에는

overflowed / a day or two / they got so tame, / on account
하루 이틀 동안        그들은 얌전해져서,

of being hungry, / that you could paddle right up / and put
배가 고팠기 때문에,        가까이 노를 저어가서

your hand on them / if you wanted to; / but not the snakes
손으로 만질 수도 있었다        원한다면;              그러나 뱀과 거북은 그렇지

and turtles / — they would slide off / in the water. The
않았다          — 그것들은 미끄러져 들어가 버렸다    물 속으로.

ridge our cavern was in / was full of them. We could a had
우리 동굴이 있던 산마루는          그 동물들로 가득 찼다.      애완동물로 삼을 수도

pets / enough / if we'd wanted them.
있었다      충분히      원하기만 한다면.

One night / we catched / a little section of a lumber raft / —
어느 날 밤      우리는 건져냈다      목재 뗏목의 파편을

nice pine planks. It was twelve foot wide / and about fifteen
— 괜찮은 송판이었다.      넓이는 12피트에                길이는 15~16피트였고,

or sixteen foot long, / and the top stood above water / six or
윗부분이 물 위로 나와 있었다

seven inches / — a solid, level floor. We could see saw-logs
6~7인치 정도      — 단단하고, 평평한 마루 판자였다.  톱질된 통나무들이 떠내려가는 것도

go by / in the daylight / sometimes, / but we let them go; /
보았다      대낮에              이따금,              하지만 내버려 두었다;

we didn't show ourselves / in daylight.
우리는 모습을 드러내지 않았으니까      낮에는.

149

Another night / when we was up / at the head of the island,
또 어느 날 밤          우리가 올라갔을 때          섬의 앞쪽으로,

/ just before daylight, / here comes a frame-house down,
해뜨기 직전에,          집 한 채가 떠내려 오고 있었다,

/ on the west side. She was a two-story, / and tilted over
서쪽에서.          그 집은 2층짜리로,          상당히 기울여져 있었다.

considerable. We paddled out / and got aboard / — clumb
          우리는 노를 저어서          거기에 올라간 다음          — 기어 들어갔다

in / at an upstairs window. But it was too dark / to see yet,
이층 창문으로.          그러나 아직 너무 어두워서          아무것도 안 보였고,

/ so we made the canoe fast and / set in her to wait / for
그래서 카누를 묶어놓고          그 안에서 기다렸다

daylight.
해가 뜰 때까지.

The light begun to come / before we got to / the foot of the
날이 밝기 시작했다          우리가 도착하기 전에          섬 끝 자락에.

island. Then we looked in / at the window. We could make
그리고 나서 들여다 보았다          창문으로.          침대가 보였고,

out a bed, / and a table, / and two old chairs, / and lots of
          탁자 하나와,          낡은 의자 두 개,          잡동사니들과

things / around about on the floor, / and there was clothes /
things          마룻바닥에 흩어진,          옷가지도 있었다

hanging against the wall. There was something laying / on
벽에 걸린.          뭔가 누워 있었다

the floor / in the far corner / that looked like a man. So Jim
바닥에          저쪽 구석에는          사람으로 보이는.

says:
짐이 말했다:

"Hello, you!"
"이봐요, 당신!"

But it didn't budge. So I hollered again, / and then Jim says:
그러나 꼼짝도 하지 않았다.          그래서 나는 다시 소리쳤고,          그러자 짐이 말했다:

"De man ain't asleep / — he's dead. You hold still / — I'll
"저 사람은 자고 있는 게 아니야          — 죽은 거라고.          넌 가만히 있어

go en see."
— 내가 가서 보고 올게."

He went, / and bent down / and looked, / and says:
그는 가서,　　　몸을 구부리고　　　살펴보더니,　　　말했다:

"It's a dead man. Yes, indeedy; / naked, / too. He's ben
"죽은 사람이야.　　　그래, 맞아;　　　벌거벗었어,　　　또한.　　총을 맞았어

shot / in de back. I reck'n / he's ben dead / two er three
등에.　　　내 생각에는　　　죽은 것 같은 데　　　2~3일 전에.

days. Come in, Huck, / but doan' look at his face / — it's
들어와, 헉,　　　하지만 얼굴은 보지 마　　　— 아주

too gashly."
끔찍하니까."

I didn't look at him at all. Jim throwed some old rags / over
나는 그 사람을 쳐다보지 않았다.　　　짐은 낡은 천을 던졌지만　　　그 사람

him, / but he needn't done it; / I didn't want to see him.
위에,　　　그럴 필요는 없었다;　　　나는 그를 보고 싶지 않았으니까.

There was heaps of old greasy cards / scattered / around
미끌거리는 카드들이 쌓여 있었고　　　흩어진 채

over the floor, / and old whisky bottles, / and a couple of
마루바닥에,　　　오래된 술병들과,　　　마스크 두 개가 있었다

masks / made out of black cloth; / and all over the walls
검은 천으로 만든;　　　그리고 벽 전체에는

was / the ignorantest kind of words and pictures / made
상스러운 욕설과 그림이 있었다

with charcoal. There was two old dirty calico dresses,
숯으로 그린.　　　더러운 무명옷 두 벌과,

/ and a sun-bonnet, / and some women's underclothes /
햇빛 가리개 모자 하나와,　　　여성용 내복들과

hanging against the wall, / and some men's clothing, too.
벽에 걸린,　　　또 남성용 옷들도 있었다.

We put the lot / into the canoe / — it might come good.
우리는 짐을 실었고　　카누에　　　— 쓸모 있을지 모르니까.

There was a boy's old speckled straw hat / on the floor; / I
사내아이용 낡고 얼룩덜룩한 밀짚모자도 있었는데　　　마루바닥에;

took that, too. And there was a bottle / that had had milk
그것도 가져왔다.　　　병도 있었는데　　　우유가 담겨 있었던,

---

tilt 기울다 | calico 캘리코(날염을 한 거친 면직물) | sun-bonnet 햇볕 가리개 모자 (여자나 아기용 모자로 끈을 턱
밑에서 묶게 되어 있음) | speckled 반점이 있는, 얼룩덜룩한

in it, / and it had a rag stopper / for a baby to suck. We
헝겊 마개가 달려 있었다          아이가 빨 수 있도록.

would a took the bottle, / but it was broke. There was a
우리는 그 병도 가져오려고 했지만,      깨져 있었다.          지저분하고 낡은 나무상자

seedy old chest, / and an old hair trunk / with the hinges
도 있었다,          오래된 털 트렁크도          경첩이 망가진.

broke. They stood open, / but there warn't nothing left / in
모두 열려 있었는데,          아무것도 없었다

them / that was any account. The way things was scattered
그 안에          가치 있어 보이는 것은.          물건들이 그렇게 흩어져 있는 걸 보고

about / we reckoned / the people left / in a hurry, / and
우리는 생각했다          사람들이 떠난 거라고          서둘러서,          그리고 충분히

warn't fixed / so as to carry off / most of their stuff.
머물지 않았다          가져갈 수 있을 만큼          대부분의 물건을.

We got an old tin lantern, / and a butcher-knife / without
우리는 낡은 양철 램프를 가져왔다,          푸주용 칼과

any handle, / and a bran-new Barlow knife / worth two
손잡이가 없는,          새로운 발로우 나이프도          25센트 나가는

bits / in any store, / and a lot of tallow candles, / and a tin
상점에서,          또한 많은 양초와,

candlestick, / and a gourd, / and a tin cup, / and a ratty old
양철 촛대와,          바가지와,          주석 컵도,

bedquilt off the bed, / and a reticule / with needles and
또 쥐가 갉아먹은 낡은 침대보와,          손가방도          바늘과 핀과

pins and beeswax and buttons and thread / and all such
밀랍과 단추와 실과          그밖의 물건이 들어 있는,

truck in it, / and a hatchet / and some nails, / and a fishline
또 손도끼 한 자루와          여러 개의 못과,          낚싯줄과

/ as thick as my little finger / with some monstrous hooks
새끼손가락 굵기의          괴물같이 큰 낚시 바늘이 달린,

on it, / and a roll of buckskin, / and a leather dog-collar, /
사슴 가죽 한 장과,          가죽으로 만든 개 목걸이와,

and a horseshoe, / and some vials of medicine / that didn't
말 편자와,          물약 병 몇 개도

have no label on them; / and just as we was leaving / I
이름이 써여 있지 않은;          막 떠나려 할 때          나는

found / a tolerable good curry-comb, / and Jim he found /
발견했고    쓸 만한 말빗 하나를,    짐도 찾아냈다

a ratty old fiddle-bow, / and a wooden leg. The straps was
지저분한 낡은 바이올린 활과,    나무로 만든 의족 하나를.    끈은 끊어져 있었지만,

broke off of it, / but, barring that, / it was a good enough
그걸 제외하면,    꽤 쓸만한 다리였다,

leg, / though it was too long for me / and not long enough
비록 나한테는 너무 길었고    짐에게는 너무 짧았지만,

for Jim, / and we couldn't find the other one, / though we
그리고 다른 한쪽은 찾을 수 없었다,

hunted all around.
모두 찾아봤지만.

And so, / take it all around, / we made a good haul. When
그런 식으로,    모든 물건을 가져오니,    우리는 꽤 많이 번 셈이었다.

we was ready to shove off / we was a quarter of a mile /
막 배를 밀려고 했을 때    우리는 4분의 1마일이나 떨어져 있었고

below the island, / and it was pretty broad day; / so I made
섬으로부터 아래쪽으로,    날이 꽤 훤해져 있었다;    그래서 나는 짐을

Jim lay down / in the canoe / and cover up / with the quilt,
눕게 하고    카누 속에    덮어 씌웠다    이불보로,

/ because if he set up / people could tell / he was a nigger
그가 일어나 있으면    사람들이 알아볼 테니까    그가 검둥이라는 걸

/ a good ways off. I paddled over / to the Illinois shore, /
꽤 멀리서도.    나는 노를 저었고    일리노이 주 쪽 강가로,

and drifted down / most a half a mile / doing it. I crept up
떠 내려갔다    반 마일 정도    그런 식으로.    나는 고여 있는

the dead water / under the bank, / and hadn't no accidents /
물로 기어 올라갔고    강둑 아래,    어떤 사건도 없었고

and didn't see nobody. We got home / all safe.
아무도 보지 못했다.    우리는 집으로 돌아왔다    모두 안전하게.

---

rag 넝마, 헝겊 | stopper (plug) (병의) 마개 | seedy 지저분한, 더러운 | chest (나무로 만든) 궤, 상자 | hinge 경첩
| butcher-knife 푸주간의 고기 베는 칼 | bit 12센트 반(two bits는 25센트를 의미) | tallow 수지(양초, 비누 등을
만드는 데 쓰이는 동물 기름) | gourd 박, 바가지 | ratty 쥐가 갉아먹은, 지저분한 | reticule 레티큘(천으로 만들어진
끈을 당겨 여미게 되어 있는 여성용 지갑) | beeswax 밀랍 | hatchet 손도끼 | buckskin 벅스킨(사슴염소의
부드러운 가죽) | dog-collar 개 목걸이 | vial 유리병, 물약병 | curry-comb 말빗 | fiddle-bow 바이올린 활 |
strap (가죽천 등으로 된) 끈 | haul (훔치거나 불법적인 것의) 많은 양 | shove off 배를 밀어내다

153

## 10

After breakfast / I wanted to talk / about the dead man /
아침 식사 후에　나는 말하고 싶었고　죽은 사람에 대해

and guess out / how he come to be killed, / but Jim didn't
알아내고 싶었다　어떻게 죽게 되었는지,　하지만 짐은 원하지 않았다.

want to. He said / it would fetch bad luck; / and besides, /
그는 말했다　그러면 악운이 올 거라고;　그리고 또,

he said, / he might come and ha'nt us; / he said / a man that
말했다,　그가 와서 우리를 괴롭힐 거라고;　짐은 말했다

warn't buried / was more likely to go aha'nting around /
매장되지 않은 시체는　더 많이 떠돈다고

than one that was planted and comfortable. That sounded
땅에 묻혀 편하게 쉬는 시체보다.

pretty reasonable, / so I didn't say no more; / but I couldn't
그 말은 꽤 일리 있게 들렸고,　그래서 더 이상 말하지 않았다;　하지만 그만둘 수 없었다

keep / from studying / over it / and wishing I knowed /
곰곰이 생각하는 걸　그 사건에 대해　알고 싶었다

who shot the man, / and what they done it for.
누가 그를 쐈으며,　왜 그랬는지.

We rummaged the clothes / we'd got, / and found eight
우리는 옷들을 샅샅이 뒤져서　우리가 가져온,

dollars in silver / sewed up / in the lining of an old blanket
은화 8달러를 찾아냈다　꿰매어 놓은　낡은 담요로 만든 외투 안감에.

overcoat. Jim said / he reckoned / the people in that house
짐이 말했다　생각한다고　그 집의 사람들이

/ stole the coat, / because if they'd a knowed / the money
그 외투를 훔친 거라고,　왜냐하면 그들이 알았다면　그 돈이 거기 있는 걸

was there / they wouldn't a left it. I said / I reckoned / they
그걸 남겨두진 않았을 거라고.　나는 말했다 생각한다고　그들이

killed him, / too; / but Jim didn't want to talk / about that.
그도 죽인 거라고,　역시;　그러나 짐은 말하고 싶어 하지 않았다　그것에 대해.

I says:
나는 말했다:

---

rummage 뒤지다 | rake in (돈 따위를) 긁어 모으다, 벌다 | peart 씩씩한, 활기찬

"Now you think / it's bad luck; / but what did you say /
"이제 넌 생각하는구나     그건 악운이라고;     하지만 뭐라고 말했지

when I fetched in the snake-skin / that I found / on the
내가 뱀가죽을 가져왔을 때          발견한

top of the ridge / day before yesterday? You said / it was
산마루 꼭대기에서     엊그제?     넌 말했어

the worst bad luck / in the world / to touch a snake-skin /
그건 가장 운이 없는 일이라고     세상에서     뱀가죽을 만지는 건

with my hands. Well, here's your bad luck! We've raked
손으로.          그런데, 이게 네가 말하는 그 악운이구나!     우린 벌었잖아

in / all this truck / and eight dollars besides. I wish / we
이 모든 물건에다     8달러까지도.          난 바라지

could have some bad luck / like this / every day, / Jim."
악운이 일어났으면 좋겠다고     이와 같은     매일,     짐."

"Never you mind, honey, / never you mind. Don't you git
"걱정 마, 얘야,          걱정 말라고.          얼간이처럼 너무 떠들

too peart. It's a-comin'. Mind I tell you, / it's a-comin'.""
지 말라고.     악운은 다가오고 있으니까. 내 말 명심해,     오고 있다고."

Key Expression

**keep from의 다양한 활용**
keep은 호응하는 전치사에 따라 다양한 의미를 가진 동사입니다. 'keep from'
의 경우도 다양하게 활용되어 쓰입니다.

▶ keep from + 명사/동명사 : ~을 참다[하지 않다]
▶ keep somebody from something : ~가 …하지 못하게 하다
▶ keep something from somebody : ~에게 …을 숨기다[말하지 않다]
▶ keep something from something : ~에 …이 들어가지 않게 하다

ex) But I couldn't keep from studying over it.
하지만 그 사건에 대해 곰곰이 생각하는 걸 그만둘 수 없었다.

It did come, / too. It was a Tuesday / that we had that
정말 오고 말았다,　역시.　어느 화요일이었다　우리가 그 얘기를 나눈 건.

talk. Well, after dinner Friday / we was laying around / in
그리고, 금요일 저녁 식사 후　누워 있었는데

the grass / at the upper end of the ridge, / and got out of
풀밭에　산마루 꼭대기의,　마침 담배가 떨어졌다.

tobacco. I went to the cavern / to get some, / and found a
나는 동굴로 들어갔고　담배를 가지러,

rattlesnake / in there. I killed him, / and curled him up / on
방울뱀을 발견했다 거기에서.　그 뱀을 죽여서,　돌돌 감아 놓았다

the foot of Jim's blanket, / ever so natural, / thinking there'd
짐의 담요 발 끝에,　아주 살아있는 것처럼,　재미있을 거라고 생각하면서

be some fun / when Jim found him there. Well, by night /
짐이 그걸 발견하게 되면.　그런데, 밤이 되자

I forgot all about the snake, / and when Jim flung himself
그 뱀에 관해서 까맣게 잊어버렸고,　짐이 몸을 던졌을 때

down / on the blanket / while I struck a light / the snake's
담요 위에　내가 빛을 비추자　그 죽은 뱀의 짝이

mate was there, / and bit him.
거기에 있었고,　그를 물었다.

He jumped up yelling, / and the first thing / the light showed
그는 비명을 지르며 뛰어 올랐고,　처음 보인 것은　빛을 비추자

/ was the varmint curled up / and ready / for another spring.
그 독사가 똬리를 튼 채　준비 중인 모습이었다 다시 뛰어오르려고.

I laid him out / in a second / with a stick, / and Jim grabbed
나는 그걸 때려 눕혔고 즉시　막대기로,

pap's whisky-jug / and begun to pour it down.
짐은 아빠의 술병을 잡더니　퍼 마시기 시작했다.

He was barefooted, / and the snake bit him / right on the
짐은 맨발이었고,　뱀은 그를 물었다　오른쪽 발꿈치를.

heel. That all comes of / my being such a fool / as to not
그 모든 일은 생긴 것이었다　내가 너무 바보같아서　기억하지 못했기

remember / that  wherever you leave a dead snake / its mate
때문에　죽은 뱀을 놔두면 어디든지

always comes there / and curls around it. Jim told me / to
항상 그 짝이 그곳에 와서　똬리를 튼다는 사실을.　짐은 내게 말했다

chop off the snake's head / and throw it away, / and then
뱀의 머리를 토막내서 던져 버리라고,

skin the body / and roast a piece of it. I done it, / and he
그리고는 껍질을 벗겨 한 덩어리를 구워 달라고. 나는 시키는 대로 했고,

eat it / and said / it would help cure him. He made me /
짐은 그걸 먹고 말했다 그렇게 하면 낫는다고. 짐은 내게 시켰다

take off the rattles / and tie them / around his wrist, / too.
방울뱀의 딸랑거리는 부분을 벗겨 묶어 달라고 그의 손목에, 또한.

He said / that that would help. Then I slid out quiet / and
그는 말했다 그렇게 하면 도움이 될 거라고. 그리고 나서 나는 조용히 빠져 나와

throwed the snakes clear away / amongst the bushes; / for I
뱀들을 멀리 던져 버렸다 숲 속에;

warn't going to let Jim find out / it was all my fault, / not if
왜냐하면 짐이 알기 바라지 않았기 때문에 그게 모두 내 잘못이라는 걸,

I could help it.
그럴 수만 있다면.

Jim sucked and sucked / at the jug, / and now and then / he
짐은 계속 마시면서 술을, 이따금

got out of his head / and pitched around / and yelled; / but
정신을 잃고 마구 뛰어오르며 소리를 질렀다;

every time he come to himself / he went to sucking at the
제정신이 돌아올 때마다 다시 술을 마셨다.

jug again. His foot swelled up pretty big, / and so did his
짐의 발은 꽤 심하게 부어 올랐고 다리도 그렇게 되었다;

leg; / but by and by / the drunk begun to come, / and so I
하지만 마침내 술 기운이 돌기 시작하자, 나는 판단했다

judged / he was all right; / but *I'd druther been bit with a
그는 괜찮을 거라고; 하지만 뱀에 물리는 것이 나을 것 같았다

snake / than pap's whisky.
아빠의 술보다는.

---

* I'd druther = I would rather

rattlesnake 방울뱀 | fling (몸을 힘껏) 던지다, 내밀다 | varmint 말썽쟁이 야생 동물 | spring 휙 뛰어 오름 |
rattle 딸랑이 | pitch 던지다, 내던지다

157

Jim was laid up / for four days and nights. Then the
짐은 누워 있었다          나흘 밤낮 동안.

swelling was all gone / and he was around again. I made
그리고 나서 붓기가 사라지자       다시 돌아다녔다.

up my mind / I wouldn't ever take / a-holt of a snake-skin
나는 결심했다     만지지 않겠다고        뱀가죽을

/ again / with my hands, / now that I see / what had come
다시는     손으로,          왜냐하면 보았으니까    무슨 일이 일어나는지.

of it. Jim said / he reckoned / I would believe him / next
짐은 말했다      생각한다고      내가 자신을 믿을 거라고     다음 번에는.

time. And he said / that handling a snakeskin was / such
그리고 말했다      뱀가죽을 만진 것은

awful bad luck / that maybe we hadn't got to / the end of
무지 끔찍한 악운이어서   아마 도달하지 못했을 거라고        악운의 끝에

it / yet. He said / he druther see the new moon / over his
아직.   그는 말했다    차라리 초승달을 쳐다보는 게 낫겠다고

left shoulder / as much as a thousand times / than take up a
왼쪽 어깨 너머로      천 번 정도               뱀가죽을 만지는 것보다는

snake-skin / in his hand. Well, I was getting to feel that way
손으로.        나는 그렇게 느끼게 되었다,

myself, / though I've always reckoned / that looking at the
항상 생각했었지만                초승달을 보는 것은

new moon / over your left shoulder is / one of the carelessest
왼쪽 어깨 너머로              가장 어리석고 바보같은 짓 중

and foolishest things / a body can do. Old Hank Bunker
하나라고              사람이 할 수 있는.    행크 벙커 영감이 그렇게 하고는

done it / once, / and bragged about it; / and in less than two
예전에,    떠벌리고 다닌 적이 있었다;        그리고 2년도 채 안 되어

years / he got drunk / and fell off of the shot-tower, / and
술에 취해서        탄환제조탑에서 떨어졌고,

spread himself out / so that he was just a kind of a layer, / as
납작해져서         판자처럼 되어버렸다,

you may say; / and they slid him edgeways / between two
말하자면;        그래서 사람들이 그를 옆으로 밀어 넣어    두 헛간 문짝 사이에

barn doors / for a coffin, / and buried him so, / so they say,
관 대신,        그대로 묻어버렸다,        사람들이 말하기를,

but I didn't see it. Pap told me. But anyway / it all come / of
하지만 나는 보지 못했다. 아빠가 내게 말해 주었다. 하지만 어쨌든 그 모든 일은 일어난 것이다

looking at the moon that way, / like a fool.
달을 그런 식으로 쳐다보았기 때문에, 바보처럼.

new moon 초승달 | brag 자랑하다, 떠벌리다 | edgeways 모서리를 위로, 옆으로 | barn (농가의) 헛간

Well, the days went along, / and the river went down /
그렇게, 세월이 흘러갔고,                    강물은 흘러 들었다

between its banks / again; / and about the first thing we
강둑 사이로              다시;      우리가 맨 처음 한 일은

done / was to bait one of the big hooks / with a skinned
큰 낚시 바늘 하나에 미끼를 매달아                      가죽을 벗긴 토끼를

rabbit / and set it / and catch a catfish / that was as big as a
그걸 설치하여    메기를 잡은 것이었다              사람만큼 큰,

man, / being six foot two inches long, / and weighed over
길이가 6피트 2인치나 되고,

two hundred pounds. We couldn't handle him, / of course;
무게가 2백 파운드 이상 나가는.      우리가 다룰 수 없었다,              물론;

/ he would a flung us / into Illinois. We just set there /
그것이 우리를 끌고 갔을 것이다      일리노이 주까지.      우리는 그냥 거기 앉아서

and watched him rip / and tear around / till he drownded.
그것이 날뛰다가              돌아다니는 것을 지켜보았다  물에 빠져 죽을 때까지.

bait 미끼를 놓다, 미끼 |rubbage 쓰레기(=rubbish) |spool 실감개 |peddle 팔러 다니다, 행상을 다니다

We found a brass button / in his stomach / and a round
우리는 놋쇠 단추 하나를 발견했다     그 뱃속에서     그리고 둥근 공과,

ball, / and lots of rubbage. We split the ball open / with the
많은 쓰레기들도.     그 공을 가르자     손도끼로,

hatchet, / and there was a spool in it. Jim said / he'd had it
그 안에 실감개가 있었다.     짐은 말했다   그건 거기에 있었고

there / a long time, / to coat it over so / and make a ball of it.
오랫동안,     그것을 자꾸 싸서     공으로 만든 거라고.

It was as big a fish / as was ever catched / in the Mississippi,
그건 가장 큰 물고기였다     지금까지 잡힌 것 중     미시시피 강에서,

I reckon. Jim said / he hadn't ever seen / a bigger one.
내 생각엔.   짐이 말했다   본 적이 없다고     그것보다 큰 물고기는.

He would a been worth a good deal / over at the village.
꽤 많은 돈을 받을 수 있을 텐데     마을에 가져가면.

They peddle out / such a fish as that / by the pound / in the
사람들은 판다     그런 물고기를     파운드 단위로

markethouse there; / everybody buys some of him; / his
마을 시장에서;     누구나 그 고기를 약간씩 사니까;

meat's as white as snow / and makes a good fry.
그 살은 눈처럼 흰색으로     튀기면 맛이 좋다.

Next morning / I said / it was getting slow and dull, / and I
다음 날 아침     나는 말했다 이제 지루하고 따분해져서,

wanted to get a stirring up / some way. I said / I reckoned
신나는 일을 벌이고 싶다고     뭔가.     나는 말했다 생각한다고

/ I would slip over the river / and find out / what was going
강을 건너가서     살펴보고 싶다고   무슨 일이 일어나고 있는지.

on. Jim liked that notion; / but he said / I must go in the
짐은 그 생각을 마음에 들어했다;   하지만 말했다   어두울 때 가야 하고

dark / and look sharp. Then he studied it over / and said, /
조심해야 한다고.     그리고는 곰곰이 생각하고     말했다,

couldn't I put on some of them old things / and dress up like
낡은 옷을 걸칠 수 없으니     여자 옷을 입지 않겠니?

a girl? That was a good notion, too. So we shortened up /
그것도 좋은 생각이었다.     그래서 우리는 줄여서

one of the calico gowns, / and I turned up / my trouser-legs
옥양목 잠옷 중 한 벌을,        걷어 올리고        바짓가랑이를

to my knees / and got into it. Jim hitched it behind / with
무릎까지        입었다.        짐이 그걸 뒤로 묶으니

the hooks, / and it was a fair fit. I put on the sun-bonnet /
낚시 바늘로,        꽤 잘 맞았다.        나는 햇빛 가리개 모자를 쓰고

and tied it / under my chin, / and then / for a body to look
그걸 묶었고        턱 아래로,        그러자        누군가 내 얼굴을 들여다보면

in and see my face / was like looking down / a joint of
느낌일 것 같았다        연통의 이음새를 보는.

stovepipe. Jim said / nobody would know me, / even in
짐은 말했다        아무도 나를 알아볼 수 없을 거라고,        심지어

the daytime, / hardly. I practiced around all day / to get
심지어 낮 시간에도,        좀처럼.        나는 하루 종일 연습했고

the hang of the things, / and by and by / I could do pretty
여자 역할을 잘할 수 있도록,        그리고 마침내        나는 꽤 잘 행동할 수 있었다

well / in them, / only Jim said / I didn't walk like a girl; /
그걸 입고,        짐이 말했지만        내가 여자처럼 걷지 않는다고;

and he said / I must quit pulling up my gown / to get at my
그는 또 말했다        가운을 잡아당기지 말아야 한다고        바지 주머니에 손을

britches-pocket. I took notice, / and done better.
넣을 때.        나는 그 주의를 받아들여,        더 잘하게 되었다.

### Key Expression

**무생물 주어 구문의 해석**
무생물 주어로 시작되는 구문을 우리말로 해석할 때에는 목적어를 주어로 놓고
'주어+동사'를 부사구로 바꾸어 해석하면 자연스러워요.

ex) The drift of the current fetched me in at the bottom of the town.
조류 때문에 우리는 마을 끝자락으로 떠밀려 가고 말았다.

hitch (고리·열쇠·밧줄 등을) 걸다 | stovepipe 스토브의 연통 | get the hang of ~의 방법을 배우다 | britches (무릎 바로 아래서 여미게 되어 있는) 반바지 | quarter 구역

I started up the Illinois shore / in the canoe / just after dark.
나는 일리노이 주 강가를 향해 출발했다    카누를 타고    어두워진 직후.

I started across to the town / from a little below the ferry-
나는 마을 쪽으로 강을 건넜는데    선착장 조금 아래에서,

landing, / and the drift of the current / fetched me in at the
조류에 떠밀려    마을 끝자락에 가고 말았다.

bottom of the town. I tied up / and started along the bank.
배를 매어 놓고    강둑을 따라 걷기 시작했다.

There was a light burning / in a little shanty / that hadn't
불빛이 빛나고 있었고    작은 오두막에    사람이 살지 않았던

been lived in / for a long time, / and I wondered / who had
오랫동안,    그래서 궁금했다

took up quarters there. I slipped up / and peeped in / at
누가 그곳에 살고 있는지.    살며시 올라가서    안을 들여다 보았다

the window. There was a woman / about forty year old /
창문으로.    한 여자가 있었다    마흔 살 정도 된

in there / knitting / by a candle / that was on a pine table. I
그곳에는    뜨개질을 하고 있던    촛불 옆에서    송판으로 만든 탁자 위에 놓인.

didn't know her face; / she was a stranger, / for you couldn't
모르는 얼굴이었고;    낯선 사람이었다,    왜냐하면 얼굴은 없었기

start a face / in that town / that I didn't know. Now this was
때문에    그 마을에서    내가 모르는.    이제 이건 행운이었다,

lucky, / because I was weakening; / I was getting afraid / I
지쳐 있었기 때문에;    나는 겁이 나기 시작했다

had come; / people might know my voice / and find me out.
이곳에 온 것이;    사람들이 내 목소리를 알아보거나    나를 찾아낼까봐.

But if this woman had been / in such a little town / two days
하지만 이 여자가 있었다면    이런 작은 마을에    이틀 동안이나

/ she could tell me / all I wanted to know; / so I knocked at
그녀는 얘기해 줄 수 있을 테니  내가 알고 싶은 모든 것을;    그래서 문을 두드렸고,

the door, / and made up my mind / I wouldn't forget / I was
결심했다    잊지 않기로

a girl.
내가 여자애라는 사실을.

## mini test 5

A. 다음 문장을 해석해 보세요.

(1) Jim said / if we had the canoe hid / in a good place, / and had all the traps / in the cavern, / we could rush there / if anybody was to come to the island, / and they would never find us / without dogs.
→

(2) You wouldn't a ben here / 'f it hadn't a ben for Jim.
→

(3) He said / a man that warn't buried / was more likely to go aha'nting around / than one that was planted and comfortable.
→

(4) That all comes of / my being such a fool / as to not remember / that wherever you leave a dead snake / its mate always comes there / and curls around it.
→

B. 다음 주어진 문장이 되도록 빈칸에 써 넣으세요.

(1) 섬은 길이가 겨우 3마일이고 넓이가 4분의 1마일밖에 안 되었다.

→

(2) 사람들은 마을 시장에서 <u>그런 물고기를 파운드 단위로 판다</u>.

They peddle out _____
in the markethouse there.

(3) 아직 너무 어두워서 아무것도 안 보였다.

→

A. (1) 짐은 카누를 적당한 장소에 숨겨 놓고, 모든 짐을 동굴 안에 놓으면, 누군가 섬에 들어왔을 때 그곳으로 달려갈 수 있으며 개 없이 우리를 찾을 수 없을 거라고 말했다. (2) 짐이 없었다면 넌 여기에 있지 않았을 거야. (3) 짐은 묻히지 않은 시체는 땅에 묻혀 편하게 쉬는 시체보다 더 많이 떠돈다고 말했다. (4) 그 모

164   The Adventures of Huckleberry Finn

(4) 밖에서 해가 내리쬐어도 깊은 숲 속은 아주 시원하고 그늘졌다.
It was mighty cool and shady in the deep woods, ▢
▢ .


**C.다음 주어진 문구가 알맞은 문장이 되도록 순서를 맞춰 보세요.**

(1) 그 동굴은 방 두세 개를 합친 만큼 컸다.
(together / two or three / as / as / rooms / big / bunched)
The cavern was ▢
▢ .

(2) 다른 물건도 모두 가까이 두었다.
(all / put / We / the other / handy / things)
→

(3) 그건 미시시피 강에서 잡았던 가장 큰 물고기였다.
(catched / big / as / It was / as / a fish / was / ever)
▢ in the
Mississippi.

(4) 조류에 떠밀려 마을 끝자락에 가고 말았다.
(me / fetched / at / The drift / the bottom / in / of the town / of
the current)
→

**D. 다음 단어에대한맞는 설명과 연결해 보세요.**

(1) gust          ▶          ◀ ① small axe

(2) hatchet          ▶          ◀ ② very small bottl

(3) pitch          ▶          ◀ ③ sudden rush of wind

(4) vial          ▶          ◀ ④ throw with a lot of force

Answer

든 일은 내가 너무 바보같아서 죽은 뱀을 놔두면 어디든지 항상 그 짝이 그곳에 와서 똬리를 튼다는 사실을
기억하지 못했기 때문에 생긴 것이었다. | B, (1) The island was only three miles long and a quarter of a
mile wide. (3) It was too dark to see yet. (4) even if the sun was blazing outside | C, (1) as big as two
or three rooms bunched together (2) We put all the other things handy. (3) It was as big a fish as was ever
catched (4) The drift of the current fetched me in at the bottom of the town. | D, (1) ③ (2) ① (3) ④ (4) ②

165

## 11

"Come in," / says the woman, / and I did. She says: / "Take
"들어와요." 여자가 말했고, 난 들어갔다. 그녀가 말했다:

a cheer."
"앉거라."

I done it. She looked me all over / with her little shiny eyes,
나는 앉았다. 그녀는 나를 자세히 관찰하더니 작고 반짝이는 눈으로,

/ and says:
말했다:

"What might your name be?"
"네 이름이 뭐니?"

"Sarah Williams."
"새라 윌리엄스요."

"Where 'bouts do you live? In this neighborhood?'
"어디에 사니? 이 근처에 사니?"

"No'm. In Hookerville, / seven mile below. I've walked all
"아니요, 후커빌에요. 7마일 아래 쪽이요. 계속 걸어왔어요

the way / and I'm all tired out."
그래서 아주 녹초가 됐어요."

"Hungry, too, / I reckon. I'll find you something."
"배도 고프겠구나, 내 생각엔. 뭐 좀 찾아 줄게."

"No'm, / I ain't hungry. I was so hungry / I had to stop / two
"아니요, 배고프지 않아요. 배가 너무 고파서 들렀거든요

miles below here / at a farm; / so I ain't hungry no more. It's
여기에서 2마일 아래에 있는 한 농장에; 그래서 더 이상 배고프지 않아요.

what makes me so late. My mother's down sick, / and out of
그것 때문에 이렇게 늦었어요. 엄마가 아파 누워 있는데,

money and everything, / and I come to tell my uncle Abner
돈도 아무것도 없어서, 앤너 무어 삼촌한테 알리러 왔어요.

Moore. He lives at the upper end of the town, / she says. I
이 동네 위쪽 끝에 산대요, 엄마 말로는.

hain't ever been here before. Do you know him?"
전에 여기 와 본 적이 없거든요. 그를 아세요?"

"No; / but I don't know everybody yet. I haven't lived here
"아니;     하지만 아직 사람들을 잘 몰라.                여기 살지 않았으니까

/ quite two weeks. It's a considerable ways / to the upper
   2주밖에.                     꽤 먼 거리란다                    동네 위쪽 끝까지는.

end of the town. You better stay here / all night. Take off
                    여기에 머무르는 게 좋겠구나    밤 동안.

your bonnet."
모자를 벗으렴."

"No," / I says; / "I'll rest a while, / I reckon, / and go on. I
"아니에요," 내가 말했다; "잠시만 쉬었다가, 제 생각엔, 계속 가야겠어요.

ain't afeared of the dark."
어둠은 무섭지 않거든요."

She said / she wouldn't let me go / by myself, / but her
그녀는 말했다 나를 가도록 하지 않을 거라고 혼자서,

husband would be in / by and by, / maybe in a hour and a
하지만 남편이 돌아올 테니 곧, 한 시간 반 정도 후에,

half, / and she'd send him / along with me. Then she got to
그러면 남편을 보내겠다고 했다 나와 함께. 그리고 나서 이야기하기

talking / about her husband, / and about her relations up the
시작했다 남편에 대해, 또 강 위쪽에 사는 친척들과,

river, / and her relations down the river, / and about how
강 아래에 사는 친척들에 대해, 그리고 자신들이 얼마나

much better off / they used to was, / and how they didn't
부자였고 예전에는, 얼마나 알지 못한 채

know / but they'd made a mistake / coming to our town, /
실수를 저질렀는지에 대해 우리 마을에 오게 된,

instead of letting well alone / — and so on and so on, / till I
그대로 잘 살아가는 대신 — 그 외 기타 등등에 대해서, 그러자

was afeard / I had made a mistake / coming to her / to find
나는 두려워졌다 실수를 저지른 게 아닌가 하고 그녀에게 온 것이 알아내려고

out / what was going on / in the town; / but by and by / she
무슨 일이 벌어지는지 마을에서; 하지만 마침내

dropped on to pap and the murder, / and then I was pretty
아빠와 살인 사건 이야기에 이르렀고, 그래서 마지못해 내버려 두었다

willing to / let her clatter right along. She told about me and
계속 떠들도록. 그녀는 나와 톰 소여에 대해 이야기

Tom Sawyer / finding the six thousand dollars / (only she
했다 6,000달러를 발견한 (단 만 달러로 알고

got it ten) / and all about pap / and what a hard lot he was,
있었지만) 그리고 아빠에 대한 모든 것을 아빠가 얼마나 힘든 운명이었는지,

/ and what a hard lot I was, / and at last / she got down to
또 내가 얼마나 힘든 운명인지에 대해, 그리고 마침내 내가 살해된 이야기까지

where I was murdered. I says:
이르렀다. 내가 말했다:

"Who done it? We've heard considerable / about these
"누가 그런 거예요? 꽤 많이 들었는데 그 사건에 대해

goings on / down in Hookerville, / but we don't know / who
저 아래 후커빌에서도, 우린 모르거든요

'twas that killed Huck Finn."
누가 헉 핀을 죽였는지."

"Well, I reckon / there's a right smart chance of people /
"글쎄, 내 생각에는 꽤 많은 사람들이 있지

HERE / that'd like to know / who killed him. Some think /
이곳에도 알고 싶어 하는 누가 그 애를 죽였는지. 몇몇은 생각하지

old Finn done it / himself."
헉 핀의 아빠가 죽인 거라고 직접."

"No — is that so?"
"설마요 — 그게 정말인가요?"

"Most everybody thought it / at first. He'll never know / how
"대부분이 그렇게 생각했어 처음에는. 그는 절대 모를 걸

nigh he come to getting lynched. But before night / they
자신이 사형을 당할 뻔 했었다는 걸. 하지만 밤이 되기 전

changed around / and judged / it was done by a runaway
사람들은 생각을 바꿔서 판단을 내렸지 도망친 검둥이가 한 짓이라고

nigger / named Jim."
짐이라는."

"Why HE —"
"왜 그가 —"

I stopped. I reckoned / I better keep still. She run on, / and
난 말을 멈췄다. 생각이 들었다 가만히 있는 게 낫겠다고. 그녀는 계속 했고,

never noticed / I had put in at all:
절대 눈치채지 못했다 내가 끼어들었다는 걸:

"The nigger run off / the very night / Huck Finn was killed.
"그 검둥이는 도망쳤어 바로 그 날 밤에 헉 핀이 죽은.

So there's a reward out / for him / — three hundred dollars.
그래서 현상금이 붙었지 그에게는 — 300달러래.

---

relation 친척 | be better off 부유한, 잘사는 | afeared (=afraid) | lot 운명, 운 | smart chance 많은 양을 뜻하는
말 | lynch 사형시키다 | reward 현상금, 보상금

And there's a reward out / for old Finn, too / — two
그리고 현상금이 있지 핀 영감한테도

hundred dollars. You see, / he come to town / the
— 200달러. 알다시피, 그는 이 마을에 와서

morning after the murder, / and told about it, / and was
살인이 일어난 다음 날 아침에, 그 사건에 대해 말했고, 사람들과 찾으러

out with 'em / on the ferryboat hunt, / and right away
나갔지 나룻배를 타고, 그리고는 곧바로 사라졌어.

after he up and left. Before night / they wanted to lynch
밤이 되기 전에 사람들이 그를 사형시키려 했는데,

him, / but he was gone, / you see. Well, next day / they
사라진 거야, 알다시피. 그런데, 다음 날

found out / the nigger was gone; / they found out / he
발견했어 검둥이가 사라진 걸; 알게 되었지 그놈이

hadn't ben seen / sence ten o'clock the night / the murder
보이지 않았다는 걸 그날 밤 10시 이후에 살인 사건이 있었던.

was done. So then / they put it on him, / you see; / and
그래서 사람들은 그놈에게 덮어씌웠어, 알다시피; 그리고는

while they was full of it, / next day, / back comes old
사람들이 그 생각으로 차 있을 때, 그 다음 날, 핀 영감이 돌아와서,

Finn, / and went boo-hooing to Judge Thatcher / to get
울면서 대처 판사에게 가더니 돈을 내라고

money / to hunt for the nigger / all over Illinois with. The
한 거야 검둥이를 찾겠다면서 일리노이 주를 모두 뒤져서라도.

judge gave him some, / and that evening / he got drunk,
판사가 그에게 돈을 약간 주었고, 그러자 그 날 밤 그는 취해서,

/ and was around / till after midnight / with a couple of
돌아다녔고 자정이 넘어서까지

mighty hard-looking strangers, / and then went off with
험상궂게 생긴 낯선 사람 두 명과, 그리고는 그들과 떠나 버렸어.

them. Well, he hain't come back sence, / and they ain't
그 이후로 돌아오지 않았지 그리고 사람들은 돌아올

looking for him back / till this thing blows / over a little,
거라고 기대하지도 않아 이 사건이 가라앉을 때까지 어느 정도,

---

sence =since | boo-hooing 흑흑(울음 소리를 글로 나타낸 것) | walk in 쉽게 구하다

/ for people thinks now / that he killed his boy / and fixed
왜냐하면 사람들은 생각하니까    그가 아들을 죽이고    일을 꾸몄다고

things / so folks would think / robbers done it, / and then
그렇게 해서 사람들이 생각하도록    강도가 그 짓을 저질렀다고,

he'd get Huck's money / without having to bother / a long
그러면 그는 헉의 돈을 갖게 되지    귀찮을 일도 없이    오랫동안

time / with a lawsuit. People do say / he warn't any too good
소송으로.    사람들은 말하지    그러면 충분히 그런 일을 하고도 남는

to do it. Oh, he's sly, / I reckon. If he don't come back / for
다고.    정말 교활하지,    그렇게 생각해. 돌아오지 않는다면

a year / he'll be all right. You can't prove anything on him,
1년 동안    그는 아마 괜찮을 거야.    사람들은 아무것도 증명할 수 없겠지,

/ you know; / everything will be quieted down / then, / and
알다시피;    모든 게 조용히 가라앉을테고    그때가 되면,

he'll walk in Huck's money / as easy as nothing."
그는 헉의 돈을 갖게 될 거야    아주 쉽게."

"Yes, I reckon so, 'm. I don't see nothing / in the way of it.
"네, 저도 그렇게 생각해요.    아무것도 없으니까요    방해가 되는 것은.

Has everybody quit / thinking the nigger done it?"
모두 그만뒀겠죠    검둥이가 그랬다고 생각하는 건?"

"Oh, no, / not everybody. A good many thinks / he done it.
"오, 아니야,    모두는 아니지.    꽤 많은 사람들은 생각해    그놈이 한 짓이라고.

But they'll get the nigger / pretty soon now, / and maybe /
하지만 사람들은 검둥이를 잡게 될 거야    이제 곧,    그리고 아마도

they can scare it / out of him."
겁을 줘서    실토하게 하겠지."

### 접속사 for의 해석

for가 접속사로서 점을 동반할 경우 '왜냐하면 (그 이유는) ~이니까'의 의미로 해석합니다. 접속사 for는 쉼표 뒤에 위치하는데, 회화체에서는 거의 쓰이지 않고 문학작품에 주로 등장합니다.

ex) They ain't looking for him back till this thing blows over a little, for people thinks now that he killed his boy.
사람들은 이 사건이 약간 가라앉을 때까지 그가 돌아올 거라고 기대하지도 않아. 왜냐하면 그가 자기 아들을 죽였다고 생각하니까.

"Why, / are they after him yet?"
"왜, 아직도 그를 쫓나요?"

"Well, you're innocent, / ain't you! Does three hundred
"아이고, 참 순진하구나, 정말로! 300달러라는 돈이 널려 있어

dollars lay around / every day / for people to pick up? Some
매일 사람들이 주워 가도록? 어떤 사

folks think / the nigger ain't far from here. I'm one of them
람들은 생각해 검둥이가 멀리 가지 않았다고. 나도 그 중 하나이지만

/ — but I hain't talked it around. A few days ago / I was
— 주위에 말하지는 않았어. 며칠 전에

talking with an old couple / that lives next door / in the log
노부부와 이야기를 나눴는데 이웃집에 사는 통나무 판잣집에,

shanty, / and they happened to say / hardly anybody ever
우연히 말을 꺼내더라고 거의 아무도 가 본 적 없는 섬이

goes to that island / over yonder / that they call Jackson's
저쪽에 있다고 잭슨 섬이라 불리우는.

Island. Don't anybody live there? / says I. No, nobody, /
그곳엔 아무도 살지 않아요? 내가 물었지. 그래요, 아무도,

says they. I didn't say any more, / but I done some thinking.
그들이 대답했어. 더 이상 말하지 않았지만, 생각했지.

I was pretty near certain / I'd seen smoke / over there, /
거의 틀림없이 연기를 보았거든 그곳에서,

about the head of the island, / a day or two before that, /
섬의 앞쪽에서, 1~2일 전에,

so I says to myself, / like as not that nigger's hiding / over
그래서 생각했지, 검둥이가 숨어 있을 것 같다고 바로

there; / anyway, / says I, / it's worth the trouble / to give the
그곳에; 아무튼, 난 말했지, 수고할 가치는 있다고 그곳을 샅샅이

place a hunt. I hain't seen any smoke sence, / so I reckon /
뒤져보는. 그 후로는 연기를 보지 못했지만, 그래서 생각했지

maybe he's gone, / if it was him; / but husband's going over
아마도 떠난 것 같다고, 그게 그놈이었다면; 하지만 남편이 보러 갈 거야

to see / — him and another man. He was gone up the river;
— 다른 남자랑. 남편은 강 상류로 갔었는데;

shanty 판잣집 | let on ~인 척하다

/ but he got back to-day, / and I told him / as soon as he
오늘 돌아왔고,        내가 말했지        남편이 도착하자 마자

got here / two hours ago."
두 시간 전에."

I had got so uneasy / I couldn't set still. I had to do
나는 너무 불안해서        가만히 앉아 있을 수 없었다.   뭔가를 해야 할 정도였다

something / with my hands; / so I took up a needle off / of
손으로;        그래서 바늘을 집어서

the table / and went to threading it. My hands shook, / and
탁자에서    실을 꿰기 시작했다.        손이 떨려서,

I was making a bad job of it. When the woman stopped
잘 되지 않았다.        그녀가 말을 멈추자

talking / I looked up, / and she was looking at me / pretty
올려다 보았는데,        나를 쳐다보고 있었다        매우 호기심

curious / and smiling a little. I put down the needle and
에 차서        그리고 살짝 웃었다. 나는 바늘과 실을 내려놓고,

thread, / and let on to be interested / — and I was, / too —
흥미 있는 척 했다        — 정말 흥미진진했다,   역시 —

/ and says:
입을 열었다:

"Three hundred dollars is a power of money. I wish my
"300달러면 정말 큰 돈이네요.        우리 엄마가 그 돈을

mother could get it. Is your husband going over there /
가지면 좋을 텐데.        아저씨는 거기에 가실 건가요

to-night?"
오늘 밤에?"

"Oh, yes. He went up-town / with the man / I was telling
"오, 그래.   그는 윗동네로 갔어        그 남자와 함께        네게 말한,

you of, / to get a boat / and see / if they could borrow
배를 가지러        그리고 알아보려고   총을 한 자루 더 빌릴 수 있는지.

another gun. They'll go over / after midnight."
그들은 건너 갈 거야        자정이 지나면."

"Couldn't they see better / if they was to wait / till
"더 잘 보이지 않을까요        기다리면

daytime?"
날이 밝을 때까지?"

173

"Yes. And couldn't the nigger see better, too? After
"그렇지. 하지만 검둥이도 잘 볼 수 있지 않겠니?                자정이 지나면

midnight / he'll likely be asleep, / and they can slip
그놈도 잠이 들 것이고,        그러면 몰래 돌아다니며

around / through the woods / and hunt up his camp fire /
숲 속을 뒤지고        그 모닥불을 찾아 낼 수 있을 거야

all the better / for the dark, / if he's got one."
더 잘        어둠 속에서는,        모닥불을 피워 놓는다면."

"I didn't think of that."
"그 점은 생각하지 못했네요."

The woman kept looking at me / pretty curious, / and I
그 여자는 계속 나를 지켜봤다        호기심 어린 눈길로,

didn't feel a bit comfortable. Pretty soon she says
그래서 조금도 마음이 편치 않았다.        곧 그녀가 말했다:

"What did you say your name was, / honey?"
"네 이름이 뭐라고 했더라,        얘야?"

"M — Mary Williams."
"메 — 메리 윌리엄스요."

Somehow / it didn't seem to me that I said / it was Mary
아무래도        말한 것 같지 않았다        메리라고

/ before, / so I didn't look up / — seemed to me I said it
전에,        그래서 올려다 볼 수 없었다        — 새라라고 말했던 것 같았다;

was Sarah; / so I felt sort of cornered, / and was afeared
그래서 어쩐지 궁지에 몰린 기분이었고,        두려웠다

/ maybe I was looking it, too. I wished / the woman
내가 그렇게 보이는 게 아닐까 하고.        난 바랐다

would say something more; / the longer she set still / the
그녀가 뭔가 더 떠들어 주었으면 하고;        가만히 있을수록

uneasier I was. But now she says:
더 불안해졌기 때문에.        그때 그녀가 말을 꺼냈다:

"Honey, / I thought / you said it was Sarah / when you
"얘야,        내 생각에        네가 새라라고 말한 것 같은데

first come in?"
처음 들어왔을 때?"

cornered 구석에 몰린, 진퇴양난의 | wrench 삐다 | bang 쾅 하고 치다

"Oh, yes'm, / I did. Sarah Mary Williams. Sarah's my first
"오, 맞아요,     그랬어요. 새라 메리 윌리엄스예요.     새라라는 제 이름이에요.

name. Some calls me Sarah, / some calls me Mary."
새라라고 불리우기도 하고,     메리라고 불리우기도 하죠."

"Oh, that's the way of it?"
"오, 그게 그런 식이구나?"

"Yes'm."
"네, 아주머니."

I was feeling better / then, / but I wished / I was out of there,
기분이 좀 나아졌고     그러자,   원했다     그곳을 벗어나기를,

/ anyway. I couldn't look up yet.
어떻게든.   아직도 고개를 들 수 없었다.

Well, the woman fell to talking / about how hard times was,
그런데, 그 여자가 말하기 시작했다     지금 얼마나 힘든 시기인지,

/ and how poor they had to live, / and how the rats was as
그들이 얼마나 가난하게 사는지,     쥐들은 얼마나 자유로운지

free / as if they owned the place, / and so forth and so on,
마치 그곳 주인인 것처럼,     그 외 여러 가지에 대해서,

/ and then / I got easy again. She was right / about the rats.
그러자     난 다시 편안해졌다.     그녀가 옳았다   쥐에 대한 이야기는.

You'd see / one stick his nose / out of a hole / in the corner
볼 수 있으니까   쥐가 코를 내미는 것을   구멍 밖으로   방 구석에서

/ every little while. She said / she had to have things handy
매 순간.     그녀가 말했다   물건을 가까이에 두어야 한다고

/ to throw at them / when she was alone, / or they wouldn't
쥐들에게 던질 수 있게   혼자 있을 때,     그렇지 않으면 쥐 때문에

give her no peace. She showed me / a bar of lead / twisted up
피곤해지니까.     내게 보여 주었다 ·   납 한 자루를   뒤틀어서 매듭처

into a knot, / and said / she was a good shot with it / generly,
럼 만든,     그리고 말했다   그걸 던진다고     대개는,

/ but she'd wrenched her arm / a day or two ago, / and didn't
그런데 팔을 삐어서     1~2일 전에,

know / whether she could throw true now. But she watched
모르겠다고   지금도 잘 던질 수 있을지.     하지만 그녀가 기회를 엿보다가,

for a chance, / and directly banged away / at a rat; / but she
곧바로 던졌는데     쥐에게;

missed him wide, / and said "Ouch!" / it hurt her arm so.
크게 빗나고 말았고,     "아야!"라고 소리쳤다   팔이 너무 아파서.     175

Then she told me / to try for the next one. I wanted to be
그러자 내게 말했다          다음 놈에게 시도해 보라고.

getting away / before the old man got back, / but of course
나는 도망치고 싶었지만  남편이 돌아오기 전에,          물론

/ I didn't let on. I got the thing, / and the first rat / that
그런 내색을 할 수 없었다. 그 삽을 집어서,          첫 번째 쥐에게

showed his nose / I let drive, / and if he'd a stayed / where
코를 내밀었던          던졌는데,          만약 그놈이 그대로 있었더라면

he was / he'd a been a tolerable sick rat. She said / that was
있던 곳에          심하게 다쳤을 것이다.          그녀는 말하면서

first-rate, / and she reckoned / I would hive / the next one.
잘했다고,          그리고는 생각한다고 했다   벌집을 쑤셔놓을 거라고   다음 번에는.

She went / and got the lump of lead / and fetched it back,
그녀는 가서          납덩이를 가지러          다시 가져왔고,

/ and brought along a hank of yarn / which she wanted me
털실 한 뭉치를 가져오더니          내게 도와 달라고 했다.

to help her with. I held up my two hands / and she put the
내가 두 손을 들자          그 위에 털실 뭉치를 올려

hank over them, / and went on talking / about her and her
놓고,          계속 말했다          자신과 남편의 일에 대해.

husband's matters. But she broke off to say:
자신과 남편의 일에 대해.          하지만 갑자기 말을 끊었다:

"Keep your eye on the rats. You better have the lead / in
"쥐들에게서 눈을 떼면 안 돼.                      납을 갖고 있는 게 나을 거야

your lap, / handy."
무릎에,        가까이."

So she dropped the lump / into my lap / just at that
그리고는 그 납덩이를 떨어뜨렸고        내 무릎으로       바로 그 순간,

moment, / and I clapped my legs together on it / and she
                    나는 무릎을 붙여 그걸 받았으며

went on talking. But only about a minute. Then she took
그녀는 이야기를 계속했다.  그러나 그것도 잠깐이었다.           그녀는 실타래를 벗기더니

off the hank / and looked me straight in the face, / and
                    내 얼굴을 똑바로 쳐다보고,

very pleasant, / and says:
매우 즐거운 표정으로,    말했다:

"Come, now, / what's your real name?"
"자, 이제,        네 진짜 이름은 뭐니?"

"Wh — what, mum?"
"뭐 — 뭐라고요, 아주머니?"

"What's your real name? Is it Bill, or Tom, or Bob? / — or
"진짜 이름이 뭐냐고?        빌, 톰, 아니면 밥?

what is it?"
아니면 뭐지?"

I reckon / I shook like a leaf, / and I didn't know hardly /
내 생각에       나뭇잎처럼 떨고 있는 것 같았고,  도대체 알 수 없었다

what to do. But I says:
뭘 해야 할지.     하지만 말했다:

"Please to don't poke fun at / a poor girl like me, / mum. If
"놀리지 마세요               저같은 불쌍한 소녀를,       아주머니.

I'm in the way here, / I'll —"
여기 있는 게 방해가 된다면,     저는 이만 —"

"No, / you won't. Set down / and stay where you are. I ain't
"안 돼,    나갈 수 없어.    앉아서        그 자리에 있으렴.

going to hurt you, / and I ain't going to tell on you, nuther.
널 헤치지도 않고,            너에 대해 말하지도 않을 거야.

---

hive 벌집, 북새통을 이루는 곳 | lump 덩어리 | a hank of yarn 실타래 | poke fun at ~을 조롱하다, 놀리다 | in
the way 방해가 되는

You just tell me your secret, / and trust me. I'll keep it; /
네 비밀을 말해 주기만 하면 돼,                날 믿으렴.              비밀을 지킬 테니,

and, / what's more, / I'll help you. So'll my old man / if
그리고,    또,              널 도와줄 테니.      남편도 그렇게 할 거야

you want him to. You see, / you're a runaway 'prentice,
네가 원한다면.        옳거니,       도망친 견습생이구나,

/ that's all. It ain't anything. There ain't no harm in it.
   그럴 거야.       그건 아무것도 아니야.       아무 잘못도 없단다.

You've been treated bad, / and you made up your mind to
심한 학대를 받아서,                  도망치기로 결심한 거겠지.

cut. Bless you, / child, / I wouldn't tell on you. Tell me all
불쌍하기도 해라,     아가야,     너에 대해 말하지 않을 거야.      나한테 모든 걸

about it / now, / that's a good boy."
말해라      이제,        그래야 착한 아이지."

So I said / it wouldn't be no use / to try to play it / any
그래서 난 말했다 소용없을 테니까            속이려 해도

longer, / and I would just make a clean breast / and tell
더 이상은,     그래서 마음을 비우고                  모든 걸 말할 테니,

her everything, / but she musn't go back on her promise.
                하지만 약속을 어기면 안 된다고 했다.

Then I told her / my father and mother was dead, / and
그리고 말했다     엄마와 아빠가 죽었는데,

the law had bound me out / to a mean old farmer / in the
법률의 명령으로 속하게 되었다고     어느 야비한 늙은 농부에게

country / thirty mile back from the river, / and he treated
시골에 사는     강에서 30마일 떨어진,     그런데 그가 너무 학대해서

me so bad / I couldn't stand it / no longer; / he went away to
견딜 수 없었다고     더 이상;     그래서 그가 멀리 떠나

be gone / a couple of days, / and so I took my chance / and
있을 때     이틀 동안,     기회를 잡아

stole some of his daughter's old clothes / and cleared out,
딸의 옷을 훔친 후     도망쳤다고,

/ and I had been three nights / coming the thirty miles. I
그리고 사흘 밤 동안     30마일을 왔다고.

traveled nights, / and hid daytimes and slept, / and the bag
나는 밤에는 걷고,     낮에는 자면서,

of bread and meat / I carried from home / lasted me / all
빵과 고기가 든 가방으로     집에서 가져온     버텼다고

the way, / and I had a-plenty. I said / I believed / my uncle
오는 내내,     그리고 많이 남아 있다고 했다. 난 말했다     믿는다고

Abner Moore would take care of me, / and so that was why
삼촌인 앱너 무어가 보살펴 줄 거라고,     그래서 향하게 되었다고

I struck out / for this town of Goshen.
이 고센이란 마을에.

"Goshen, / child? This ain't Goshen. This is St. Petersburg.
"고센이라고,     얘야? 여기는 고센이 아니야.     여기는 피터스버그야.

Goshen's ten mile further / up the river. Who told you this
고센은 10마일 더 떨어진 곳에 있어     강 위쪽으로.     누가 여기를 고센이라고 했니?"

was Goshen?"

"Why, / a man I met / at daybreak / this morning, / just as
"저런,     제가 만난 남자가요     동틀 무렵     오늘 아침,

I was going to turn into the woods / for my regular sleep.
숲 속으로 들어가려 할 때     하던 대로 잠을 자려고.

**runaway** 달아난, 가출한 | **'prentice** 견습생, 도제(=apprentice) | **bind** 의무를 지우다, 구속하다

He told me / when the roads forked / I must take the right
그가 말했어요    길이 두 갈래로 갈라지면    오른쪽으로 가야 한다고,

hand, / and five mile would fetch me to Goshen."
5마일이면 고센에 도착할 거라고."

"He was drunk, / I reckon. He told you just exactly
"그는 술에 취했어,    내 생각엔.    완전히 틀리게 말했구나."

wrong."

"well, he did act / like he was drunk, / but it ain't no
"음, 행동한 것 같아요    술 취한 것처럼,    하지만 그건 중요하지 않아요

matter / now. I got to be moving along. I'll fetch Goshen /
이제.    계속 가야 겠어요.    고센에 도착하겠죠

before daylight."
동트기 전에는."

"Hold on a minute. I'll put you up a snack to eat. You
"잠시만 기다리렴.    먹을 걸 싸 줄게.

might want it."
필요할지 모르니까."

So she put me up a snack, / and says:
그래서 그녀는 간식을 싸 주었고,    말했다:

"Say, / when a cow's laying down, / which end of her gets
"말해 보렴, 소가 누워 있을 때,    어느 쪽부터 일어나지?

up first? Answer up prompt now / — don't stop to study
자 빨리 대답하렴    — 곰곰이 생각하지 말고.

over it. Which end gets up first?"
어느 쪽부터 일어나지?"

"The hind end, / mum."
"뒤쪽이요,    아주머니."

"Well, then, / a horse?"
"자, 그럼,    말은?"

"The for'rard end, / mum."
"앞쪽이요,    아주머니."

"Which side of a tree / does the moss grow on?"
"나무의 어느 쪽에서    이끼가 자라지?"

hocus 속이다

"North side."
"북쪽이요."

"If fifteen cows is browsing / on a hillside, / how many of
"소 15마리가 돌아다니고 있다면          언덕에서,          몇 마리가 풀을 뜯고

them eats / with their heads pointed the same direction?"
있을까          같은 방향으로 머리를 향하면서?

"The whole fifteen, / mum."
"15마리 전부요,          아주머니."

"Well, I reckon / you HAVE lived in the country. I thought
"음, 내 생각엔          넌 정말로 시골에서 산 것 같구나.          생각했거든

/ maybe you was trying to hocus me again. What's your
날 또 속이려는 게 아닐까 하고.          네 진짜 이름은 뭐니,

real name, / now?"
          이제?"

"George Peters, / mum."
"조지 피터스요,          아주머니."

## Key Expression ♥

### '타동사+부사'의 동사구에서 목적어의 위치

타동사+부사가 짝을 이루는 동사구에서 목적어가 명사일 경우 부사의 앞이나 뒤에 나올 수 있습니다. 하지만 목적어가 대명사일 경우에는 부사 뒤로 보낼 수 없고 동사와 부사 사이에 위치해야 합니다.

▶ 동사 + 명사 목적어      + 부사
▶ 동사 + 부사          + 명사 목적어
▶ 동사 + 대명사 목적어    + 부사
▶ 동사 + 부사          + 대명사 목적어(x)

ex) I'll put you up a snack to eat.
내가 너한테 먹을 걸 싸 줄게.
I put down the needle and thread.
나는 바늘과 실을 내려 놓았다.

"Well, try to remember it, / George. Don't forget and tell
"그럼, 그 이름을 기억하렴, 조지. 잊어버리고 말하면 안 돼

me / it's Elexander / before you go, / and then get out / by
엘렉산더라고 나가기 전에, 그리고 나서 나가면 안 돼

saying it's George Elexander / when I catch you. And don't
조지 엘렉산더라고 하면서 내가 널 잡았을 때. 그리고 여자들

go about women / in that old calico. You do a girl tolerable
옆을 지나지 마라 그런 낡은 옥양목을 입은 채. 네가 하는 여자 흉내는 서툴러,

poor, / but you might fool men, / maybe. Bless you, /
남자를 속일 수는 있겠지, 아마도. 불쌍해라,

child, / when you set out to thread a needle / don't hold
애야, 바늘에 실을 꿰려 할 때

the thread still / and fetch the needle up to it; / hold the
실을 가만히 잡고서 바늘을 실에 대지 마라;

needle still / and poke the thread at it; / that's the way / a
바늘을 가만히 잡고 실을 거기에 쏙 밀어 넣는 거야; 그게 방식이야

woman most always does, / but a man always does t'other
여자가 항상 하는, 하지만 남자는 항상 그 반대로 하지.

way. And when you throw at a rat or anything, / hitch
그리고 쥐나 그런 것들한테 뭘 던질 때는,

yourself up a tiptoe / and fetch your hand up / over your
발끝으로 서서 손을 드는 거야 머리 위로

head / as awkward as you can, / and miss your rat / about
가능한 한 어색하게, 그리고 빗나가게 하는 거야

six or seven foot. Throw stiff-armed from the shoulder, /
6~7피트 쯤 떨어진 곳에. 어깨로부터 팔을 뻣뻣하게 뻗어서 던져,

like there was a pivot there / for it to turn on, / like a girl;
마치 어깨에 중심축이라도 있는 것처럼 팔이 회전할 때, 여자애처럼;

/ not from the wrist and elbow, / with your arm out to one
손목과 팔꿈치로 하는 게 아니라, 팔을 한쪽으로 뻗어서,

side, / like a boy. And, mind you, / when a girl tries to
남자애처럼. 그리고, 기억하렴, 여자는 뭔가를 받을 때

catch anything / in her lap / she throws her knees apart; /
무릎으로, 무릎을 벌린단다;

poke 쑥 내밀다 | hitch 걸다, (말뚝에) 매다, 끌어당기다 | stiff-arm 밀어내다 | pivot 회전축 | spot 찾다, 알아채다,
장소 | contrive 고안하다, 생각해 내다 | trot 빨리 걷다 | tramp (특히 오랫동안) 터벅터벅 걷다

she don't clap them together, / the way you did / when you
무릎을 붙이는 게 아니라,                 네가 한 것처럼

catched the lump of lead. Why, I spotted you for a boy /
납덩이를 받을 때.              네가 남자애란 걸 알아챘지

when you was threading the needle; / and I contrived the
바늘에 실을 꿰는 걸 보고;              그리고 다른 방법도 생각해냈지

other things / just to make certain. Now trot along to your
단지 확인하려고.              이제 삼촌댁으로 가거라,

uncle, / Sarah Mary Williams George Elexander Peters, /
새라 메리 윌리엄스 조지 엘렉산더 피터스,

and if you get into trouble / you send word to Mrs. Judith
곤경에 처하게 되면              주디스 로프터스 부인에게 말을 전해라,

Loftus, / which is me, / and I'll do what I can / to get you
그건 나야,              그러면 내가 할 수 있는 일을 해 줄게   널 구하기 위해.

out of it. Keep the river road / all the way, / and next time
강둑 길을 따라 가거라              쭉,              그리고 다음 번에 걸어갈

you tramp / take shoes and socks with you. The river
때는              신발과 양말을 신으렴.

road's a rocky one, / and your feet'll be in a condition /
강둑 길은 돌이 많아서,       다리가 아플 거야

when you get to Goshen, / I reckon."
고센에 도착할 때가 되면,              내 생각에."

I went up the bank / about fifty yards, / and then I doubled
강둑을 따라 올라간 후        50야드쯤,              그리고 나서 오던 길을 되돌아와서

on my tracks / and slipped back / to where my canoe was,
뒤로 빠져 나왔다        카누가 있는 곳으로,

/ a good piece below the house. I jumped in, / and was off
집에서 한참 아래 쪽에.        카누에 뛰어올라,        급하게 떠났다.

in a hurry. I went up-stream far / enough to make the head
상류로 꽤 멀리 가서        섬의 머리 쪽에 닿을 정도로,

of the island, / and then started across. I took off the sun-
그리고 나서 강을 가로 질렀다.        나는 모자를 벗었다,

bonnet, / for I didn't want no blinders on / then. When I
더 이상 변장할 필요가 없었으니까        이제는.

was about the middle / I heard the clock begin to strike, / so
강 한가운데쯤 갔을 때        시계가 울리는 소리를 들었다,

I stops and listens; / the sound come faint / over the water /
그래서 멈추고 귀를 기울였다,        그 소리는 희미하게 들려왔지만        강 건너에서

but clear / — eleven. When I struck the head of the island /
분명했다        — 11시였다.        섬 머리 쪽에 도착하자

I never waited to blow, / though I was most winded, / but I
숨 돌릴 틈도 없었다,        숨이 너무 찼지만,

shoved right / into the timber / where my old camp used to
곧장 들어가서        숲 속으로        예전 모닥불이 있던 곳까지,

be, / and started a good fire / there / on a high and dry spot.
큰 불을 지피기 시작했다        그곳에        높고 마른 지점에.

Then / I jumped in the canoe / and dug out / for our place,
그리고 나서 카누에 올라탄 후        노를 저어갔다        우리의 장소를 향해,

/ a mile and a half below, / as hard as I could go. I landed, /
아래쪽으로 1마일 반을,        할 수 있는 한 열심히.        상륙한 후,

and slopped through the timber / and up the ridge / and into
숲을 뚫고 들어가서        산등성이로 올라가

the cavern. There Jim laid, / sound asleep / on the ground. I
동굴에 들어갔다.        짐은 그곳에서 누워서,        곤히 자고 있었다        바닥에서.

roused him out / and says:
그를 깨워서        말했다:

"Git up and hump yourself, / Jim! There ain't a minute to
"일어나 서둘러,                    짐!   지체할 시간이 없어.

lose. They're after us!"
         사람들이 우리를 쫓아오고 있어!"

Jim never asked no questions, / he never said a word; / but
짐은 아무 질문도 하지 않고,              한 마디도 하지 않았다;

the way he worked / for the next half an hour / showed
하지만 그가 한 행동이 방식은    그 이후 30분 동안               보여 주었다

about / how he was scared. By that time / everything we
      얼마나 겁을 먹었는.        그때까지        우리가 갖고 있던 모든 것은

had in the world / was on our raft, / and she was ready to be
              뗏목 위에 실렸고,       뗏목은 떠날 준비가 되었다

shoved out / from the willow cove / where she was hid. We
버드나무가 우거진 작은 만에서         뗏목이 숨겨져 있던.

put out the camp fire / at the cavern / the first thing, / and
우린 모닥불을 껐고          동굴에서         우선,

didn't show a candle outside / after that.
촛불도 새어나가지 않도록 했다          그 후에.

I took the canoe out / from the shore a little piece, / and
나는 카누를 끌어내서       해변에서 조금 멀리 떨어진 곳으로,

took a look; / but if there was a boat around / I couldn't see
보았다;        하지만 주변에 배가 있다 해도              알 수 없었다,

it, / for stars and shadows / ain't good to see by. Then we
     별과 그림자로는             잘 보이지 않았기 때문에.    그리고 나서 우리는

got out the raft / and slipped along down / in the shade, /
뗏목을 꺼내      미끄러져 내려갔다              그늘 속에서,

past the foot of the island / dead still / — never saying a
섬의 아래쪽을 지나            죽은 듯이 조용히   — 말 한 마디도 하지 않고서.

word.

---

double back (오던 길로) 되돌아가다 | blinder 눈가리개, 눈속임 | faint 희미한 | winded 숨이 찬 | rouse 깨우다
| hump 툭 솟아 오른 곳, 서두르다 | cove 만, 후미진 곳

185

A. 다음 문장을 해석해 보세요.

(1) She said / she wouldn't let me go / by myself, / but her husband would be in / by and by, / maybe in a hour and a half, / and she'd send him / along with me.
→

(2) People thinks now / that he killed his boy / and fixed things / so folks would think / robbers done it, / and then he'd get Huck's money / without having to bother / a long time / with a lawsuit.
→

(3) The woman fell to talking / about how hard times was, / and how poor they had to live, / and how the rats was as free / as if they owned the place, / and so forth and so on.
→

(4) When you set out / to thread a needle / don't hold the thread still / and fetch the needle up to it; / hold the needle still / and poke the thread at it.
→

B. 다음 주어진 문구가 알맞은 문장이 되도록 순서를 맞춰보세요.

(1) 그 검둥이는 도망쳤지 바로 헉 핀이 죽은 그 날 밤에 그 날 밤에.
(was / night / Huck Finn / the very / killed)
The nigger run off [                    ]
[          ].

(2) 그는 헉의 돈을 아주 쉽게 갖게 될 거야.
(walk in / as / He'll / as / Huck's money / easy / noothing)
→

(3) 그곳을 샅샅이 뒤져보는 수고를 할 가치는 있어.
(the trouble / worth / the place / a hunt / It's)
→

(4) 그 자리에 앉아 있어라.
(and / where / you are / Set down / stay)
→


C. 다음 주어진 문장이 본문의 내용과 맞으면 T, 틀리면 F에 동그라미 하세요.

(1) Huck disguised himself as a girl.
( T / F )

(2) The lady tested Huck if he was lying.
( T / F )

(3) As a result, Huck's lies were exposed.
( T / F )

(4) Theres a reward for Huck.
( T / F )


D. 의미가 서로 비슷한 것끼리 연결해 보세요.

(1) relations      ▶          ◀ ① plod

(2) contrive       ▶          ◀ ② relatives

(3) tramp          ▶          ◀ ③ panting

(4) winded         ▶          ◀ ④ devise

시기인지, 얼마나 가난하게 살아야 하는지, 쥐들은 집의 주인인 것처럼 얼마나 자유로운지, 그리고 그 외 여러가지에 대해 말하지 시작했다. (4) 바늘에 실을 꿰려 할 때 실을 가만히 잡고서 바늘을 실에 대지 말거라, 바늘을 가만히 잡고 실을 거기에 쑥 밀어넣는 거야. | B. (1) the very night Huck Finn was killed (2) He'll walk in Huck's money as easy as nothing. (3) It's worth the trouble to give the place a hunt. (4) Set down and stay where you are. | C. (1) T (2) T (3) T (4) F | D. (1) ② (2) ④ (3) ① (4) ③

## 12

It must a been close on to one o'clock / when we got below
1시가 다 된 것이 틀림없었다                                우리가 섬 아래에 도착했을 때

the island / at last, / and the raft did seem to go / mighty
마침내,              그리고 뗏목은 아주 천천히 움직이는 듯 했다.

slow. If a boat was to come along / we was going to take
만약 배가 따라온다면                  우리는 카누로 바꿔 타서

to the canoe / and break for the Illinois shore; / and it was
일리노이 주 쪽 해변으로 도망갈 예정이었다;         천만다행이었다

well / a boat didn't come, / for we hadn't ever thought
배가 오지 않은 것은,           우리는 미처 생각하지 못했기에

/ to put the gun / in the canoe, / or a fishing-line, / or
총을 싣는 것을       카누에,              혹은 낚싯줄이나,

anything to eat. We was in ruther too much of a sweat / to
기타 먹을 것을.    우리가 너무 힘들어서

think of so many things. It warn't good judgment / to put
그렇게 많은 것을 생각할 수 없었다.     옳은 판단은 아니었다

EVERYTHING / on the raft.
모든 걸 실은 것은      뗏목에.

If the men went to the island / I just expect / they found the
만약 그들이 섬에 왔다면               내 예상에          모닥불을 발견하고

camp fire / I built, / and watched it / all night / for Jim to
내가 만든,        그리고 감시했을 것이다   밤새도록      짐이 돌아오기를.

come. Anyways, / they stayed away from us, / and if my
아무튼,             그들은 우리로부터 멀리 떨어져 있었고,

building the fire never fooled them / it warn't no fault of
내가 만든 모닥불이 그들을 속이지 못한다 해도,        내 잘못은 아니었다.

mine. I played it / as low down on them / as I could.
나는 심하게 대했다 가장 비열한 방법으로        내가 할 수 있는 한.

When the first streak of day began to show / we tied up to
동이 트기 시작하자                              우리는 어느 충적토

a towhead / in a big bend / on the Illinois side, / and hacked
섬에 배를 묶고    굽은 곳에 있는      일리노이 주 쪽에,

* 미루나무(북미산 포플러의 일종으로 씨앗을 덮는 하얀 털이 많은 데서 붙여진 이름)
play it low down on ~을 학대하다 | towhead 충적토, 모래톱 | bend (도로·강의) 굽은 곳 | hack off 큰 가지를
쳐내다 | sandbar (강 어귀의) 모래톱 | harrow-teeth 뾰족한 강철 이빨이 수직으로 달려 있는 쇄토기

off *cottonwood branches / with the hatchet, / and covered
미루나무 가지들을 쳐내어            손도끼로,

up the raft with them / so she looked / like there had been
그 가지들로 뗏목 위를 덮었다     그래서 배는 보였다     마치 그곳이 움푹 파인 것처럼

a cave-in / in the bank there. A towhead is a sandbar / that
강둑에서.              충적토는 모래톱을 말한다

has cottonwoods on it / as thick as harrow-teeth.
미루나무가 우거진     써레의 톱니처럼 빽빽하게.

We had mountains / on the Missouri shore / and heavy
산이 있었고     미주리 주 쪽 강변에는     우거진 숲이 있었다

timber / on the Illinois side, / and the channel was down
일리노이 주 쪽으로는,     그리고 수로는 흐르고 있었다

/ the Missouri shore / at that place, / so we warn't afraid
미주리 주 쪽 강변을     그곳에서,     그래서 두려워하지 않았다

of / anybody running across us. We laid there all day, /
누군가와 마주치는 것을.     우리는 종일 거기 누워서,

and watched / the rafts and steamboats / spin down the
지켜보았다     뗏목들과 증기선들이     미주리 주 강변을 따라

Missouri shore, / and up-bound steamboats / fight the
내려가는 것과,     상류로 향하는 증기선들이     큰 강과 싸우는 모습을

big river / in the middle. I told Jim / all about the time / I
한가운데서.     나는 짐에게 말했다     모든 시간에 대해

had jabbering with that woman; / and Jim said / she was
그 여자와 지껄였던;     그리고 짐은 말했다     그녀는 현명한

a smart one, / and if she was to start after us / herself /
사람이라고,     만약 그녀가 우리를 추적하기 시작했다면     직접

she wouldn't set down / and watch a camp fire / — no,
가만히 앉아서     모닥불을 지켜보진 않았을 거라고     — 하지만,

sir, / she'd fetch a dog. Well, then, I said, / why couldn't
분명히, 개를 데리고 왔을 거라고.     그래서, 나는 말했다,     왜 그녀는 남편한테 말하지

she tell her husband / to fetch a dog? Jim said / he bet she
않았을까     개를 데려가라고?     짐이 말했다     분명 그녀는 생각했

did think of it / by the time the men was ready to start, /
을 거라고     그 남자들이 떠날 채비를 할 때쯤에,

and he believed / they must a gone up-town / to get a dog
그리고 짐의 생각으로는     그들이 윗동네로 간 것이 틀림없고     개를 얻으러

/ and so they lost / all that time, / or else we wouldn't be
그래서 시간을 지체한 거라고 그만큼, 그렇지 않았다면 우리는 여기에 있지 않았을

here / on a towhead / sixteen or seventeen mile / below the
거라고 충적토 섬에 16~17마일이나 떨어진 마을 아래로

village / — no, indeedy, / we would be in that same old
— 아니, 정말이지, 우리는 그 옛날 마을에 있었을 거라고

town / again. So I said / I didn't care / what was the reason
또 다시. 그래서 나는 말했다 상관하지 않는다고 이유가 무엇이든

/ they didn't get us / as long as they didn't.
그들이 우리를 못 잡았고 그렇게 하지 못한 이상.

When it was beginning to come on dark / we poked our
어두워지기 시작하자 우리는 얼굴을 내밀고

heads / out of the cottonwood thicket, / and looked up
미루나무 덤불 밖으로, 위쪽과 아래쪽 그리고

and down and across; / nothing in sight; / so Jim took
강 건너편을 살폈다; 아무것도 보이지 않았다; 그래서 짐은 가져와서

up / some of the top planks of the raft / and built a snug
뗏목 위쪽의 널판지 몇 장을 아늑한 인디언 천막을 만들었다

wigwam / to get under / in blazing weather and rainy, / and
아래로 들어가려 찌는 듯이 무덥거나 비 오는 날에,

to keep the things dry. Jim made a floor / for the wigwam,
또 물건들을 젖지 않게 하려고. 짐은 마루를 만들었고 천막에,

/ and raised it a foot or more / above the level of the raft,
그 마루를 1피트 이상 높여서 뗏목의 높이보다도,

/ so now / the blankets and all the traps was / out of reach
그래서 이제는 담요나 다른 짐들이 증기선이 지나가며

of steamboat waves. Right in the middle of the wigwam
일으키는 물결을 피할 수 있었다. 천막 중앙에는

/ we made a layer of dirt / about five or six inches deep
진흙으로 층을 쌓고 5~6인치 높이로

/ with a frame around it / for to hold it to its place; / this
그 주위에 틀을 만들어서 지탱할 수 있도록 했다;

was to build a fire on / in sloppy weather or chilly; / the
이것은 불을 피우기 위한 것이었다 습하거나 추운 날씨에;

wigwam would keep it / from being seen. We made an
천막은 불을 가려 주었다 밖에서 보이지 않도록. 여분의 노도 만들었다,

extra steering-oar, too, / because one of the others might
다른 노들이 부서질 수 있기 때문에

get broke / on a snag or something. We fixed up a short
암초같은 것에 부딪쳐.                짧고 두 갈래로 갈라진 막대기도

forked stick / to hang the old lantern on, / because we must
만들었다       낡은 램프를 걸어 두기 위해,

always light the lantern / whenever we see a steamboat
왜냐하면 항상 램프를 밝혀야 했기에       증기선이 보일 때마다

/ coming down-stream, / to keep from getting run over;
하류 쪽으로 오는,          덮쳐오지 못하도록;

/ but we wouldn't have to light it / for up-stream boats /
하지만 불을 밝힐 필요는 없었다             상류로 향하는 배들을 위해

unless we see we was / in what they call a "crossing"; / for
우리가 있는 것이 보이지 않는 한    "교차점"이라 불리우는 곳에;

the river was pretty high yet, / very low banks being still a
왜냐하면 강은 아직 수위가 꽤 높아서,        낮은 강둑은 여전히 물 속에 약간 잠겨 있기

little under water; / so up-bound boats / didn't always run
때문에;              그래서 상류를 향하는 배들은    항상 수로로 가지는 않았고,

the channel, / but hunted easy water.
              완만한 물살을 찾아서 올라갔다.

thicket 덤불 | plank 널빤지, 판자 | snug 포근한 | wigwam (과거 아메리카 원주민의) 원형 천막 | blazing 타는
듯이 더운, 맹렬한 | sloppy 질척한, 축축한 | steering-oar 조타를 위한 노 | snag 암초, 뜻하지 않은 장애 | crossing
교차점

This second night / we run between seven and eight hours, /
둘째 날 밤에                       우리는 7~8시간 정도 항해했다,

with a current that was making / over four mile an hour. We
조류의 흐름을 타고                      시속 4마일이 넘는 속도로.

catched fish / and talked, / and we took a swim / now and
우리는 물고기를 잡으며 이야기를 나눴고,   수영을 했다        이따금

then / to keep off sleepiness. It was kind of solemn, / drifting
졸음을 피하려고.                   일종의 엄숙함이 흘렀다,

down the big, still river, / laying on our backs / looking up at
크고, 고요한 강을 따라 떠내려가면서,   등을 대고 누운 채        별들을 올려다 보는

the stars, / and we didn't ever feel like talking loud, / and it
행동에는,        큰 소리로 떠들지 못할 것처럼 느껴졌고,

warn't often that we laughed / — only a little kind of a low
종종 웃지도 못했다              — 그저 낮은 목소리로 살짝 웃을 뿐이었다.

chuckle. We had mighty good weather / as a general thing,
날씨는 꽤 좋았고                          대체로,

/ and nothing ever happened to us at all / — that night, / nor
전혀 아무 일도 일어나지 않았다               — 그 날 밤,

the next, / nor the next.
그 다음 날도,    또 그 다음 날도.

Every night / we passed towns, / some of them / away up / on
매일 밤        우리는 마을들을 지나갔다,    어떤 마을은        저 멀리 위쪽

black hillsides, / nothing but just a shiny bed of lights; / not
검은 언덕 비탈길에 있어서,   빛나는 불빛들뿐이었다;

a house could you see. The fifth night / we passed St. Louis,
집이라곤 한 채도 보이지 않았다.    다섯째 밤        우리는 세인트 루이스를 지났는데,

/ and it was like / the whole world lit up. In St. Petersburg
그곳은 마치        온 세상이 불을 밝혀놓은 것 같았다.    세인트 피터스버그에서

/ they used to say / there was twenty or thirty thousand
사람들이 말하곤 했지만        2~3만 명은 살고 있다고

people / in St. Louis, / but I never believed it / till I see / that
세인트 루이스에는,    하지만 그것을 믿지는 않았었다        볼 때까지는

wonderful spread of lights / at two o'clock / that still night.
그 놀랍게 펼쳐진 불빛들을        2시경에        그 조용한 밤의.

There warn't a sound there; / everybody was asleep.
아무 소리도 들리지 않았고;        모두 잠들어 있었다.

Every night now / I used to slip ashore / towards ten o'clock
이제 매일 밤          나는 강가를 빠져 나와          10시쯤 되면

/ at some little village, / and buy ten or fifteen cents' worth
작은 마을들로 가서,          10~15센트어치를 샀다

of / meal or bacon / or other stuff to eat; / and sometimes /
음식이나 베이컨          그밖의 먹을 것을;          그리고 가끔은

I lifted a chicken / that warn't roosting comfortable, / and
닭 한 마리를 집어서          닭장에서 편히 쉬지 못하고 있던,

took him along. Pap always said, / take a chicken / when
그걸 가져왔다.          아빠는 항상 말했다,          닭을 집어오라고

you get a chance, / because if you don't want him yourself /
기회만 생기면,          왜냐하면 본인이 필요하지 않더라도

you can easy find / somebody that does, / and a good deed
쉽게 찾을 수 있을 테니까          필요로 하는 사람을,          그리고 선행은

/ ain't ever forgot. I never see pap / when he didn't want the
절대 잊혀지지 않는다고.          난 본 적이 없다          아빠 자신이 닭을 싫어하는 경우를,

chicken himself, / but that is what he used to say, / anyway.
하지만 그건 아빠가 늘 하던 말이었다.          아무튼.

Mornings before daylight / I slipped into cornfields / and
해가 뜨기 전 아침에          난 밭으로 기어들어가

borrowed / a watermelon, / or a mushmelon, / or a punkin,
빌려왔다          수박이나,          머스크멜론이나,          호박이나,

/ or some new corn, / or things of that kind. Pap always
햇곡식이나,          또는 그런 종류의 것들을.          아빠는 항상 말했다

said / it warn't no harm / to borrow things / if you was
해로운 일이 아니야          물건을 빌리는 것은          갚을 예정이라면

meaning to pay them back / some time; / but the widow
언젠가;          그러나 과부 아줌마는 말했다

said / it warn't anything but a soft name / for stealing, /
그건 단지 부드럽게 표현한 것일 뿐이야          도둑질에 대해,

and no decent body / would do it. Jim said / he reckoned
그리고 예의 바른 사람은 아무도          그런 짓을 하지 않아.          짐은 말했다          생각하기에

/ the widow was partly right / and pap was partly right;
과부 아줌마의 말도 일부 옳고          아빠의 말도 일부 맞아;

solemn 엄숙한 | chuckle 빙그레 웃다 | roost (닭이 올라 앉는) 홰, 쉬다 | cornfield 곡물을 재배하는 밭 |
watermelon 수박 | mushmelon 머스크멜론(표면에 그물눈 무늬가 있는 멜론)(=muskmelon) | punkin 호박 |
decent 품위 있는, 예의 바른

193

/ so the best way would be / for us to pick out / two or
그러니까 최선의 방법은    우리가 선택하여

three things / from the list / and say / we wouldn't borrow
두세 개 정도    목록에서    말하는 거야    그걸 빌리지 않겠다고

them / any more / — then / he reckoned / it wouldn't be
더 이상은    — 그러면    생각한다고    전혀 나쁜 일이 아니라고

no harm / to borrow the others. So we talked it over /
생각해    그 나머지 것들을 빌리는 것은.    그렇게 우리는 이야기 했다

all one night, / drifting along down the river, / trying to
밤새도록,    강을 따라 떠내려 가면서,

make up our minds / whether to drop the watermelons,
결정하려고 애쓰면서    수박을 포기할 것인가,

/ or the cantelopes, / or the mushmelons, / or what. But
아니면 칸텔로프나,    머스크멜론이나,    다른 무엇을.

towards daylight / we got it all settled / satisfactory, / and
그러나 날이 밝을 무렵    우리는 모두 해결하여    만족스럽게,

concluded to drop / crabapples and p'simmons. We warn't
포기하기로 결정했다    야생 능금과 감을.    기분이 별로 좋지

feeling / just right before that, / but it was all comfortable
않았지만    그 직전까지만 해도,    이제 모든 것이 편안해졌다.

now. I was glad / the way it come out, / too, / because
나도 기뻤다    그렇게 결정된 것에,    역시,

crabapples ain't ever good, / and the p'simmons wouldn't
왜냐하면 야생 능금은 별로 좋지 않았고,    감은 익지 않을 테니까

be ripe / for two or three months / yet.
두세 달 동안은    아직.

We shot a water-fowl / now and then / that got up too early
우린 물새를 쐈다    이따금    너무 일찍 깨어났거나

/ in the morning / or didn't go to bed / early enough in the
아침에    잠자리에 들지 않으면    저녁에 일찍.

evening. Take it all round, / we lived pretty high.
대체로 보자면,    우린 꽤 호화롭게 살았다.

The fifth night / below St. Louis / we had a big storm /
다섯째 밤에    세인트 루이스 아래에서    큰 폭풍을 만났다

cantelope 칸탈루프(껍질은 녹색에 과육은 오렌지색인 멜론)(=cantaloupe) | crabapple 야생 능금 | p'simmon 감
(=persimmon) | water-fowl 물새(특히 오리와 거위) | take it all round 전체적으로 보다 | live high 호화롭게
살다 | guy 당김 밧줄(기중기에 실린 짐을 안정시키는 밧줄) | slouch hat 챙이 처진 중절모

after midnight, / with a power of thunder and lightning, /
자정이 지난 후,　　　엄청난 천둥과 번개를 동반하고,

and the rain poured down / in a solid **\*sheet**. We stayed in
비가 퍼부었다　　　　폭포수처럼.　　　우리는 인디언 천막

the wigwam / and let the raft take care of itself. When the
안에 머무르며　　뗏목이 알아서 떠내려 가도록 내버려 두었다.

lightning glared out / we could see / a big straight river /
번개가 번쩍하자　　　볼 수 있었다　　크고 곧은 강이

ahead, / and high, rocky bluffs / on both sides. By and by /
눈 앞에 있고, 높은 바위 절벽들이　　　양쪽에 있는 것을.　마침내

says I, / "Hel-LO, Jim, / looky yonder!" It was a steamboat /
난 말했다,　"어이, 짐,　저기를 봐!"　　그건 증기선이었다

that had killed herself on a rock. We was drifting / straight
바위에 부딪혀 난파한.　　　우리는 곧장 떠내려가고 있었다

down for her. The lightning showed her very distinct. She
그 배를 향해.　　번개가 그 배를 매우 선명하게 보여 주었다.

was leaning over, / with part of her upper deck / above
배는 기울여져 있었는데,　위 갑판의 일부는 내놓은 채　　수면 위로,

water, / and you could see / every little chimbly-guy / clean
　　　그리고 보였다　　굴뚝을 맨 가느다란 밧줄 하나 하나가

and clear, / and a chair by the big bell, / with an old slouch
아주 선명하게,　또한 큰 종 옆에 있는 의자와,　　낡은 중절모도

hat / hanging on the back of it, / when the flashes come.
　　그 의자 등받이에 걸어둔,　　　번개가 칠 때마다.

### Key Expression

**nothing but : 단지**

nothing but은 'only'의 의미를 가진 숙어입니다.
또한 비슷한 형태의 anything but은 'anything but'은 'never(결코 ~이
아닌)'이라는 의미라는 사실도 기억하세요.

ex) Some of them away up on black hillsides, nothing but just a shiny bed of
lights.
어떤 마을은 멀리 떨어진 시커먼 언덕 비탈길에 있어서, 단지 불빛들밖에 보이지
않았다.

But the widow said it warn't anything but a soft name for stealing.
그러나 과부 아줌마는 그건 단지 도둑질에 대해 부드럽게 표현한 것일 뿐이라고
말했다.

\* 넓고 큰 덩어리처럼 움직이는 물불을 묘사할 때 쓰는 말)

195

Well, / it being away in the night / and stormy, / and all so
그런데,　　밤이 깊어지고　　　　　　폭풍우가 치자,

mysterious-like, / I felt just / the way any other boy would
모든 것이 신비스럽게 보여서, 나는 느꼈다　　다른 어떤 소년이라도 느꼈을 그 감정을

a felt / when I see that wreck / laying there / so mournful
　　　난파선을 보았을 때　　　　저기 놓여 있는

and lonesome / in the middle of the river. I wanted to get
아주 애절하고 외롭게　　강 한복판에.　　　　　그 배에 타고 싶었고

aboard of her / and slink around a little, / and see / what
그 배에 타고　　　살짝 살펴보면서,　　　　알고 싶었던 것이다

there was there. So I says:
거기 뭐가 있는지.　　　그래서 말했다:

"Le's land on her, Jim."
" 저 배에 타 보자, 짐."

But Jim was dead against it / at first. He says:
하지만 짐은 완강히 반대했다　　　　처음에는.　그가 말했다:

"I doan' want to go fool'n 'long / er no wrack. We's doin'
"난 한가롭게 어슬렁거리기 싫어　　어떤 난파선이라도.　우리는 아무 문제 없

blame' well, / en we better let blame' well alone, / as de
이 잘 지내잖아,　　또 문제가 될 일은 놔 두는 게 좋아,

good book says. Like as not / dey's a watchman / on dat
성서에서 말하듯이.　틀림없이　　　　경비원이 있을 거야

wrack."
저 난파선에는."

### Key Expression

**like as not : 거의 틀림없이**

(as) like as not는 '(모르긴 해도) 거의 틀림없이'라는 의미를 가지고 있습니다.
같은 뜻의 표현으로 like enough, most like, very like가 있습니다.

ex) Like as not dey's a watchman on dat wrack.
　　틀림없이 저 난파선에는 경비원이 있을 거야.

wreck 난파선 | mournful 애절한 | slink 살금살금 움직이다 | fool along 한가로이 거닐다, 어슬렁거리다 |
(the) Good Book 성서 | (as) like as not(모르긴 해도) 거의 틀림없이 | watchman 야간 경비원 | (so's) your
grandmother 바보 같은말도 안 되는, 소리 | texas (미시시피 강 증기선의) 고급선원용 최상층 갑판실 | pilothouse
조타실 | stateroom (큰 배의) 개인 전용실 | solid 순수한(다른 물질이 섞이지 않은) | stick 찌르다 | rummage
뒤지다 | pie (분배할 수익 등의) 전체, 총액 | spread 퍼뜨리다

"Watchman your grandmother," / I says; / "there ain't
"경비원이라니 말도 안 돼," 난 말했다; 지켜야 할 것이 아무것도

nothing to watch / but the texas and the pilothouse; /
없잖아 최상층 갑판실과 조타실 말고는;

and do you reckon / anybody's going to resk his life / for
그리고 생각해 봐 누가 목숨을 걸겠어

a texas and a pilot-house / such a night as this, / when
최상층 갑판실과 조타실을 지키려고 이런 밤에,

it's likely to break up / and wash off down the river
배가 부서져서 강으로 떠내려 가는 상황에?"

any minute?" Jim couldn't say nothing / to that, / so he
짐은 아무 대답도 할 수 없었고 그 말에, 그래서 대답하려

didn't try. "And besides," / I says, / "we might borrow
고도 하지 않았다. "또 게다가," 난 말했다, "빌려올 수 있을지 모르잖아

something worth having / out of the captain's stateroom.
뭔가 값나가는 것을 선장실에서.

Seegars, / I bet you / — and cost five cents apiece, / solid
시가 정도는, 확실해 — 그리고 그건 한 개피에 5센트나 한다고, 현찰로.

cash. Steamboat captains is always rich, / and get sixty
증기선 선장들은 항상 부자거든, 한 달에 60달러나 받으니까,

dollars a month, / and THEY don't care a cent / what a
1센트는 신경 쓰지도 않아 물건이 얼마나

thing costs, / you know, / long as they want it. Stick a
나가든지, 알다시피, 원하는 게 있다면. 양초를 집어 넣어

candle / in your pocket; / I can't rest, Jim, / till we give
주머니에; 난 가만히 못 있겠어, 짐, 저 배를 뒤질 때까지는.

her a rummaging. Do you reckon / Tom Sawyer would
생각해 봐 톰 소여라면 그냥 지나쳤을까

ever go / by this thing? Not for pie, / he wouldn't. He'd
이런 일을? 말도 안 되지, 그러지 않을 거야.

call it an adventure / — that's what he'd call it; / and he'd
톰은 모험이라고 부를 거야 — 바로 그렇게 부를 거야; 그리고 저 난파선

land on that wreck / if it was his last act. And wouldn't he
에 올라가겠지 그게 죽기 전 마지막 모험일지라도. 그리고 그곳에서 멋지게

throw style into it? / — wouldn't he spread himself, / nor
해치우지 않겠어? — 또 얼마나 떠벌리겠어,

197

nothing? Why, you'd think / it was Christopher C'lumbus
안 그래?          자, 생각해 봐          크리스토퍼 콜롬버스처럼 굴 거야

/ discovering Kingdom-Come. I wish / Tom Sawyer WAS
천국을 발견한.          좋겠는데    톰 소여가 여기에 있었다면."

here."

kingdom come 천국, 아득히 먼 곳, 죽음 | grumble 투덜대다 | give in 굴복하다 | stabboard (배나 항공기의)
우측(=starboard) | derrick 데릭(특히 배에 화물을 싣는 기중기), 기중기 | sneak 살금살금 들어오다 | labboard (
선박의) 왼쪽 뱃전(=larboard) | skylight 천장에 낸 채광창 천공광 | jiminy (감탄사), 허, 으악(=jimminy) |
wail 울부짖다, 통곡하다, 흐느끼다

198    The Adventures of Huckleberry Finn

Jim he grumbled a little, / but give in. He said / we mustn't
짐은 약간 투덜대더니, 굴복했다. 그는 말했다 말을 해선 안 되고

talk / any more than we could help, / and then talk mighty
필요한 말 외에는, 또 아주 낮은 소리로 말하자고.

low. The lightning showed us the wreck again / just in time,
번개가 다시 난파선을 보여 주었고 바로 그때,

/ and we fetched the stabboard derrick, / and made fast there.
우리는 배의 우측 기중기 쪽으로 향해, 신속하게 그곳으로 갔다.

The deck was high out here. We went sneaking / down the
갑판은 높이 올라와 있었다. 우리는 몰래 들어갔다

slope of it to labboard, / in the dark, / towards the texas,
갑판의 경사를 따라 아래로 어둠 속에서, 최상층 갑판실을 향해,

/ feeling our way slow with our feet, / and spreading our
발로 천천히 걸어가며, 손을 뻗었다

hands out / to fend off the guys, / for it was so dark / we
밧줄을 밀어내기 위해, 왜냐하면 아주 어두워서

couldn't see no sign of them. Pretty soon / we struck the
밧줄이 전혀 보이지 않았기 때문에. 곧

forward end of the skylight, / and clumb on to it; / and the
천장의 채광창 끝에 이르렀고, 그 위로 기어 올라갔다;

next step / fetched us in front of the captain's door, / which
그리고 다음에는 선장실의 문 앞에 도착했는데,

was open, / and by Jimminy, / away down through the texas-
문이 열려 있었고, 그리고 놀랍게도, 최상층 갑판실 너머 저 멀리에

hall / we see a light! And all in the same second / we seem to
불빛이 보였다! 그리고 동시에 낮은 목소리가 들

hear low voices / in yonder!
리는 것 같았다 저쪽에서!

Jim whispered and said / he was feeling powerful sick, / and
짐은 속삭이며 말했다 기분이 매우 좋지 않다고,

told me to come along. I says, / all right, / and was going to
그리고 내게 따라오라고 했다. 나는 말했다, 좋아, 그리고 우리는 출발하려 했다

start / for the raft; / but just then / I heard a voice wail out
뗏목을 향해; 하지만 바로 그때 울부짖으며 말하는 목소리가 들렸다:

and say:

"Oh, please don't, boys; / I swear / I won't ever tell!"
"오, 제발 이러지 마, 이보게들; 맹세하겠네 절대 말하지 않겠다고!'

Another voice said, / pretty loud:
또 다른 목소리가 말했다, 매우 크게:

"It's a lie, Jim Turner. You've acted this way before. You
"거짓말이야, 짐 터너. 전에도 이런 식이었지.

always want / more'n your share of the truck, / and you've
넌 언제나 원했어 네 몫보다 더 많은 걸, 그리고 항상 가졌지,

always got it, / too, / because you've swore 't / if you didn't
역시, 네가 협박했기 때문에 그것을 갖지 못한다면

/ you'd tell. But this time / you've said it / jest one time too
말할 거라고. 하지만 이번에는 넌 말한 거야 한 번이란 말도 너무 많지.

many. You're the meanest, / treacherousest hound / in this
네 놈은 가장 비열하고, 배반하기 잘하는 사냥개라고

country."
이 나라에서.'

By this time / Jim was gone for the raft. I was just a-biling
이때쯤 짐은 벌써 뗏목으로 가버렸다. 나는 호기심으로 간이 타들어

with curiosity; / and I says to myself, / Tom Sawyer /
갔다; 그리고 생각했다, 톰 소여라면

wouldn't back out now, / and so I won't either; / I'm a-going
지금 돌아가지 않을 것이고, 나도 마찬가지야; 난 보기로 했다

to see / what's going on here. So I dropped on my hands and
여기에서 무슨 일이 벌어지는지. 그래서 손과 무릎으로 엎드려서

knees / in the little passage, / and crept aft / in the dark / till
좁은 복도에서, 뒤로 기어갔다 어둠 속에서

there warn't but one stateroom / betwixt me and the cross-
객실이 하나밖에 없는 곳까지 나와 최상층 갑판실의 복도 사이에.

hall of the texas. Then in there / I see a man stretched on the
그리고는 그곳에서 바닥에 쭉 뻗어 있는 남자를 보았다

floor / and tied hand and foot, / and two men standing over
손과 발이 묶인 채, 그 위로 두 사람이 서 있는데,

him, / and one of them had a dim lantern / in his hand, / and
그 중 한 명은 희미한 전등을 들고 있었고 손에,

the other one had a pistol. This one kept pointing the pistol /
다른 한 명은 권총을 들고 있었다. 이 사람은 계속 권총을 겨누고 있었다

at the man's head / on the floor, / and saying:
사람의 머리에 바닥에 쓰러진, 말하면서:

"I'd LIKE to! And I orter, / too / — a mean skunk!"
"쏴 버리고 싶어!    쏴야겠어,    역시    — 이 비열한 스컹크같은 놈!"

The man on the floor / would shrivel up and say, / "Oh,
바닥 위의 남자는    몸을 꿈틀거리며 말했다,

please don't, Bill; / I hain't ever goin' to tell."
"오, 제발 그러지 마, 빌;    절대 말하지 않을게."

And every time he said that / the man with the lantern /
그가 그렇게 말할 때마다    전등을 든 남자는

would laugh and say:
웃으며 말했다:

"'Deed you AIN'T! You never said / no truer thing 'n
"정말 말하지 않겠지!    말해 본 적이 없을 테니    이보다 더 진실된 말을,

that, / you bet you." And once he said: / "Hear him beg!
분명히."    그리고 한 번은 이렇게 말했다:    "그가 애원하는 걸 좀 들어봐!

/ and yit / if we hadn't got the best of him and tied him
그렇지만    우리가 제압해서 묶어놓지 않았다면

/ he'd a killed us both. And what FOR? Jist for noth'n.
우리를 둘 다 죽였을 거야.    왜냐고?    이유는 없어.

Jist because we stood on our RIGHTS / — that's what
단지 우리는 우리 권리를 주장했기 때문이지    — 그게 바로 이유야.

for. But I lay / you ain't a-goin' to threaten nobody / any
하지만 난 할 거야    네가 아무도 협박할 수 없도록

more, / Jim Turner. Put UP that pistol, Bill."
더 이상,    짐 터너.    권총을 치워버려, 빌."

Bill says:
빌이 말했다:

"I don't want to, / Jake Packard. I'm for killin' him / —
"그러기 싫어,    잭 패커드.    난 그를 죽일 거야

and didn't he kill old Hatfield / jist the same way / — and
— 그는 햇필드 영감도 죽였잖아    이런 똑같은 방법으로

don't he deserve it?"
— 그는 죽어 마땅하지 않아?"

"But I don't WANT him killed, / and I've got my reasons
"하지만 난 그를 죽이고 싶진 않아,    그럴 만한 이유가 있다고."

for it."

truck 물물 교환, 거래 | jest 농담, 장난 | treacherous 배반하는 | hound 사냥개, 따라다니며 괴롭히다 | passage
복도 | creep 살금살금 움직이다, 기다 | aft 고물에, 배의 후미에 | orter (=ought to) | skunk 스컹크 | get the best
of 우세를 차지하다

201

"Bless yo' heart / for them words, / Jake Packard! I'll
"고맙네   그렇게 말해주다니,   잭 패커드!

never forgit you / long's I live!" / says the man on the
자넬 잊지 못할 거야   살아있는 한!"   바닥에 쓰러진 남자는 말했다,

floor, / sort of blubbering.
엉엉 울면서.

Packard didn't take no notice of that, / but hung up
패커드는 그 말을 무시했고,   전등을 걸어두고

his lantern / on a nail / and started towards / where I
못에   향하더니   내가 있는 곳으로

was there, / in the dark, / and motioned Bill to come. I
어둠 속에,   빌에게 오라고 손짓했다.   난 가재

crawfished / as fast as I could / about two yards, / but the
걸음으로 물러섰다   가능한 한 빨리   2야드 정도,   하지만 배가

boat slanted / so that I couldn't make very good time; /
기울어져서   매우 힘들었다;

so to keep from getting run over and catched / I crawled
그래서 그들에게 밟혀서 잡히지 않기 위해   선장실로 기어들

into a stateroom / on the upper side. The man came
어갔다   위쪽에 있는.   그 사람은 더듬으며 왔고

apawing along / in the dark, / and when Packard got to
어둠 속에서,   패커드가 내가 있던 객실에 도착하자,

my stateroom, / he says:
말했다:

"Here — come in here."
"여기야 — 여기로 들어와."

And in he come, / and Bill after him. But before they got
그리고 패커드가 들어왔고,   뒤따라 빌도 들어왔다.   하지만 그들이 들어오기 전에

in / I was up in the upper berth, / cornered, / and sorry
나는 위층 침대로 올라갔고,   진퇴양난으로,   여기 들어온 걸

I come. Then they stood there, / with their hands on the
후회했다.   그러자 그들은 그곳에 서서,   침대 모서리에 손을 올린 채,

ledge of the berth, / and talked. I couldn't see them, /
이야기 했다.   그들을 볼 수는 없었지만,

but I could tell / where they was / by the whisky they'd
알 수 있었다   어디에 있는지   그들이 마신 위스키 냄새로.

been having. I was glad / I didn't drink whisky; / but
난 기뻤다        위스키를 마시지 않는 것이;

it wouldn't made much difference / anyway, / because
하지만 그랬다 해도 별 차이는 없었을 것이다        아무튼,

most of the time / they couldn't a treed me / because I
왜냐하면 대부분        그들은 나를 쫓아 올라오진 못했을 테니까  숨을 죽이고

didn't breathe. I was too scared. And, besides, / a body
있었으므로.        너무 무서웠다.        그리고, 게다가,

COULDN'T breathe / and hear such talk. They talked
숨도 쉴 수 없었다        그래야 대화를 들을 수 있었다.  그들은 낮고 진지한

low and earnest. Bill wanted to kill Turner. He says:
목소리로 말했다.        빌은 터너를 죽이길 원했다.        그는 말했다:

"He's said he'll tell, / and he will. If we was to give / both
그는 말할 거라고 했고,        그러니까 할 거야.  만약 그에게 준다 해도

our shares to him / NOW / it wouldn't make no difference
우리 둘의 몫을 그에게        이제 와서  달라질 건 없을 거야

/ after the row / and the way we've served him. Shore's
소란을 피우며        그를 혼내준 후에.

you're born, / he'll turn State's evidence; / now you hear
틀림없이,        그는 공범이라고 증언할 거야;        그러니 내 말 들어.

ME. I'm for putting him out of his troubles."
그를 없애버려서 문제를 해결하자는 거야."

"So'm I," / says Packard, / very quiet.
"동감이야,"        패커드가 말했다,        아주 조용히.

"Blame it, / I'd sorter begun to think / you wasn? Well,
"제길,        난 생각하는 참이었잖아        넌 아니라고?  자, 그럼,

then, / that's all right. Le's go and do it."
좋았어.        가서 해치우자."

"Hold on a minute; / I hain't had my say yit. You listen
"잠깐만;        내 말 아직 안 끝났어.        내 말 잘 들어.

to me. Shooting's good, / but there's quieter ways / if the
총을 쏴 죽이는 것도 좋겠지,  하지만 더 조용한 방법이 있어

bless your heart 고맙소 | blubbering 엉엉 울기 | take no notice of ~을 무시하다 | crawfish (= crayfish)
가재 | slanted 비스듬히 기운 | run over 치이다, 깔리다 | apaw 발로 긁다, 건드리다 | berth (배나 기차 등의)
침상, 침대칸 | treed 나무 위로 쫓겨 올라간 | row 소란, 소동 | shore's you're born 미국 남부 표현으로 '매우
확실하다'는 뜻(=certainly) | sorter 다소, 일종의 ~, 뭐랄까(적절한 말이 생각나지 않을 때 쓰는 말)(=sort of)

thing's GOT to be done. But what I say / is this: / it ain't
곡 해야 한다면.                          내가 하려는 말은          이거야:          그건 좋은

good sense / to go court'n around / after a halter / if you
생각이 아니야    굳이 찾아다니는 건        목을 매달 밧줄을      얻을 수 있다면

can git / at what you're up to / in some way / that's jist as
하려는 일에서               어떤 식으로든      그게 좋을 뿐만 아니라

good / and at the same time / don't bring you into no resks.
동시에                      위험해지지도 않지.

Ain't that so?"
그렇지 않아?"

"You bet it is. But how you goin' to manage it / this time?"
"물론 그렇지.          그런데 어떻게 할 건데                이번엔?"

"Well, my idea is this: / we'll rustle around / and gather up
"음, 내 생각은 이래:          주변을 돌아보고          모으는 거야

/ whatever pickins we've overlooked / in the staterooms, /
빠뜨렸던 물건들을                    선장실에서,

and shove for shore / and hide the truck. Then we'll wait.
그리고 강가로 가서        훔쳐온 걸 숨기지.        그리고 나서 기다리는 거야.

Now I say / it ain't a-goin' to be more'n two hours / befo'
말하자면      두 시간도 걸리지 않아서

this wrack breaks up / and washes off / down the river.
난파선이 부서져서          떠내려 가 버릴 거야      강 아래로.

See? He'll be drownded, / and won't have nobody to blame
알겠지? 그놈은 물에 빠져 죽을 거라고,    누구도 비난할 수 없는 거지

for it / but his own self. I reckon / that's a considerble sight
그놈 자신 말고는.          내 생각에      그게 좋은 방법이야

/ better 'n killin' of him. I'm unfavorable to killin' a man
죽이는 것보다.            난 사람을 죽이는 건 반대야

/ as long as you can git aroun' it; / it ain't good sense, / it
해결할 수 있다면:                    그건 좋은 생각이 아니지,

ain't good morals. Ain't I right?"
도덕적이지도 않고.          내 말이 맞지?"

"Yes, / I reck'n you are. But s'pose she DON'T break up
"그래,      나도 네가 옳다고 생각해.  하지만 배가 부서져서 떠내려가지 않으면?"

and wash off?"

"Well, we can wait / the two hours / anyway / and see, / can't
"음, 기다리면서　　　　　두 시간 정도　　　어쨌든　　지켜보면 되니까,

we?"
그렇지 않아?"

"All right, / then; / come along."
"좋아,　　　　그러면;　　따르겠어."

So they started, / and I lit out, / all in a cold sweat, / and
그렇게 그들은 나갔고,　나는 기절할 것 같았다, 식은 땀투성이가 되어,

scrambled forward. It was dark as pitch there; / but I said, /
앞으로 빨리 기어갔다.　　그곳은 칠흑처럼 어두웠다;　　　그러나 말했다,

in a kind of a coarse whisper, / "Jim !" / and he answered up,
거친 목소리로,　　　　　　　　"짐!"이라고,　그러자 그가 대답했다,

/ right at my elbow, / with a sort of a moan, / and I says:
바로 내 팔꿈치 옆에서,　신음 소리같은 목소리로,　난 말했다:

"Quick, Jim, / it ain't no time / for fooling around and
"서둘러, 짐,　　시간이 없어　　꾸물거리거나 신음할;

moaning; / there's a gang of murderers / in yonder, / and
　　　　　살인자들이 있어　　　　　저기에,

if we don't hunt up their boat / and set her drifting down
우리가 그들의 배를 찾아내서　　　강 아래로 떠내려 보내지 않으면

the river / so these fellows can't get away / from the wreck
이놈들이 빠져나가지 못하도록　　　　　　난파선에서

/ there's one of 'em going to be in a bad fix. But if we find
그들 중 한 명이 곤경에 처할 거야.　　　　하지만 우리가 배를 찾는다면

their boat / we can put ALL of 'em in a bad fix / — for the
그들 모두 곤경에 빠뜨릴 수 있어　　　　　— 보안관이

sheriff 'll get 'em. Quick — hurry! I'll hunt the labboard
그들을 잡을 거니까.　빨리 — 서둘러!　내가 왼쪽 뱃전을 뒤질게,

side, / you hunt the stabboard. You start at the raft, / and —"
넌 배 우측을 뒤져봐.　　　　　뗏목에서부터 출발해,　　　그리고 —"

"Oh, my lordy, lordy! RAF'? Dey ain' no raf' no mo'; / she
"오, 저런, 맙소사!　　　뗏목?　　더 이상 뗏목은 없어;

done broke loose / en gone / I — en here we is!"
뗏목 줄이 풀려서　　사라졌어　난 — 우린 여기에 남았어!"

court~을 얻으려고 하다 | halter교수대, 목 매는 밧줄 | rustle바스락거리다 | scramble(특히 힘겹게 손으로
몸을 지탱하며) 재빨리 움직이다 | pitch피치 (원유·콜타르 등을 증류시킨 뒤 남는 검은 찌꺼기) | coarse거친 |
moan신음 소리 | fix곤경 | sheriff보안관 | lordy저런, 어머 (놀람·경탄·실망 등)

## 13

Well, I catched my breath / and most fainted. Shut up on
그러자, 나는 숨이 막혀서          거의 기절할 뻔 했다.          난파선에 갇히다니

a wreck / with such a gang as that! But it warn't no time
저런 갱들과 함께!          하지만 시간이 없었다

/ to be sentimentering. We'd GOT to find that boat now
감상에 빠져 있을.          우리는 이제 그 배를 찾아야만 했다

/ — had to have it / for ourselves. So we went a-quaking
— 그래야만 했다          우리 자신을 위해서.          그래서 우리는 부들부들 떨며 걸어가서

and shaking / down the stabboard side, / and slow work
뱃전을 따라 내려갔는데,          그것도 느릿느릿 이뤄졌다

it was, too / — seemed a week / before we got to the
— 일주일은 걸린 듯했다          배의 고물까지 도착하는데.

stern. No sign of a boat. Jim said / he didn't believe / he
보트의 흔적은 없었다.          짐이 말했다          생각할 수 없다고

could go any further / — so scared / he hadn't hardly
더 이상 걸어갈 수 있다고          — 너무 무서워서          힘이 거의 남아 있지 않다고.

any strength left, / he said. But I said, / come on, / if
그는 말했다.          하지만 나는 말했다, 힘을 내라고,

we get left on this wreck / we are in a fix, / sure. So on
우리가 이 난파선에 남게 되면          곤경에 처하게 될 거라고,          틀림없이. 그래서 우리

we prowled again. We struck for the stern of the texas,
는 계속 엉금엉금 기어갔다.          최상층 갑판실 쪽으로 가서,

/ and found it, / and then scrabbled along forwards / on
그것을 찾아냈고,          그리고는 앞으로 나아갔다

the skylight, / hanging on / from shutter to shutter, / for
채광창 위를.          매달리면서          덧문과 덧문 사이에,

the edge of the skylight was / in the water. When we got
채광창 가장자리가          물에 잠겼기 때문에.          꽤 가까이 다가갔을 때

pretty close / to the cross-hall door / there was the skiff,
복도 문에          소형 보트 하나가 있었다,

---

fainted 실신할 것 같은, 어지러운 | sentimentering (지나치게) 감상적인 | quaking 떨고 있는 | stern (배의)
고물, 선미 | prowl (살금살금) 돌아다니다 | scrabble 뒤지며 찾다 | shutter 덧문, 셔터 | jerk 홱 움직이다 | heave
(무거운 것을) 들어올리다 | fling 내던지다

/ sure enough! I could just barely see her. I felt ever so
정말로!　　　겨우 그 배를 볼 수 있었다.　　　　아주 감사했다.

thankful. In another second / I would a been aboard of
즉시　　　　　　　내가 배에 타려는데,

her, / but just then / the door opened. One of the men
바로 그때　　　문이 열렸다.

stuck his head out / only about a couple of foot from me,
남자 중 한 명이 머리를 내밀었고　내게서 불과 2피트 떨어진 곳에서,

/ and I thought / I was gone; / but he jerked it in again, /
나는 생각했다　끝장이라고;　　하지만 그는 다시 확 들어가면서,

and says:
말했다:

"Heave that blame lantern out o' sight, Bill!"
"그 빌어먹을 램프를 치워, 빌!"

He flung a bag of something / into the boat, / and then
그는 뭔가 든 가방을 내던졌다　　　배 안으로,

got in himself / and set down. It was Packard. Then Bill
그리고는 자신도 들어가 앉았다.　　그는 패커드였다.

HE come out / and got in. Packard says, / in a low voice:
그러자 빌이 나왔다가 들어갔다.　패커드가 말했다,　낮은 목소리로:

"All ready / — shove off!"
"준비 완료　　— 배를 밀어!"

I couldn't hardly hang on / to the shutters, / I was so
나는 거의 매달려 있을 수 없었다　　덧문에,　　힘이 너무 없었다.

weak. But Bill says:
그러나 빌이 말했다:

"Hold on / — 'd you go through him?"
"잠깐만　　— 그놈 몸을 뒤져보았나?"

"No. Didn't you?"
""아니, 넌?"

"No. So he's got his share o' the cash yet."
"아니. 그럼 아직 제 몫의 현금을 가지고 있겠군."

"Well, then, / come along; / no use / to take truck / and
"음, 그렇다면,　　따라와;　　소용없잖아　잡동사니를 가져가고

leave money."
돈을 놔두는 건."

"Say, won't he suspicion / what we're up to?"
"그럼, 의심하지 않을까        우리가 뭘 하려는지?"

"Maybe he won't. But we got to have it anyway. Come
"아마 그렇지 않을 거야.       하지만 우리는 어쨌든 그래야 해.

along."
가자."

So they got out / and went in.
그래서 그들은 나와서    들어갔다.

The door slammed to / because it was on the careened
문이 꽝 닫혔다              배가 기울여진 쪽에 있었기 때문에;

side; / and in a half second / I was in the boat, / and Jim
              그리고 순식간에            나는 배에 탔고,

come tumbling / after me. I out with my knife / and cut
짐도 굴러왔다        나를 따라.    칼을 꺼내서

the rope, / and away we went!
밧줄을 잘랐고,   우리는 탈출했다!

### Key Expression ♟

**get to의 다양한 의미**

get은 수많은 뜻을 가진 대표적인 동사죠. get to의 경우에도 의미가 여러 가
지입니다. 그 의미를 알아볼까요?

▶ ~ 에 도착하다, (어떤 결과에) 이르다
▶ ~ 와 연락이 닿다
▶ ~ 을 착수하다, 시작하다, ~ 하게 되다
▶ ~ 에 영향을 주다
▶ ~ 을 괴롭히다
▶ (매수나 협박 등을 위해) ~에게 접근하다
▶ (have) got to = have to : ~해야 한다

ex) But we got to have it anyway.
    하지만 우린 어쨌든 그래야 해.
    I'll have his niece all safe before he can get to town.
    그가 마을에 도착하기 전에 내가 조카를 구해낼 거야.

slam 쾅 닫다 | careen 기울다 | tumbling 굴러 떨어짐 | swift 빠른 | paddlebox (외륜선의) 외륜 덮개 | rascal
악한, 악당 | man (기계를) 담당하다, 조작하다 | dreadful 끔찍한 | there is no telling 뭐라 말할 수 없다, 단언할
수 없다

We didn't touch an oar, / and we didn't speak nor whisper,
우리는 노를 건드리지 않았고, 말하거나 속삭이지도 않았으며,

/ nor hardly even breathe. We went gliding swift along, /
숨조차 쉴 수 없었다. 우리는 빠르게 미끄러져 갔고,

dead silent, / past the tip of the paddlebox, / and past the
쥐 죽은 듯 조용히, 외륜 덮개의 끝을 지나, 고물을 지나;

stern; / then in a second or two more / we was a hundred
그리고 1~2초 후에 100야드 거리에 있었다

yards / below the wreck, / and the darkness soaked her up, /
난파선 아래, 그리고 어둠이 그 배를 삼켜버려,

every last sign of her, / and we was safe, / and knowed it.
마지막 흔적까지 모두, 그래서 우리는 안전해졌고, 그 사실을 깨달았다.

When we was three or four hundred yards / downstream
3~4백 야드 쯤 왔을 때 하류 쪽으로

/ we see the lantern show / like a little spark / at the texas
전등 불빛이 보였다 작은 불꽃처럼 갑판실 문에서

door / for a second, / and we knowed / by that / that the
잠시 동안, 그리고 알았다 그걸 보고

rascals had missed their boat, / and was beginning to
악당들은 배를 잃었으며, 이해하기 시작했다는 걸

understand / that they was in just as much trouble now / as
이제 큰 곤경에 빠졌음을

Jim Turner was.
짐 터너처럼.

Then Jim manned the oars, / and we took out after our raft.
그리고 나서 짐은 노를 저었고, 우리는 뗏목을 찾으러 떠났다.

Now was the first time / that I begun to worry about the
이제 처음으로 그 사람들에 대해 걱정하기 시작했다

men / — I reckon / I hadn't had time to before. I begun to
— 내 생각에 그 전까지는 그럴 시간이 없었다. 나는 생각하기

think / how dreadful it was, / even for murderers, / to be
시작했다 얼마나 무서울지, 살인마들조차도,

in such a fix. I says to myself, / there ain't no telling / but
그런 곤경에 빠지면. 나는 생각했다, 단언할 수 없지만

I might come to be a murderer myself yet, / and then how
내 자신이 살인마가 될 수도 있을 텐데, 그러면 기분이 어떨까?

would I like it? So says I to Jim:
그래서 짐에게 말했다:

209

"The first light we see / we'll land a hundred yards / below
"첫 번째 불빛이 보이면          우리는 100야드 떨어진 곳에 상륙할 거야

it or above it, / in a place where it's a good hiding-place / for
그 상류나 하류에,      숨기기 좋은 장소인 곳에

you and the skiff, / and then I'll go / and fix up some kind
너랑 보트를,          그리고 나서 나는 가서      오두막을 만들게,

of a yarn, / and get somebody / to go for that gang / and get
그리고 사람을 보내겠어      그 갱들 찾아서

them out of their scrape, / so they can be hung / when their
곤경에서 구해 주라고,          그러면 그들은 교수형을 당하겠지

time comes."
적당한 때가 오면."

But that idea was a failure; / for pretty soon / it begun
하지만 그 생각은 실패했다;          왜냐하면 곧

to storm again, / and this time worse than ever. The rain
폭풍우가 다시 시작되었고,  이번엔 전보다 더 심했기 때문이다.

poured down, / and never a light showed; / everybody
비가 퍼부었고,      불빛이라곤 전혀 보이지 않았다;      모두 잠들었다고,

in bed, / I reckon. We boomed along down the river, /
생각했다.      우리는 강을 따라 하류로 내려갔다,

watching for lights / and watching for our raft. After a
불빛을 찾고          뗏목을 찾으며.      오랜 시간이 흐른 후

long time / the rain let up, / but the clouds stayed, / and the
비는 그쳤지만,      구름은 머물러 있었고,

lightning kept whimpering, / and by and by / a flash showed
번개가 계속 번쩍였다,          마침내          번갯불이 보여 주었다

us / a black thing ahead, / floating, / and we made for it.
우리 앞의 검은 물체를,      떠내려 가는,      그래서 그것을 향해 갔다.

It was the raft, / and mighty glad was / we to get aboard of
그건 뗏목이었다,      얼마나 기뻤는지      배에 올라 탔을 때

it / again. We seen a light / now / away down / to the right, /
다시.      불빛이 보였다      이때      저 아래      오른쪽으로,

on shore. So I said / I would go for it. The skiff was half full
강가에.      그래서 말했다   내가 가 보겠다고.      소형 보트는 약탈품으로 반쯤 차

of plunder / which that gang had stole there / on the wreck.
있었다      그 갱들이 훔쳤던          난파선에서.

We hustled it / on to the raft / in a pile, / and I told Jim /
우린 서둘러서　　　뗏목 위에　　　그것을 쌓았고, 짐에게 말했다

to float along down, / and show a light / when he judged /
계속 떠내려 가다가,　　　불을 밝히라고　　　판단되면

he had gone about two mile, / and keep it burning / till I
2마일 정도 갔다고,　　　그리고 불을 계속 켜 놓으라고　　　내가 올 때

come; / then I manned my oars / and shoved for the light.
까지; 그리고 나서 나는 노를 저어　　　불빛을 향해 갔다.

As I got down towards it / three or four more showed
그곳을 향해 내려가고 있을 때　　　서너 개의 불빛이 더 보였다

/ — up on a hillside. It was a village. I closed in / above
　— 언덕 위에. 그건 마을이었다. 가까이 가서

the shore light, / and laid on my oars / and floated. As I
강가의 불빛 위에,　　　노를 놔둔 채　　　떠내려 갔다.

went by / I see it was a lantern / hanging on the jackstaff
지나가면서　　　그게 램프임을 알았다　　　이물 깃대에 걸려 있는

/ of a double-hull ferryboat. I skimmed around / for the
　　　이중으로 매어놓은 선각 나룻배의. 나는 주변을 돌아다녔다

watchman, / awondering / whereabouts he slept; / and by
경비원을 찾아,　　　궁금해 하면서　　　경비원이 어디에서 자고 있을지; 그리고 마침내

and by / I found him / roosting on the bitts forward, / with
　　　그를 찾았다　　　앞쪽 말뚝에서 쉬고 있는,

his head down between his knees. I gave his shoulder two
머리를 무릎 사이에 처 박고.　　　나는 그의 어깨를 두세 번 흔들고,

or three little shoves, / and begun to cry.
　　　　　　울기 시작했다.

He stirred up / in a kind of a startlish way; / but when he
경비원이 일어났다　　　깜짝 놀라면서; 하지만 나밖에 없다는

see it was only me / he took a good gap and stretch, / and
걸 알자　　　크게 하품을 하고 기지개를 편 후,

then he says:
말했다:

---

scrape (자초한) 곤경 | whimper 훌쩍이다, 훌쩍이며 말하다 | plunder 약탈하다 | hustle (거칠게) 떠밀다,
재촉하다 | jackstaff 이물 깃대 | double-hull 이중 선각(선각을 두 겹으로 구성하는 구조) | skim 스치듯 하며
지나가다, 훑어보다 | whereabouts 소재, 행방 | roost 앉다, 쉬다 | bitt 계주(배를 부두에 대기 위하여 줄을 묶어
주는 말뚝) | startlish 깜짝 놀라는, 아주 놀라운(=startling)

"Hello, what's up? Don't cry, bub. What's the trouble?"
"얘야, 무슨 일이니? 울지마, 얘야. 무슨 일이니?"

I says:
나는 말했다:

"Pap, and mam, and sis, / and —"
"아빠랑, 엄마랑, 누나랑, 그리고 —"

Then I broke down. He says:
그리고는 울음을 터뜨렸다. 그가 말했다:

"Oh, dang it now, / DON'T take on so; / we all has to have
"오, 제기랄, 그렇게 울지 마; 사람이란 모두 힘든 일이 있단다,

our troubles, / and this 'n 'll come out all right. What's the
이번에도 결국은 잘될 거야.

matter with 'em?"
가족들에게 무슨 일이 있니?"

"They're — they're — / are you the watchman of the boat?"
"가족들이 — 그들이 말이에요 — 아저씨가 이 배의 경비원인가요?"

"Yes," / he says, / kind of pretty-well-satisfied like. "I'm the
"그래," 그가 말했다, 꽤 만족스러운 듯이. "나는 선장이

captain / and the owner / and the mate / and the pilot / and
면서 주인이고 항해사이면서 수로 안내인이고

watchman / and head deck-hand; / and sometimes / I'm the
경비원이자 갑판원 수부장이기도 하지; 때로는

freight and passengers. I ain't as rich as old Jim Hornback,
화물이면서 승객이기도 해. 짐 혼백 영감처럼 부자는 아니고,

## Key Expression

### What's up? : 무슨 일이야?

상대방이 뭔가 안 좋은 일이 있는 것 같을 때 묻는 '무슨 일이야?'의 다양한 표현이에요. 비슷한 표현들을 알아볼까요.

▶ What's up?
▶ What's happening (to you)? / What happened (to you)?
▶ What's the matter (with you)?
▶ What's the trouble (with you)?
▶ What's wrong (with you)?
▶ Is there something wrong?
▶ What's going on?

ex) Hello, what's up? Don't cry, bub. What's the trouble?
    얘야, 무슨 일이니? 울지마, 얘야. 무슨 일이니?
    What's the matter with 'em? 그들에게 무슨 일이 있니?

/ and I can't be so blame' generous and good / to Tom,
그렇게 인자하고 잘해 줄 수는 없단다                    톰이나, 딕이나,

Dick, and Harry / as what he is, / and slam around money
해리같이 아무나에게       지금의 그처럼,       돈을 주변에 퍼 주지도 않지

/ the way he does; / but I've told him a many a time 't / I
그가 하는 것처럼;       하지만 그 영감에게 몇 번이나 말했단다

wouldn't trade places with him; / for, / says I, / a sailor's
자리를 바꿀 생각은 없다고;           왜냐하면, 내가 말했지, 선원 생활이

life's the life for me, / and I'm darned / if I'D live two
바로 나를 위한 삶이니까,       나는 끝인 거야       만약 마을에서 2마일 떨어진

mile out o' town, / where there ain't nothing ever goin' on,
곳에 살았다면,       절대 아무 일도 일어나지 않는 곳에,

/ not for all his spondulicks / and as much more on top of
그 영감의 모든 재산을 주고       그 이상을 더 준다 해도.

it. Says I —"
그렇게 말했지 —"

I broke in / and says:
내가 끼어 들어    말했다:

"They're in an awful peck of trouble, / and —"
"사람들이 끔찍한 곤경에 처했어요,       그리고 —"

"WHO is?"
"누가 말이니?"

"Why, pap and mam and sis / and Miss Hooker; / and if
"저, 아빠랑 엄마랑 누나요       후커 아줌마랑;

you'd take your ferryboat / and go up there —"
나룻배를 가지고       그곳에 가 주신다면 —"

"Up where? Where are they?"
"그곳까지?    어디에 있는데?"

"On the wreck."
"난파선이에요."

"What wreck?"
"무슨 난파선 말이니?"

"Why, there ain't but one."
"하나밖에 없잖아요."

bub (호칭으로) 소년, 젊은 친구, 형, 동생 | dang damn의 완곡한 표현 | take on (특정한 특질이나 모습을) 띠다 |
mate 항해사 | pilot 수로 안내인, 도선사 | deck-hand 갑판원 | darned 끝내주는, 지독히(=darn) | spondulick 돈
| peck 약 8.8리터, 많음

"What, you don't mean the Walter Scott?"
"뭐라고, 월터 스콧호를 말하는 건 아니겠지?"

"Yes."
"맞아요."

"Good land! What are they doin' THERE, / for gracious
"맙소사!    거기에서 뭘 하고 있는 거야,    도대체?"

sakes?"

"Well, they didn't go there a-purpose."
"일부러 거기에 간 게 아니에요."

"I bet they didn't! Why, great goodness, / there ain't no
"당연히 그랬겠지!    오, 맙소사,    기회가 없을 텐데

chance for 'em / if they don't git off mighty quick! Why,
어서 빨리 나오지 않으면!

how in the nation / did they ever git into such a scrape?"
그런데, 도대체 어떻게    그런 곤경에 빠진 거니?"

"Easy enough. Miss Hooker was a-visiting up / there to the
"아주 간단했어요.    후커 아줌마가 방문 중이었는데

town —"
저기 있는 마을에 —"

"Yes, Booth's Landing / — go on."
"그럼, 부스 선착장이구나    — 계속 하렴."

"She was a-visiting / there at Booth's Landing, / and
"아줌마는 방문하는 중이었어요    부스 선착장을,

just in the edge of the evening / she started over / with
그리고 저녁이 끝나자 마자    출발했어요

her nigger woman / in the horse-ferry / to stay all night
검둥이 하녀와    말이 끄는 나룻배를 타고    밤새 머무르기 위해

/ at her friend's house, / Miss What-you-may-call-her / I
친구 집에.    누구라더라

disremember her name / — and they lost their steeringoar,
이름은 기억나지 않지만요    — 그런데 조타 노를 잃어버렸고,

/ and swung around / and went a-floating down, / stern
배는 빙빙 돌다가    아래로 떠내려가 버렸어요.    고물을 앞으로

first, / about two mile, / and saddle-baggsed / on the wreck,
하고,    2마일 정도,    그리고 올라타게 되었는데    난파선에,

/ and the ferryman and the nigger woman and the horses
배 주인하고 검둥이 하녀와 말은

/ was all lost, / but Miss Hooker she made a grab / and
모두 죽었지만,        후커 아줌마는 뭔가를 붙잡고

got aboard the wreck. Well, about an hour after dark / we
난파선 위로 올라갔어요.        그런데, 어두워지고 한 시간쯤 지난 후

come along down / in our trading-scow, / and it was so
우리들은 하류로 내려가다가    장사배를 타고,            매우 어두워서

dark / we didn't notice the wreck / till we was right on it; /
난파선을 보지 못했고            우리도 거기에 닿게 된 거죠;

and so WE saddle-baggsed; / but all of us was saved / but
그래서 그렇게 우리도 배에 올라탔어요;        하지만 우리 모두 살아남았죠

Bill Whipple / — and oh, / he WAS the best cretur ! / — I
빌 위플만 빼고      — 그리고 아,      빌은 정말 좋은 녀석이었는데 말이에요!

most wish 't / it had been me, / I do."
— 정말 바라요    그게 나였으면 하고,      그럼 내가 죽었을 텐데."

"My George! It's the beatenest thing / I ever struck. And
"저런!        정말 힘든 일이구나        여태껏 겪은 것 중.      그래서

THEN / what did you all do?"
그 다음에    모두 어떻게 했니?"

## Key Expression ❗

### I bet : 확실해

bet은 원래 내기, 혹은 내기에 걸다라는 뜻을 가진 동사입니다. 이로부터 파생되어 확실한 일에 대해 I bet, 혹은 You bet과 같은 말을 회화에서 자주 사용합니다.
I bet은 '(내기를 걸어도 좋을 만큼) 확신한다'의 의미이며 You bet은 '정말이야, 틀림없어, 물론이고 말고'와 같은 의미로 쓰입니다.

ex) I bet they didn' t! 당연히 안 했겠지!
I bet you. 확실해.
You bet it is. 물론 그렇지.
Jim said he bet she did think of it.
짐의 말로는 그녀는 분명 그걸 생각했을 거래.

steeringoar 조타 노 | swing 빙 돌다 | ferryman 연락선 책임자, 도선업자 | scow 대형 평저선, 짐배 | cretur
피조물, 사람(=creature) | my George 정말로, 어머나 (가벼운 맹세 또는 감탄)

215

"Well, we hollered and took on, / but it's so wide / there
"음, 우리는 계속 소리쳤지만,                    너무 넓어서

we couldn't make nobody hear. So pap said / somebody
아무도 우리 소리를 듣지 못했어요.           그래서 아빠가 말했죠

got to get ashore / and get help somehow. I was the only
누군가 강가로 가서        어떻게든 도움을 청해야 한다고.      내가 유일한 사람이었어요

one / that could swim, / so I made a dash for it, / and Miss
수영을 할 수 있는,       그래서 이 일에 뛰어들었죠,       그리고 후커

Hooker she said / if I didn't strike help sooner, / come here
아줌마는 말했어요       내가 금방 도움을 얻지 못하게 되면,        이곳으로 와서

/ and hunt up her uncle, / and he'd fix the thing. I made the
아줌마의 삼촌을 찾으면,       해결해 줄 거라고.       저는 상륙했고

land / about a mile below, / and been fooling along / ever
1마일 정도 아래쪽에,       쭉 걸어왔어요

since, / trying to get people to do something, / but they
그때부터,    사람들에게 도와달라고 하면서,            하지만 사람들은

said, / 'What, in such a night / and such a current? There
말했죠,    뭐라고, 이런 밤에다       이런 조류에 말이냐?

ain't no sense in it; / go for the steam ferry.' Now if you'll
어림 없단다;       증기선이나 찾아보거라!       그러니 아저씨가 가

go and —"
주신다면 —"

"By Jackson, I'd LIKE to, / and, blame it, I don't know /
"물론이지, 나도 가고 싶구나,       그런데, 제길, 모르겠어

but I will; / but who in the dingnation's a-going' to PAY
하지만 해야겠지;    그런데 대관절 누가 그 보상을 해 주느냐?

for it? Do you reckon / your pap —"
네가 생각하기엔       네 아빠가 —"

"Why THAT'S all right. Miss Hooker she tole me, /
"아, 그건 괜찮아요.       후커 부인이 나한테 말했어요,

PARTICULAR, / that her uncle Hornback —"
특별히,       그녀 삼촌 혼백이 —"

"Great guns! Is HE her uncle? Looky here, / you break
"어렵쇼!       그가 그녀 삼촌이라고?    이봐,       넌 저 불빛을 향해 가서

for that light / over yonder-way, / and turn out west /
저기 너머로 쭉,       서쪽으로 꺾어서

when you git there, / and about a quarter of a mile out /
거기 도착해서, 4분의 1마일 정도 가면

you'll come to the tavern; / tell 'em to dart you out / to Jim
술집에 도착할 거야; 그들에게 널 데려다 달라고 해

Hornback's, / and he'll foot the bill. And don't you fool
짐 혼백의 집에. 그러면 그 사람이 비용을 부담할 거야. 절대 시간 낭비하지 말고,

around any, / because he'll want to know the news. Tell
그가 소식을 알고 싶을 테니. 그에게

him / I'll have his niece all safe / before he can get to town.
말하거라 내가 조카를 구해낼 거라고 그가 마을에 도착하기 전에.

Hump yourself, now; / I'm agoing up around the corner
서두르렴, 이제; 나는 이 모퉁이를 돌아가서

here / to roust out my engineer."
기관사를 깨워야겠다."

I struck for the light, / but as soon as he turned the corner
나는 불빛을 향해 달렸다. 하지만 경비원이 모퉁이를 돌자마자

/ I went back / and got into my skiff / and bailed her out,
다시 돌아와서 소형 보트로 가서 바닥에 고인 물을 퍼냈다.

/ and then pulled up shore / in the easy water / about six
그리고는 강변을 따라 올라가 잔잔한 강에서 약 600야드 정도,

hundred yards, / and tucked myself / in among some
몸을 숨겼다 목재선 사이에;

woodboats; / for I couldn't rest easy / till I could see the
전혀 안심이 되지 않았기 때문에 나룻배가 출발하는 걸 보기 전에는.

ferryboat start. But take it all around, / I was feeling ruther
그러나 전반적으로 보면, 편안한 기분이었다

comfortable / on accounts of taking all this trouble / for
이 모든 수고를 감수했기 때문에

that gang, / for not many would a done it. I wished / the
그 갱을 위해, 많은 사람이 그렇게 하진 않을 테니까. 나는 바랐다 과부 아줌

widow knowed about it. I judged / she would be proud of
마가 이 사실을 알면 좋을텐데라고. 내 생각에 아줌마는 날 자랑스러워 할 것 같았다

make a dash for ~을 향해 돌진하다 | by Jackson 자네 말이 옳다 | dignation 발굴, 수색(=dig) | great guns
이크, 큰일났군 | tavern 펍, 여관 | foot the bill 비용을 부담하다 | roust 밀어내다, 방해하다 | bail (배에) 괸 물을
퍼내다

me / for helping these rapscallions, / because rapscallions
이런 악당들을 도와준 것에 대해,                                왜냐하면 악당과 쓸모없는 놈들은

and dead beats is / the kind / the widow and good people /
종류의 사람이었기에

takes the most interest in.
과부아줌마나 착한 사람들이 가장 흥미를 느끼는.

Well, before long / here comes the wreck, / dim and dusky,
그런데, 머지않아,            난파선이 다가왔다,              희미하고 어둡게,

/ sliding along down! A kind of cold shiver / went through
미끄러져 내려왔다!          오싹한 소름이                내 몸을 뚫고 지나갔고,

me, / and then I struck out for her. She was very deep, /
나는 배를 향해 갔다.                     배는 매우 깊이 잠겼고,

and I see / in a minute / there warn't much chance / for
그래서 알았다    곧        가능성이 거의 없다는 것을

anybody being alive / in her. I pulled all around her / and
누군가 살아있을          배 안에서. 나는 배 주변을 돌며

hollered a little, / but there wasn't any answer; / all dead
소리를 질렀지만,         아무 대답도 없었다;              모든 게 고요했다.

still. I felt a little bit heavy-hearted / about the gang, / but
마음이 무거웠지만                        그 갱들에 대해,          그렇게

not much, / for I reckoned / if they could stand it / I could.
심하진 않았다,      왜냐하면 생각했으니까   그들이 견딜 수 있다면        나도 할 수 있다고.

**Key Expression**

**by the time vs until**

by the time과 until은 모두 '~까지'의 의미를 지닌 접속사입니다. 이때 by
the time에는 완료의 기한으로서 '~때까지는'의 의미가, until이나 till에는
'~때까지 (계속)'의 의미가 함축되어 있습니다.

until과 till은 같은 의미의 전치사로도 쓰이는데 이때에도 같은 의미의 전치사
by와 같은 방법으로 구분해서 사용합니다.

ex) By the time I got there the sky was beginning to get a little gray in the east.
거기에 도착할 때쯤이면 하늘이 동쪽에서 회색 빛을 띄기 시작할 것이었다.
(날이 밝아올 것이란 의미)
But I never believed it till I see that wonderful spread of lights.
하지만 나는 그 놀랍게 펼쳐진 불빛들을 볼 때까지는 그것을 믿지 않았었다.

Then here comes the ferryboat; / so I shoved / for the
그때 나룻배가 다가왔다;                                  그래서 나는 떠밀었다

middle of the river / on a long down-stream slant; / and
강 한가운데로                      길고 경사진 하류를 타고;

when I judged / I was out of eye-reach / I laid on my oars,
생각했을 때          내가 보이지 않을 거라고          노를 내려놓고,

/ and looked back / and see her go and smell / around
뒤를 돌아보았고          나룻배가 난파선 주위를 돌며

the wreck / for Miss Hooker's remainders, / because the
찾는 것을 보았다     후커 아줌마의 유품을 찾기 위해,              왜냐하면 선장은

captain would know / her uncle Hornback would want
알고 있었기 때문에          그녀의 삼촌인 혼백 영감이 그걸 원할 거라고;

them; / and then pretty soon / the ferryboat give it up / and
그리고 곧                나룻배는 찾기를 포기하고

went for the shore, / and I laid into my work / and went
강변으로 갔고,                나는 다시 노를 저어

a-booming down the river.
강을 따라 내려갔다.

It did seem a powerful long time / before Jim's light
아주 긴 시간처럼 느껴졌다                          짐의 불빛이 보일 때까지;

showed up; / and when it did show / it looked like / it was
불빛이 보이자                        그건 마치

a thousand mile off. By the time I got there / the sky was
1,000마일은 떨어져 있는 듯 했다. 거기에 도착할 때쯤

beginning to get a little gray / in the east; / so we struck
하늘이 회색 빛을 띠기 시작했다              동쪽에서;          그래서 우리는 섬으로 향해,

for an island, / and hid the raft, / and sunk the skiff, / and
뗏목을 감추고,                  소형 보트를 가라앉히고 나서,

turned in / and slept like dead people.
되돌아와          죽은 사람처럼 잤다.

---

rapscallion 악한, 불량배 | dead beat 쓸모없는 사람들, 사회 부적응자 | dusky 어스름한 | heavy-hearted
마음이 무거운, 침울한 | slant 비스듬함

## A. 다음 문장을 해석해 보세요.

(1) We must always light the lantern / whenever we see a
    steamboat / coming down-stream, / to keep from getting run
    over.
    →

(2) Every night / we passed towns, / some of them away up on
    black hillsides, / nothing but just a shiny bed of lights.
    →

(3) I see a man stretched on the floor / and tied hand and foot, /
    and two men standing over him, / and one of them had a dim
    lantern / in his hand, / and the other one had a pistol.
    →

(4) I told Jim / to float along down, / and show a light / when he
    judged / he had gone about two mile, / and keep it burning /
    till I come.
    →

## B. 다음 주어진 문장이 되도록 빈칸에 써 넣으세요.

(1) 원형 천막은 그것을 보이지 않도록 막아 줄 것이었다.
    The wigwam would [                                    ].

(2) 우리는 그 모든 것을 만족스럽게 해결했다.
    →

(3) 우리는 뭔가 가질 만한 가치가 있는 것을 빌려올 수 있을지도 몰라.
    →

(4) 폭풍우가 다시 시작되었고, 이번엔 전보다 더 심했다.
    It begun to storm again, and [                                    ].

A. (1) 하류 쪽으로 오는 증기선이 보일 때마다 덮쳐오지 못하도록 우리는 항상 램프를 밝혀야 했다. (2) 매
일 밤 우리는 마을들을 지나갔다, 어떤 마을은 멀리 떨어진 검은 언덕 비탈길에 있었고, 단지 불빛이 반짝
이는 것밖에 보이지 않았다. (3) 나는 손과 발이 묶인 채 바닥에 쭉 뻗어 있는 남자를 보았다, 그리고 그의

220   The Adventures of Huckleberry Finn

C. 다음 주어진 문구가 알맞은 문장이 되도록 순서를 맞춰 보세요.

(1) 집이라곤 한 채도 보이지 않았다.
   (could / a / Not / house / see / you)
   →

(2) 우리는 인디언 천막 안에 머무르며 <u>뗏목이 알아서 떠내려가도록 내버려 두었다.</u>
   (take care of / let / itself / let / the raft)
   We stayed in the wigwam and ▮▮▮▮▮▮▮▮
   ▮▮▮▮▮ .

(3) 그를 없애버려서 문제를 해결하자는 거야.
   (putting / I'm / his troubles / him / for / out of)
   →

(4) 물론 그렇지.
   (is / bet / it / You)
   →

D. 다음 단어에 대한 맞는 설명과 연결해 보세요.

(1) jabber  ▶            ◀ ① morally correct or acceptable

(2) snug    ▶            ◀ ② not move

(3) decent  ▶            ◀ ③ steal things

(4) plunder ▶            ◀ ④ very warm and comfortable

221

# 14

By and by, / when we got up, / we turned over the truck
마침내,                잠에서 깨자,              우리는 물건들을 살펴보았다

/ the gang had stole off of the wreck, / and found boots,
갱들이 난파선에서 훔친,                              그리고 부츠와, 담요, 옷가지를

and blankets, and clothes, / and all sorts of other things,
발견했다,                        또 다른 잡동사니들도,

/ and a lot of books, / and a spyglass, / and three boxes
많은 책과,              소형 망원경과,          담배 세 상자도.

of seegars. We hadn't ever been this rich / before / in
우리는 이렇게 부자인 적이 없었다                전에는

neither of our lives. The seegars was prime. We laid
두 사람 모두 인생에서.      담배는 최상품이었다.          우리는 누워서 쉬었다

off / all the afternoon / in the woods / talking, / and me
오후 내내              숲 속에서        이야기 하며,

reading the books, / and having a general good time. I
그리고 나는 책을 읽기도 했고,    대부분 즐거운 시간을 보냈다.                    나는

told Jim / all about what happened / inside the wreck /
짐에게 말했다    일어난 일을 모두            난파선 안에서

and at the ferryboat, / and I said / these kinds of things
그리고 나룻배에서,            또 말했다        이런 종류의 일이야말로 모험이라고;

was adventures; / but he said / he didn't want no more
하지만 짐은 말했다    더 이상 모험을 하고 싶지 않다고.

adventures. He said that / when I went in the texas / and
그는 말했다            내가 상층 갑판실에 들어갔을 때

he crawled back / to get on the raft / and found her gone
그는 뒤쪽으로 기어서    뗏목으로 갔는데          뗏목이 없어진 걸 알고

/ he nearly died, / because he judged / it was all up with
거의 죽을 뻔 했다고,      왜냐하면 생각했기 때문에      모든 게 끝이라고

HIM / anyway / it could be fixed; / for if he didn't get
아무리 해도      상황을 되돌리기에는;        왜냐하면 구조되지 않는다면

saved / he would get drownded; / and if he did get saved,
물에 빠져 죽을 것이고;            그리고 만약 구조된다 해도,

turn over 뒤집다, 뒤집히다 | spyglass 작은 망원경 | duke 공작 | earl 백작 | gaudy 화려한 | put on style
젠체하다, 거드름 피우다 | your majesty 폐하 | your grace 각하, 예하 | your lordship 각하, 나리 각하 |
bug out 도망치다, 내빼다

222  The Adventures of Huckleberry Finn

/ whoever saved him / would send him back home / so
누구라도 자신을 구해준 사람은    그를 집으로 돌려보낼 테니까

as to get the reward, / and then / Miss Watson would
보상금을 받으려고,        그러면        왓슨 아줌마는 그를 남부 지방에

sell him South, / sure. Well, he was right; / he was most
팔아버릴 테니까,    틀림없이. 정말로, 그의 말이 옳았다;    짐은 대체로 옳은 말을

always right; / he had an uncommon level head / for a
했다;        그리고 범상치 않은 머리를 가지고 있었다

nigger.
검둥이치고는.

I read considerable to Jim / about kings and dukes and
나는 짐에게 많은 것을 읽어줬다        왕이나 공작이나 백작 등에 대한 이야기를,

earls and such, / and how gaudy they dressed, / and how
그들이 얼마나 화려하게 옷을 입는지,        얼마나 멋을

much style they put on, / and called each other / your
부리는지,        그리고 서로를 부르는지

majesty, and your grace, and your lordship, and so on,
폐하니, 각하니, 나리 등으로,

/ 'stead of mister; / and Jim's eyes bugged out, / and he
미스터라고 부르지 않고;    그러자 짐의 눈은 튀어나올 듯 했고,

was interested. He says:
재미있어 했다.    그가 말했다:

"I didn' know / dey was so many un um. I hain't hearn /
"나는 몰랐어    그런 사람들이 그렇게 많을 줄은.    들어본 적이 없거든

'bout none un um, / skasely, / but ole King Sollermun, /
그런 사람들에 대해,    거의,    솔로몬 왕을 빼고는,

Key Expression

**복합관계대명사 whoever**

whoever는 복합관계대명사로 '~ 하는 사람이면 누구나'(=anyone who), 또
는 '누가 ~하더라도(= no matter who)'라는 의미를 가지고 있습니다.
복합관계대명사에는 whoever 이외에도 whatever와 whichever가 있습
니다.

ex) Whoever saved him would send him back home so as to get the reward.
그를 구해준 사람이라면 누구나 보상금을 받으려고 그를 집으로 돌려보낼 것이
었다.

223

onless you counts dem kings / dat's in a pack er k'yards.
왕이라고 세지 않는다면        트럼프 카드에 나오는 왕을.

How much do a king git?"
왕은 돈을 얼마나 버는 거야?"

"Get?" / I says; / "why, they get a thousand dollars / a
"벌다니?"    내가 말했다;    "왕들은 1,000달러도 받는다고

month / if they want it; / they can have / just as much as
한 달에    원하기만 한다면;    가질 수 있는 거야    원하는 만큼;

they want; / everything belongs to them."
       모든 것이 그들의 소유거든."

"AIN' dat gay? En what dey got to do, / Huck?"
"그거 멋진데?     그럼 그 사람들은 무슨 일을 하는데,   헉?"

"THEY don't do nothing! Why, how you talk! They just
"아무 일도 하지 않아!     어떻게 그런 말을 할 수 있는지!

set around."
그 사람들은 그냥 앉아 있을 뿐이야."

"No; / is dat so?"
"그럴 리가; 그게 정말이야?"

"Of course it is. They just set around / — except, /
"물론 사실이야.    그 사람들은 그냥 앉아 있어    — 제외하고는,

maybe, / when there's a war; / then they go to the war.
아마도,    전쟁이 있을 때;    그때에는 전쟁에 나가지.

But other times / they just lazy around; / or go hawking /
하지만 그렇지 않은 때에는 그저 빈둥거리는 거야;    아니면 매사냥을 가거나

— just hawking and sp / — Sh! / — d' you hear a noise?"
— 그저 매사냥이나 하는 거야    — 쉿!    — 무슨 소리 못 들었어?"

We skipped out and looked; / but it warn't nothing / but
우리는 뛰어나가 살펴 보았다;     하지만 아무것도 없었다

the flutter of a steamboat's wheel / away down, / coming
증기선 바퀴의 펄럭이는 소리 말고는    저 멀리 아래의,

around the point; / so we come back.
곶을 돌아 다가오고 있는;    그래서 다시 돌아왔다.

"Yes," / says I, / "and other times, / when things is dull,
"맞아,"    내가 말했다,   "그리고 다른 때는,    다 지겨워지면,

gay 명랑한, 즐거운 | hawking 매사냥 | flutter 흔들림, 떨림 | fuss 법석, 야단, 소동 | parlyment 의회, 국회
(=parliament) | whack 세게 치다, 후려치다 | hang round 어슬렁거리다, 배회하다 | harem (과거 특히 일부 회교
국가 부유한 남자의) 첩,후궁 | bo'd'n-house 하숙집, 기숙사(=boardinghouse) | rackety 소란한 | nussery (가정집의)
아기 방(= nursery) | blim-blammin' 제기랄!, 아뿔싸!, 아차!, 저런!. (욕설이 난무하는) 난장판(=blim(e)ly)

/ they fuss with the parlyment; / and if everybody don't go
의회와 야단법석을 떨지;　　　　　　누구든지 시키는 대로 하지 않으면

just so / he whacks their heads off. But mostly / they hang
목을 싹둑 잘라 버리는 거야.　　　　하지만 대개는

round the harem."
후궁 주위를 돌아다니지."

"Roun' de which?"
"어디 주위라고?"

"Harem."
"후궁."

"What's de harem?"
"후궁이 뭔데?"

"The place where he keeps his wives. Don't you know
"부인들을 두는 곳이야.　　　　　　넌 후궁도 모르니?

about the harem? Solomon had one; / he had about a
솔로몬 왕에게도 있었어;

million wives."
부인이 백만 명이나 있었다니까."

"Why, yes, dat's so; / I — I'd done forgot it. A harem's a
"오, 그래, 그랬었지;　　　난 — 난 잊어버렸어.　　　후궁은 기숙사구나,

bo'd'n-house, / I reck'n. Mos' likely / dey has rackety times
내 생각엔.　　　아마 대부분　　　그들은 시끄러운 시간을 보내겠지

/ in de nussery. En I reck'n / de wives quarrels considable; /
아기 방에서.　　　그리고 내 생각에　부인들은 꽤 많이 싸울 것 같아;

en dat 'crease de racket. Yit dey say / 'Sollermun de wises'
그래서 더욱 시끄럽겠지.　　　　그런데 사람들은 말하지 '솔로몬 왕이 가장 현명한 사람이

man / dat ever live'. I doan' take no stock in dat. Bekase
라고　　현존하는'.　　　나는 믿을 수 없어.　　　　　왜냐하면:

why: / would a wise man want to live / in de mids' / er sich
현명한 사람이라면 살고 싶겠어　　　한가운데서

a blim-blammin' / all de time? No — / 'deed he wouldn't.
그런 난장판의　　　　항상?　　　아닐 거야 — 실제로는 그렇지 않겠지.

A wise man 'ud take en buil' a biler-factry; / en den / he
현명한 사람이라면 보일러 공장을 세우겠지;　　　그러면

could shet DOWN de biler-factry / when he want to res'."
공장 문을 닫을 수 있으니까　　　　　쉬고 싶을 때는."

"Well, but he WAS the wisest man, / anyway; / because the
"글쎄, 하지만 그는 가장 현명한 사람이었어,.     아무튼;     과부 아줌마가 나한

widow she told me so, / her own self."
테 그렇게 말했으니까,          직접."

"I doan k'yer / what de widder say, / he WARN'T no wise
"난 상관 안 해     아줌마가 뭐라고 말했든,     그는 전혀 현명한 사람이 아니었어.

man nuther. He had some er de dad-fetchedes' ways / I ever
완전히 말도 안 되는 짓을 했으니까          내가 본

see. Does you know 'bout dat chile / dat he 'uz gwyne to
것 중, 그 아이에 대해 알고 있니          그가 둘로 나누려고 했던?"

chop in two?"

"Yes, / the widow told me / all about it."
"응,     과부 아줌마가 말해 줬어     그 얘기를 전부."

"WELL, den! Warn' dat de beatenes' notion / in de worl'?
"음, 제길!          그런 말도 안 되는 소리가 있냐고          도대체?

You jes' take en look at it / a minute. Dah's de stump, / dah
너도 생각해 봐          잠시.     그루터기가 있잖아,     저기

/ — dat's one er de women; / heah's you / — dat's de yuther
— 그걸 여자라고 치는 거야;          여기 네가 있지     — 너를 다른 여자라고 치자;

one; / I's Sollermun; / en dish yer dollar bill's de chile.
나는 솔로몬 왕이야;          그리고 여기 1달러 지폐가 어린애고.

---

### Key Expression

**부정대명사 one – the other**

여러 개의 명사를 순서 없이 가리킬 때에는 다음과 같은 부정대명사를 사용합니다. 이 중 첫 번째 것은 one으로, 맨 마지막 것은 the other로 표현합니다.

▶ 두 개의 명사 : one(하나) – the other(다른 하나)
▶ 세 개의 명사 : one(하나) – another(또 다른 하나) – the other(나머지 하나)
▶ 네 개 이상의 명사 : one(하나) – the other(다른 하나) – the third(세 번째 것) –
   … – the other(나머지 하나)

ex) Dah's de stump, dah ? dat's one er de women; heah's you ? dat's de
   yuther one. There's the stump, there – that's one of the women; hear's you –
   that's the other one.
   그루터기가 있잖아, 저기에 — 그걸 여자라고 치는 거야; 여기 네가 있지
   — 너를 다른 여자라고 치는 거야.

---

dad-fetchedes' 믿기지 않는(=dead-fetched) | gumption 상황 대처 능력 | hang it 제기랄, 빌어먹을 | de 'spute
분쟁, 논쟁(= dispute)

Bofe un you claims it. What does I do? Does I shin aroun'
이 애 앞에서 둘이 다투는 거야.       나는 뭘 하면 좋을까?       나라면 말이지 이웃들 사이를

mongs' de neighbors / en fine out / which un you de bill
돌아다니며               찾아내서        누가 이 돈의 주인인지,

DO b'long to, / en han' it over to de right one, / all safe en
                그걸 올바른 주인에게 넘겨주지 않을까,        모두 안전하고 건강

soun', / de way / dat anybody dat had any gumption would?
한 채로,       이게 방식이지 제대로 상황을 보는 사람이 하는?

No; I take en whack de bill in TWO, / en give half un it to
아니야; 그 지폐를 둘로 나누어서,                반쪽은 네게 주고,

you, / en de yuther half to de yuther woman. Dat's de way
남은 반쪽은 다른 여자한테 주는 거야.          그게 바로 방식이야

/ Sollermun was gwyne to do / wid de chile. Now I want
솔로몬 왕이 했던                그 아이에게.       이제 네게 묻고 싶어:

to ast you: / what's de use er dat half a bill? / — can't buy
반쪽짜리 지폐가 무슨 소용이 있지?               — 그것으로는 아무것도

noth'n wid it. En what use is a half a chile? I wouldn' give a
살 수 없다고.        그러면 반쪽짜리 어린애가 무슨 소용이냐고?        아무 소용없다고

dern / for a million un um."
반쪽짜리 100만 명이 있다 해도."

"But hang it, Jim, / you've clean missed the point / — blame
"하지만, 짐,            넌 완전히 요점을 놓치고 있어              — 제기랄,

it, / you've missed it a thousand mile."
넌 완전히 놓치고 있단 말이야."

"Who? Me? Go 'long. Doan' talk to me / 'bout yo' pints. I
"누가? 내가? 집어치워.       나한테 말하려 하지 마        네 요점을.

reck'n I knows sense / when I sees it; / en dey ain' no sense
나는 사리분별을 알고 있다고 생각해 그런 문제를 볼 때;        그런데 그들은 사리분별이 없는 거야

/ in sich doin's as dat. De 'spute warn't 'bout a half a chile, /
그런 일을 하다니.        논쟁은 반쪽짜리 애에 대한 게 아니고,

de 'spute was 'bout a whole chile; / en de man dat think he
온전한 애에 대한 거였다고;             하지만 해결할 수 있다고 생각하는 사람은

kin settle / a 'spute 'bout a whole chile / wid a half a chile /
온전한 애에 관한 논쟁을          반쪽짜리 애로는 모르는 거라고

doan' know / enough to come in out'n de rain.
밖에 비가 오면 들어와야 하는 것도.

Doan' talk to me / 'bout Sollermun, / Huck, / I knows him
나한테 말하지 마    솔로몬 왕에 대해,    헉,    난 그에 대해 알고 있어

/ by de back."
뒷모습까지.'

"But I tell you / you don't get the point."
"그러니까 말하는 거야    넌 요점을 이해하지 못했다고.'

"Blame de point! I reck'n / I knows what I knows. En mine
"빌어먹을 요점!    나는 생각해    내가 알고 있는 건 알고 있다고.    기억해 두라고,

you, / de REAL pint is down furder / — it's down deeper.
진정한 요점은 저 멀리 있는 거야    — 더 깊은 곳에.

It lays / in de way / Sollermun was raised. You take a man
있는 거야    방식에    솔로몬이 자라온.    한 사람을 생각해 봐

/ dat's got on'y one or two chillen; / is dat man / gwyne
아이가 한두 명밖에 없는;    그런 사람이

to be waseful o' chillen? No, he ain't; / he can't 'ford it.
아이들을 학대할까?    아니야, 그러지 않을 거야  그럴 여유도 없지.

HE know / how to value 'em. But you take a man / dat's
그는 알고 있어    아이들을 소중히 다루는 방법을.    하지만 사람을 생각해 봐

got 'bout five million chillen / runnin' roun' de house, /
5백만 명의 아이를 가진    집 주위를 뛰어다니는,

en it's diffunt. HE as soon chop a chile in two / as a cat.
그러면 어려운 거야.    그런 사람은 당장 아이를 두 동강 낼 수 있어    고양이처럼.

Dey's plenty mo'. A chile er two, / mo' er less, / warn't no
훨씬 많이 있으니까.    아이 한두 명,    그 정도는,

consekens to Sollermun, / dad fatch him!"
솔로몬 왕에게는 중요하지 않은 거야,    완전히 말도 안 되는 사람이야!

I never see such a nigger. If he got a notion / in his head
난 그런 검둥이를 본 적이 없다.    그는 어떤 생각을 갖게 되면    머리 속에

/ once, / there warn't no getting it out / again. He was the
일단,    바꾸려 하지 않는 것이다    다시는.    그는 솔로몬에 대해

most down on Solomon / of any nigger I ever see. So I
가장 많이 비난한 사람이다    내가 본 검둥이들 중에.

went to talking / about other kings, / and let Solomon slide.
그래서 나는 말했다    다른 왕들에 대해,    솔로몬은 내버려두고.

---

'ford ~할 여유가 되다(=afford) | let ~ slide 내버려두다 | ding 딩동, 땡땡하는 소리 | busted (못된 짓을 하다가)
걸린

I told about Louis Sixteenth / that got his head cut off /
나는 루이 16세에 대해 말했다　　　　　교수형을 당했던

in France / long time ago; / and about his little boy the
프랑스에서　　오래 전에;　　그리고 어린 아들 돌핀에 관해,

dolphin, / that would a been a king, / but they took / and
　　　　한 때는 왕이었지만,　　　　사람들이 데려가

shut him up in jail, / and some say / he died there.
감옥에 가뒀고,　　　　사람들이 말하길　　그곳에서 죽고 말았다는.

"Po' little chap."
"불쌍한 녀석이군."

"But some says / he got out / and got away, / and come to
"하지만 누군가 말하기를　그는 탈출해서,　　도망쳤대,

America."
그리고 미국으로 왔다고."

"Dat's good! But he'll be pooty lonesome / — dey ain' no
"그거 잘됐군!　　하지만 매우 외로울 거야　　　　— 여기에는 왕이

kings here, / is dey, Huck?"
없으니까,　　　그렇지, 헉?"

"No."
"없지."

"Den he cain't git no situation. What he gwyne to do?"
"그럼 그는 직장도 구할 수 없겠군.　　　　무슨 일을 할까?"

"Well, I don't know. Some of them gets on the police, /
"글쎄, 모르겠어.　　　누군가는 경찰이 되고,

and some of them learns people / how to talk French."
누군가는 사람들을 가르치는 거지　　　프랑스어를."

"Why, Huck, / doan' de French people talk / de same way
"아니, 헉,　　　프랑스 사람들은 말하지 않니

we does?"
우리와 똑같이?"

"NO, Jim; / you couldn't understand a word / they said /
"아니야, 짐;　　넌 한 마디도 못 알아들을 거야　　　　그들이 하는

— not a single word."
— 한 마디도."

"Well, now, / I be ding-busted! How do dat come?"
"음, 이제,　　　머리가 띵하군!　　어떻게 그럴 수 있지?"

229

"I don't know; / but it's so. I got some of their jabber /
"나도 몰라;          하지만 그런 거야. 프랑스 사람이 말하는 걸 들었었거든

out of a book. S'pose / a man was to come to you / and
책에서.          생각해 봐     어떤 사람이 네게 와서               말한다고

say / Polly-voo-franzy / — what would you think?"
폴리-부-프란지라고      — 넌 뭐라고 생각하겠어?"

"I wouldn' think nuff'n; / I'd take en bust him over de
"아무 생각도 안 하겠지;          그 머리를 붙잡아서 부숴 놓을 거야

head / — dat is, / if he warn't white. I wouldn't 'low / no
— 즉,          그 사람이 백인이 아니라면 말이야. 용서하지 않을 거야

nigger to call me dat."
검둥이가 날 그렇게 부르는 건."

"Shucks, / it ain't calling you anything. It's only saying, /
"이런,          그건 널 욕하는 말이 아니야.          그건 이런 뜻이야,

do you know how to talk French?"
당신은 프랑스어를 할 줄 아십니까?"

"Well, den, / why couldn't he SAY it?"
"음, 제길,          왜 그렇게 말하지 못하는 거야?"

"Why, he IS a-saying it. That's a Frenchman's WAY / of
"그렇게 말한 거라니까.          그게 프랑스인의 방식이라고

saying it."
그렇게 말하는."

"Well, it's a blame ridicklous way, / en I doan' want to
"참, 그거 참 웃기는 방식이군,          듣고 싶지 않아

hear / no mo' / 'bout it. Dey ain' no sense / in it."
더 이상은     그것에 대해. 아무 뜻이 없다니까     그런 말에는."

"Looky here, Jim; / does a cat talk / like we do?"
"이봐, 짐;          고양이가 말을 하니     우리가 하는 것처럼?"

"No, / a cat don't."
"아니,     고양이는 안 그러지."

"Well, does a cow?"
"그럼, 소는 하니?"

shucks 이런, 어머, 아뿔싸(당혹감이나 실망감을 나타내는 소리)

"No, / a cow don't, nuther."
"아니, 소도 안 하지."

"Does a cat talk like a cow, / or a cow talk like a cat?"
"고양이가 소처럼 말하니, 아니면 소가 고양이처럼 말하니?"

"No, / dey don't."
"아니, 둘 다 안 하지."

"It's natural and right / for 'em to talk / different from
"그게 당연하고 옳다고 그들이 말하는 것이 서로 다른 방식으로,

each other, / ain't it?"
그렇지 않아?"

"Course."
"물론이지."

"And ain't it natural and right / for a cat and a cow to
"그럼 당연하고 옳지 않겠어 고양이와 소가 말하는 것이

talk / different from US?"
우리와 다른 방식으로?"

"Why, mos' sholy it is."
"암, 당연히 그렇지."

"Well, then, / why ain't it natural and right / for a
"자, 그럼, 왜 당연하고 옳은 게 아니겠어

FRENCHMAN to talk / different from us? You answer
프랑스인이 말하는 것이 우리와 다른 방식으로? 대답해 봐."

me that."

"Is a cat a man, / Huck?"
"고양이가 사람이니, 헉?"

"No."
"아니지."

"Well, den, / dey ain't no sense / in a cat talkin' like a
"음, 그럼, 말이 안 되는 거지 고양이가 사람처럼 말하는 건.

man. Is a cow a man? / — er is a cow a cat?"
소가 사람이야? — 아니면 소가 고양이야?"

"No, / she ain't either of them."
"아니, 둘 다 아니지."

"Well, den, / she ain't got no business to talk / like either
"자, 그럼,　　　　고양이가 말할 일이 없잖아

one er the yuther of 'em. Is a Frenchman a man?"
사람이나 소처럼.　　　　　프랑스인은 사람이지?"

"Yes."
"그럼."

"WELL, den! Dad blame it, / why doan' he TALK / like a
"자, 그럼!　　　제길,　　　　왜 프랑스인은 말하지 않는 거냐고

man? You answer me DAT!"
사람처럼? 그 질문에 대답해 보라고!"

I see / it warn't no use wasting words / — you can't learn a
난 알았다  더 이상 말해도 소용없다는 걸　　　　— 검둥이에게 토론을 가르칠

nigger to argue. So I quit.
수 없다.　　　　　　그래서 그만두었다.

Key Expression

It is no use -ing : ~해도 소용없다
It is no use -ing는 동명사를 이용한 관용 표현으로 '~해도 소용없다'라는 의
미입니다.
'It is of no use to + 동사', 혹은 'It is useless to + 동사'와 같이 부정사
를 이용한 관용표현으로 바꾸어 쓸 수 있습니다.

ex) I see it warn't no use wasting words.
　　난 더 이상 말해도 소용없다는 걸 알았다.

make fast 단단히 (붙들어) 매다, 고정시키다 | sapling 묘목, 어린나무 | budge 약간 움직이다, 움직이게 하다,
꼼짝하다

# 15

We judged / that three nights more / would fetch us to Cairo,
우리는 판단했다    사흘 밤 지나면              카이로에 도착할 거라고,

/ at the bottom of Illinois, / where the Ohio River comes in, /
일리노이 주 끝에 있는,            오하이오 강이 흘러 들어오는 곳에,

and that was what we was after. We would sell the raft / and
그곳이 우리가 가려는 곳이었다.              우리는 뗏목을 팔아서

get on a steamboat / and go way up the Ohio / amongst the
증기선에 올라타고      오하이오까지 올라갈 것이다        자유로운 주 가운데에,

free States, / and then / be out of trouble.
자유로운 주        그러면      우리는 곤경에서 벗어날 것이다.

Well, the second night / a fog begun to come on, / and we
그런데, 이튿날 밤에         안개가 끼기 시작했고,

made for a towhead / to tie to, / for it wouldn't do to try to
우리는 모래톱로 향했다      배를 묶어 놓을,  달릴 수 없었기 때문에

run / in a fog; / but when I paddled ahead / in the canoe, /
안개 속에서 ;   그러나 내가 노를 저어 갔을 때        카누를 타고,

with the line / to make fast, / there warn't anything / but
밧줄로        묶어 놓을,        그곳에는 아무것도 없었다

little saplings / to tie to. I passed the line / around one of
작은 나뭇가지밖에는   묶어 놓을 것. 나는 밧줄을 던졌다    그 가지들 중 하나에

them / right on the edge of the cut bank, / but there was a
가파른 강둑의 바로 가장자리에 있던,           하지만 물살이 너무 세서,

stiff current, / and the raft come booming down / so lively /
뗏목이 돌진했고                              매우 기운차게

she tore it out by the roots / and away she went. I see the fog
나무를 뿌리째 뽑아          멀리 가 버렸다.         안개가 끼는 것을

closing down, / and it made me so sick and scared / I couldn't
보면서,           나는 너무 아프고 두려워서              꼼짝할 수 없었다

budge / for most a half a minute / it seemed to me / — and
잠시도              그런 것 같았다

then there warn't no raft / in sight; / you couldn't see twenty
— 그리고 나서 뗏목이 사라졌다    시야에서;      20야드 밖도 보이지 않았다.

yards. I jumped into the canoe / and run back to the stern, /
나는 카누에 올라타서             고물 쪽으로 달려가,

233

and grabbed the paddle / and set her back a stroke. But
노를 잡고                        뒤로 한 번 저었다.                              하지만

she didn't come. I was in such a hurry / I hadn't untied
카누는 움직이지 않았다.      너무 서두른 탓에                  밧줄을 풀지 않았던 것이다.

her. I got up / and tried to untie her, / but I was so excited
나는 일어나서   밧줄을 풀려고 했지만,              너무 흥분한 나머지

/ my hands shook / so I couldn't hardly do anything /
손이 떨려서              아무것도 할 수 없었다

with them.
그 손으로.

As soon as I got started / I took out after the raft, / hot
나는 출발하자 마자              뗏목을 따라 갔다.

and heavy, / right down the towhead. That was all right
맹렬하게,          모래톱 아래 쪽으로.                  그건 괜찮았다

/ as far as it went, / but the towhead warn't sixty yards
갈 때까지는,              하지만 모래톱은 60야드 길이밖에 안 되었고,

long, / and the minute I flew / by the foot of it / I shot
              도착한 순간              그 아래쪽에              나는 갇히고

out / into the solid white fog, / and hadn't no more idea /
말았다  빽빽하고 하얀 안개 속에,              그리고 더 이상 알 수 없었다

which way I was going / than a dead man.
내가 어떤 길로 가고 있는 건지        죽은 사람처럼.

### 강조의 조동사 do

동사의 의미를 강조하고 싶을 때 동사 앞에 조동사 do를 추가하여 표현합니다. 이
때 '정말 ~하다'와 같이 해석합니다.
do 동사를 추가할 때에는 주어의 인칭과 동사의 시제에 맞춰 'do[does/did] +
동사원형'과 같이 변형시킵니다.

ex) I did wish the fool would think to beat a tin pan.
   난 그 바보가 주석 냄비를 두드리겠다고 생각했으면 하고 정말로 바랐다.

fidgety 지루하거나 초조해서 가만히 못 있는 | whoop 고함을 지르다 | tear 부리나케 가다 | tangled 복잡한,
뒤얽힌

Thinks I, / it won't do to paddle; / first I know / I'll run
내 생각에   노를 저을 필요는 없을 것 같았다;   우선 알았다   충돌할 거라고

into / the bank or a towhead / or something; / I got to set
강둑이나 모래톱이나   그런 것들에;   조용히 떠내려 가면서,

still and float, / and yet it's mighty fidgety business / to
안절부절 했다

have to hold your hands still / at such a time. I whooped
손을 가만히 두려니   그런 시간에.   나는 소리를 지르고

and listened. Away down there somewhere / I hears a
귀를 기울였다.   저 멀리 아래쪽 어디선가   작은 외침이 들렸고,

small whoop, / and up comes my spirits. I went tearing
기운을 차렸다.   그 외침을 쫓아 따라가면서,

after it, / listening sharp / to hear it again. The next time
자세히 귀를 기울였다   그 소리를 다시 듣기 위해.   다시 한 번 소리가

it come / I see / I warn't heading for it, / but heading away
들렸을 때   나는 알았다   그 소리를 향하고 있지 않고,   오히려 그 오른쪽으로 멀어지

to the right of it. And the next time / I was heading away
고 있음을.   그리고 그 다음에는   그 왼쪽으로 향하고 있었다

to the left of it / — and not gaining on it much either, / for
— 그곳에 닿지도 못했다,

I was flying around, / this way and that / and t'other, / but
왜냐하면 나는 주위를 맴돌았고,   이쪽 저쪽으로,   반면에 상대방은,

it was going straight ahead / all the time.
곧장 앞으로 가고 있었기 때문이었다   줄곧.

I did wish / the fool would think / to beat a tin pan, / and
정말 바랐다   그 바보가 생각했으면 좋겠다고   주석 냄비를 두드리겠다고,   그리고

beat it all the time, / but he never did, / and it was the still
계속 두드렸으면 좋겠다고,   하지만 전혀 하지 않았다,   그리고 그것은 조용한 장소였다

places / between the whoops / that was making the trouble
외침 사이에   나를 힘들게 했던 것은.

for me. Well, I fought along, / and directly I hears the
나는 나아가려고 애쓰다가,   바로 그때 외침 소리를 들었다

whoop / BEHIND me. I was tangled good now. That was
내 뒤에서.   이제 완전히 헷갈렸다.

somebody else's whoop, / or else I was turned around.
그건 다른 사람의 외침이거나,   아니면 내가 한 바퀴 빙 돌았던 것이었다.

I throwed the paddle down. I heard the whoop again;
나는 노를 집어던졌다. 다시 외침 소리를 들었다;

/ it was behind me yet, / but in a different place; / it
그 소리는 여전히 내 뒤에 있었지만, 다른 곳이었다; 소리는

kept coming, / and kept changing its place, / and I kept
계속 다가오면서, 그 위치를 계속 바꿨고, 나는 계속 대답했다,

answering, / till by and by / it was in front of me / again,
마침내, 그 소리는 내 앞으로 왔다 다시 한 번,

/ and I knowed / the current had swung / the canoe's head
나는 알았다 조류가 휙 돌렸다는 것을 카누의 앞머리를

/ down-stream, / and I was all right / if that was Jim / and
하류 쪽으로, 좋았을 것이다 그 소리가 짐이라면

not some other raftsman hollering. I couldn't tell nothing
다른 뗏목 사공이 외치는 게 아니라. 나는 아무것도 분간할 수 없었다

/ about voices / in a fog, / for nothing don't look natural /
목소리들을 안개 속에서, 어느 것도 자연스럽게 보이지 않고

nor sound natural / in a fog.
자연스럽게 들리지 않으니까 안개 속에서는.

The whooping went on, / and in about a minute / I come
외침은 계속되었고, 약 1분 동안

a-booming down / on a cut bank / with smoky ghosts of
나는 계속 내려갔다 가파른 강둑을 향해 큰 나무들이 안개 속 유령처럼 서 있는

big trees / on it, / and the current throwed me off to the left
그 위에, 그리고 조류는 나를 왼쪽으로 밀었고

/ and shot by, / amongst a lot of snags / that fairly roared, /
내팽개친 후, 수많은 암초들 사이에 요란한 소리를 내는,

the currrent was tearing by them / so swift.
조류는 빠르게 지나갔다 아주 빠르게.

In another second or two / it was solid white and still /
또 다시 1~2초 후 주위가 빽빽하고 하얗게 되며 고요해졌다

again. I set perfectly still / then, / listening to my heart
또 다시. 나는 꼼짝하지 않고 있었다 그때, 심장 고동 소리에 귀를 기울이며,

thump, / and I reckon / I didn't draw a breath / while it
그리고 생각했다 숨 한 번 쉬지 못한 것 같다고

thumped a hundred.
심장이 100번이나 뛰는 동안.

I just give up / then. I knowed / what the matter was. That
나는 그냥 포기했다      그때.      나는 알았다      문제가 무엇인지.

cut bank was an island, / and Jim had gone down / t'other
저 깎아지른 강둑은 섬이며,            짐은 가 버린 것이었다

side of it. It warn't no towhead / that you could float by /
그 반대편으로. 그것은 모래톱이 아니었다      옆으로 지나갈 수 있는

in ten minutes. It had the big timber of a regular island; / it
10분 만에.      그것은 큰 숲을 가진 일반적인 섬이었다;

might be five or six miles long / and more than half a mile
길이는 5~6마일 정도에            폭은 반 마일 이상이었다.

wide.

I kept quiet, / with my ears cocked, / about fifteen minutes,
나는 조용히 있었다,   귀를 쫑긋 세운 채,            약 15분 동안,

/ I reckon. I was floating along, / of course, / four or five
내가 생각하기에. 나는 계속 떠다녔다,            물론,        시속 4~5마일 속도로;

miles an hour; / but you don't ever think of that. No, you
하지만 그렇게 느껴지지도 않는 법이다.            오히려, 기분이

FEEL / like you are laying dead still / on the water; / and
든다        조용히 누워 있는 것처럼            강물 위에;

if a little glimpse of a snag slips by / you don't think to
그래서 만약 암초가 지나가는 게 희미하게 보이면      생각하지도 않고

yourself / how fast YOU'RE going, / but you catch your
얼마나 빨리 가고 있는지,            숨을 참고

breath / and think, / my! / How that snag's tearing along. If
생각하는 것이다,   어머나! 저 암초는 정말 빨리 흘러가고 있구나라고.

you think / it ain't dismal and lonesome out / in a fog / that
만일 생각한다면 그것이 무섭고 외롭지 않다고            안개 속에서   그런

way / by yourself / in the night, / you try it once / — you'll
식으로   혼자 있는 게      밤중에,      한 번 해 보라지

see.
— 그러면 알게 될 것이다.

smoky 자욱한 | thump 쿵쿵거리다 | cocked 위로 젖혀진

Next, / for about a half an hour, / I whoops / now and
그 다음,   약 10분 동안,                나는 고함을 질렀다

then; / at last / I hears the answer / a long ways off, /
이따금;   마침내   대답이 들렸고        저 멀리서,

and tries to follow it, / but I couldn't do it, / and directly
그 소리를 따라가고자 했으나,   그럴 수 없었다,        그래서 곧 생각했다

I judged / I'd got into a nest of towheads, / for I had
모래톱의 한 가운데로 들어갈 거라고,

little dim glimpses of them / on both sides of me / —
왜냐하면 모래톱이 희미하게 보였기 때문에   양쪽 편에

sometimes / just a narrow channel between, / and some
— 이따금   그 사이에 좁은 수로도 있었고,

that I couldn't see / I knowed / was there / because I'd
보이지 않는 것도 있었지만   알 수 있었다   거기에 있다는 걸   왜냐하면 들렸으니까

hear / the wash of the current / against the old dead
물이 흐르는 소리가        낡고 썩은 덤불과 쓰레기에 부딪혀

brush and trash / that hung over the banks. Well, I warn't
강둑에 걸려 있는.

long loosing the whoops / down amongst the towheads;
그리고 곧 고함 소리가 들리지 않았다   아래쪽 모래톱 사이에서;

/ and I only tried to chase them / a little while, / anyway,
그래서 나는 쫓아가 보려고 시도만 했다   잠시동안,        어쨌든,

/ because it was worse / than chasing a Jack-o'-lantern.
그것은 더 힘든 일이었기 때문에   도깨비불을 쫓는 것보다도.

You never knowed / a sound dodge around so, / and swap
전혀 몰랐다        소리가 그토록 여기저기 돌아다니고,        장소를 옮긴다

places / so quick and so much.
는 걸        그렇게 빨리 또 많이.

I had to claw / away from the bank / pretty lively / four
나는 배를 전진시키며   강둑에서 떨어져야 했다        꽤 힘껏

or five times, / to keep from knocking the islands / out
너댓 번이나,        섬들에 부딪히지 않으려고

of the river; / and so I judged / the raft must be butting /
강에서 나와 있는;        그래서 생각했다        뗏목이 부딪힌 게 틀림없다고

---

Jack-o'-lantern 도깨비불 | claw 배를 전진시키다 | butt 맞부딪치다, 불쑥 끼어들다 | jest 단지(=just) | cat-nap
토막잠

into the bank / every now and then, / or else it would get
강둑에          가끔씩,                    아니면 앞쪽으로 멀리 가 버려서

further ahead / and clear out of hearing / — it was floating
소리가 들리지 않는 것이라고        — 떠내려 가고 있었던 것이다

/ a little faster / than what I was.
좀 더 빠르게        나보다.

Well, I seemed to be / in the open river / again / by and
나는 있는 듯 했다        넓게 트인 강에        또 다시    마침내,

by, / but I couldn't hear / no sign of a whoop / nowheres. I
하지만 들리지 않았다        고함 소리는                어디에서도.

reckoned / Jim had fetched up on a snag, / maybe, / and it
나는 생각했다    짐은 암초에 걸려서,                아마도,

was all up with him. I was good and tired, / so I laid down
죽어버린 게 아닐까 하고.        매우 피곤해서,

in the canoe / and said / I wouldn't bother / no more. I
카누에 누워        말했다        신경 쓰지 않겠다고        더 이상.

didn't want to go to sleep, / of course; / but I was so sleepy
잠들고 싶지 않았다,                물론,                하지만 너무 졸려서

/ I couldn't help it; / so I thought / I would take jest one
어쩔 수 없었다;                그래서 생각했다        그냥 잠깐 눈을 붙여야겠다고.

little cat-nap.

But I reckon / it was more than a cat-nap, / for when I
하지만 깨달았다        그건 토막잠을 잔 게 아니었다는 것을,        왜냐하면 깨어났을 때

waked up / the stars was shining bright, / the fog was
별들이 환하게 빛나고 있었고,                안개는 모두 걷혔으며,

all gone, / and I was spinning down / a big bend / stern
나는 떠내려 가고 있었으니까        큰 굴곡을        고물을 앞으로

first. First I didn't know / where I was; / I thought / I was
한 채.    처음에는 몰랐다        내가 어디에 있는지;        생각했다

dreaming; / and when things began to come back to me /
꿈을 꾸고 있다고;        그리고 모든 일이 생각나기 시작했을 때

they seemed to come up dim / out of last week.
희미하게 떠오르는 듯 했다        지난주에 일어난 일처럼.

It was a monstrous big river / here, / with the tallest and
무시무시하게 큰 강이었다          이곳은,    키가 크고 빽빽한 수풀이 우거진

the thickest kind of timber / on both banks; / just a solid
                        강둑 양편으로;       단단한 벽처럼,

wall, / as well as I could see / by the stars. I looked away
잘 보였다              별빛으로.     나는 멀리 하류를 바라

down-stream, / and seen a black speck / on the water. I
보았고,        까만 점 하나가 보였다      강물 위에.

took after it; / but when I got to it / it warn't nothing but
그것을 쫓아가 봤지만, 도착해 보니        그것은 단지 톱질할 통나무일

a couple of sawlogs / made fast together. Then / I see
뿐이었다        함께 묶어놓은.      그리고 나서

another speck, / and chased that; / then another, / and
또 하나의 점이 보였고,   그걸 쫓아갔다;      그리고 또 다른 점이 보였다,

this time / I was right. It was the raft.
그리고 이번엔    내가 옳았다.     그건 뗏목이었다.

When I got to it / Jim was setting there / with his head
그곳에 도착했을 때    짐은 앉아 있었다          고개를 숙이고

down / between his knees, / asleep, / with his right
무릎 사이에,            잠든 상태로,  오른팔은 걸쳐 놓은 채

arm hanging / over the steering-oar. The other oar was
조타 노 위에.              나머지 노는 박살이 나 있었고,

smashed off, / and the raft was littered up / with leaves
뗏목은 어지럽혀 있었다

and branches and dirt. So / she'd had a rough time.
나뭇잎과 나뭇가지와 먼지로.    그렇게 배는 힘든 시간을 겪은 것이었다.

I made fast / and laid down / under Jim's nose / on
나는 빠르게 움직여 누웠다         짐의 코 아래         뗏목 위에,

the raft, / and began to gap, / and stretch my fists out /
            그리고 하품을 하고,    주먹을 뻗어 기지개를 켜며

against Jim, / and says:
짐을 향해,       말했다:

"Hello, Jim, / have I been asleep? Why didn't you stir me
"안녕, 짐,        내가 잠이 들었었나?   왜 깨우지 않았어?"

up?"

"Goodness gracious, / is dat you, Huck? En you ain'
"하나님 맙소사,                너 맞지, 헉?          죽지 않은 거야

dead / — you ain' drownded / — you's back agin? It's
— 물에 빠져 죽은 게 아니구나      — 다시 돌아온 거야?

too good for true, honey, / it's too good for true. Lemme
사실이라니 믿어지지 않아, 애야,        정말 믿을 수 없구나.          어디 좀 보자,

look at you chile, / lemme feel o' you. No, you ain' dead!
       좀 만져 보자고.              아니구나, 죽지 않았구나!

You's back agin, / 'live en soun', / jis de same ole Huck
다시 돌아왔구나,          건강하게 살아서,       예전의 헉과 똑같다

/ — de same ole Huck, / thanks to goodness!"
     — 예전과 똑같아,           하나님 감사합니다!"

"What's the matter with you, / Jim? You been
"무슨 일이야,                  짐?      술이라도 마신 거야?"

adrinking?"

"Drinkin'? Has I ben a-drinkin'? Has I had a chance / to
"술을 마셨다고?    내가 술을 마셨냐고?            기회나 있었겠어

be a-drinkin'?"
술을 마실"

"Well, then, / what makes you talk so wild?"
"글쎄, 그럼,        왜 그런 미친 소리를 하는 거야?"

"How does I talk wild?"
"어떻게 내가 미친 소리를 한다는 거지?"

"HOW? Why, hain't you been talking / about my coming
"어떻게냐고? 네가 말했잖아                   내가 돌아왔다고,

back, / and all that stuff, / as if I'd been gone away?"
       그리고 그런 소릴,        마치 내가 떠났었던 것처럼?"

"Huck — Huck Finn, / you look me in de eye; / look me
"헉 — 헉 핀,              내 눈을 봐,               내 눈을 보라고.

in de eye. HAIN'T you ben gone away?"
      넌 멀리 떠난 적이 없다고?"

---

speck 반점, 얼룩 | sawlog 톱질할 통나무(=saw log) | smash 박살내다 | litter 어지럽히다, 어수선하게 만들다 |
Goodness gracious 맙소사

"Gone away? Why, what in the nation / do you mean? I
"가다니? 아니, 도대체 무슨 말이야?

hain't been gone anywheres. Where would I go to?"
나는 아무 데도 간 적이 없어. 어디에 갔다는 거야?"

tote (무거운 것을) 들다 | loose 내뱉다, 내지르다 | hummin' 윙윙거리다(=humming) | bust up 망치다

"Well, looky here, boss, / dey's sumf'n wrong, / dey is. Is
"글쎄, 여기를 보라고, 대장,　　　　　뭔가 잘못된 거야　　　　　그런 거야.

I ME, / or who IS I? Is I heah, / or whah IS I? Now dat's
내가 나인가, 아니면 누구지?　　여기에 있는 건가, 아니면 어디 있는 거지? 지금 그게

/ what I wants to know."
내가 알고 싶은 거야."

"Well, I think you're here, / plain enough, / but I think /
"글쎄, 넌 여기 있는 것 같은데,　　　　청말로,　　　　하지만 내 생각엔

you're a tangle-headed old fool, / Jim."
넌 머리가 어떻게 된 바보같아, 짐."

"I is, is I? Well, you answer me dis: / Didn't you tote out
"내가 말이야?　그럼, 내 말에 대답해 봐:　　　　넌 밧줄을 들고 나갔잖아

de line / in de canoe / fer to make fas' to de towhead?"
　　　　카누를 타고　　모래톱에 묶으려고?"

"No, I didn't. What tow-head? I hain't see no tow-head."
"아니, 안 그랬어.　무슨 모래톱?　　　모래톱같은 건 본 적도 없어."

"You hain't seen no towhead? Looky here, / didn't de
"모래톱을 본 적 없다고?　　　　　이봐,　　　　밧줄이 풀어졌잖아

line pull loose / en de raf' go a-hummin' / down de river,
　　　　그래서 뗏목이 윙 하고 떠내려 갔잖아　강 아래로,

/ en leave you en de canoe behine / in de fog?"
그리고 너랑 카누가 남겨졌잖아　　　　　안개 속에?"

"What fog?"
"무슨 안개?"

"Why, de fog! / — de fog dat's been aroun' / all night.
"아니, 그 안개 말이야! 　 — 안개가 주위에 자욱했었지　　밤새도록.

En didn't you whoop, / en didn't I whoop, / tell we got
그리고 넌 고함쳤잖아,　　　그리고 나도 고함쳤잖아,　　우리 모두 뒤죽박죽이

mix' up / in de islands / en one un us got los' / en t'other
되서　　　섬들 속에서　　　그래서 한 명이 길을 잃고　　다른 한 명도

one was / jis' as good as los', / 'kase he didn' know whah
다른 한 명도　　길을 잃은 거나 마찬가지였잖아,　자기가 어디에 있는지도 모르고?

he wuz? En didn't I bust up agin / a lot er dem islands /
　　　　그래서 나는 다시 부딪혀서　　수많은 섬들에

en have a turrible time / en mos' git drownded? Now ain'
엄청 힘들었잖아　　　　물에 빠져 죽을 뻔 했고?

dat so, boss / — ain't it so? You answer me dat."
자 아니냐고, 대장　 — 그런 게 아니냐고? 대답 좀 해 봐." 243

"Well, this is too many for me, Jim. I hain't seen no fog,
"글쎄, 이건 말도 안 되는 군, 짐.                                            안개를 본 적도 없고,

/ nor no islands, / nor no troubles, / nor nothing. I been
섬도,                          고생한 적도 없고,              아무 일도 없었어.

setting here / talking with you / all night / till you went
난 여기 앉아 있었어   너랑 이야기 하면서        밤새        네가 잠들 때까지

to sleep / about ten minutes ago, / and I reckon / I done
약 10분 전에,                        그리고 생각하기에    나도 잠이

the same. You couldn't a got drunk / in that time, / so of
들었나 봐.   넌 술에 취했을리 없으니까              그때에는,

course / you've been dreaming."
그러니 분명   꿈을 꾸고 있었던 거라고.."

"Dad fetch it, / how is I gwyne to dream / all dat / in ten
"말도 안 돼,            어떻게 꿈꿀 수 있지         그 모든 걸

minutes?"
10분 동안에?"

"Well, hang it all, / you did dream it, / because there
"글쎄, 빌어먹을,              넌 꿈을 꾼 거라고,

didn't any of it happen."
그 어떤 일도 일어나지 않았기 때문이지."

"But, Huck, / it's all jis' as plain to me / as —"
"하지만, 헉,        나한테는 모든 게 선명하다고           마치 —"

"It don't make no difference / how plain it is; / there ain't
"달라질 건 없어                        그게 아무리 생생해도;

nothing in it. I know, / because I've been here / all the
아무 일도 없었다고.   난 알고 있어,   왜냐하면 여기에 있었으니까        계속."

time."

Jim didn't say nothing / for about five minutes, / but set
짐은 아무 말도 하지 않고        약 5분 동안,                        앉아 있기만

there / studying over it. Then he says:
했다     곰곰이 생각하면서.        그리고는 말했다:

"Well, den, / I reck'n I did dream it, Huck; / but dog my
"글쎄, 그럼,       내가 정말 꿈을 꾼 거로군, 헉;              하지만 말도 안 돼 /

cats / ef it ain't de powerfullest dream / I ever see. En I
그건 대단한 꿈이로군                      지금까지 꾸었던.

hain't ever had no dream / b'fo' dat's tired me / like dis one."
그런 꿈을 꾼 적이 없어                     나를 녹초로 만들어 버리는      이번 꿈처럼."

"Oh, well, that's all right, / because a dream does tire a body
"아, 그럼, 그래 맞아,                        꿈은 사람을 지치게 하니까

/ like everything / sometimes. But this one was a staving
모든 것처럼         때때로.         하지만 이번 것은 대단한 꿈이었나 봐;

dream; / tell me all about it, Jim."
나한테 모두 말해 봐, 짐."

So Jim went to work / and told me / the whole thing right
그래서 짐은 시작했고          내게 말했다       처음부터 끝까지 전부,

through, / just as it happened, / only he painted it up
실제 일어난 그대로,               상당히 부풀리긴 했지만.

considerable. Then he said / he must start in and "'terpret"
그리고는 말했다       반드시 그걸 "해몽"해야 한다고,

it, / because it was sent / for a warning. He said / the first
왜냐하면 그건 보내진 거니까      경고로.         그가 말했다

towhead stood for a man / that would try to do us some
처음의 모래톱은 사람을 상징하고          우리에게 도움을 주려는,

good, / but the current was another man / that would get
하지만 조류는 다른 사람이라고              우리를 그 사람에게서 멀리

us away from him. The whoops was warnings / that would
떼어 놓으려는.              고함 소리는 경고였다

come to us / every now and then, / and if we didn't try hard
우리에게 다가오는   이따금씩,                그리고 우리가 열심히 노력하지 않으면

/ to make out to understand them / they'd just take us / into
그들을 이해하려고                    그들이 우리를 데려갈 거라는 의미였다

bad luck, / 'stead of keeping us out of it. The lot of towheads
악운으로,        거기에서 벗어나게 하는 대신.        수많은 모래톱들은 난관들이며

was troubles / we was going to get into / with quarrelsome
우리가 빠지게 될              싸움을 거는 사람들과

people / and all kinds of mean folks, / but if we minded our
모든 비열한 사람들과,              하지만 우리가 분수를 지키며

business / and didn't talk back / and aggravate them, / we
말대답 하지 않고          그들을 화나게 하지 않는다면,

staving 강력한, 굉장한 | quarrelsome 다투기 좋아하는 | mind one's business 자기 분수를 지키다 | talk back 말대답하다 | aggravate 화나게 만들다

would pull through / and get out of the fog / and into the
우리는 통과하여　　　　안개 밖으로 빠져 나와　　　크고 맑은 강으로

big clear river, / which was the free States, / and wouldn't
들어갈 거라고,　　그곳은 자유로운 주이고,

have no more trouble.
더 이상 문제는 없을 거라고 했다.

It had clouded up / pretty dark / just after I got on to the
구름이 껴서　　　꽤 어두웠었다　　내가 뗏목에 온 직후에는,

raft, / but it was clearing up / again / now.
　　하지만 맑아졌다　　　다시　　이제는.

"Oh, well, / that's all interpreted well / enough as far as
"오, 그럼,　　정말 멋지게 해몽했구나　　　거기까진 충분해,

it goes, / Jim," / I says; / "but what does THESE things
짐."　　내가 말했다,　"그런데 이것들은 뭘 상징하지?"

stand for?"

It was the leaves and rubbish / on the raft / and the
그건 나뭇잎들과 쓰레기들이었다　　　뗏목 위에

smashed oar. You could see them first-rate / now.
그리고 부서진 노와.　그것들이 매우 잘 보였다　　　이제.

Jim looked at the trash, / and then looked at me, / and
짐은 그 쓰레기를 보았고,　　　그리고 나서 나를 본 후,

back at the trash again. He had got the dream fixed / so
다시 쓰레기를 보았다.　　　짐에게는 꿈이 박혀 있어서　　　아주

strong / in his head / that he couldn't seem to shake it
강력하게　머리 속에　　그걸 털어버릴 수 없었고

loose / and get the facts back / into its place / again right
사실들을 넣을 수 없었다　　　그 자리에　　곧바로 다시.

away. But when he did get the thing straightened around /
하지만 주변의 모든 걸 똑바로 깨닫자

he looked at me steady / without ever smiling, / and says:
나를 가만히 보았다　　　전혀 웃지 않은 채,　　그리고 말했다:

"What do dey stan' for? I'se gwyne to tell you. When I
"그게 뭘 상징하느냐고?　　내가 말해 주지.

got all wore out / wid work, / en wid de callin' for you, /
내가 지쳐버려서　　　일하느라,　　또 널 부르느라,

stand for 상징하다 | first-rate 일류의, 최고의 | humble oneself 겸손하게 굴다

en went to sleep, / my heart wuz mos' broke / bekase you
잠이 들었을 때,　　　　내 심장은 찢어지는 듯 했어

wuz los', / en I didn' k'yer no' mo' / what become er me
널 잃어버려서,　　그래서 더 이상 상관하지 않았어　　나랑 뗏목이 어떻게 되든.

en de raf'. En when I wake up / en fine you back agin, /
그리고 깨어났을 때　　　그리고 네가 돌아왔을 때,

all safe en soun', / de tears come, / en I could a got down
모두 무사하고 건강히,　　　눈물이 나왔어,　　　그리고 무릎을 꿇고

on my knees / en kiss yo' foot, / I's so thankful. En all
　　　　　　　네 발에 키스할 수 있을 만큼, 정말 감사했다고.

you wuz thinkin' 'bout / wuz how you could make a fool
그런데 네가 생각하는 거라곤　　이 늙은 짐을 어떻게 놀려먹을까 하는 거였어

uv ole Jim / wid a lie. Dat truck / dah is TRASH; / en
　　거짓말로.　　저 잡동사니는　　쓰레기야;　　　그리고

trash is / what people is / dat puts dirt on de head / er dey
쓰레기는　　바로 사람들이야　　머리 위에 먼지를 부어놓고　　　자기 친구의

fren's / en makes 'em ashamed."
　　친구를 부끄럽게 만드는."

Then he got up slow / and walked to the wigwam, /
그리고 나서 그는 천천히 일어나　　원형 천막으로 걸어가,

and went in there / without saying anything / but that.
그 안으로 들어갔다　　아무 말도 없이　　　　그 말 외에는.

But that was enough. It made me feel so mean / I could
하지만 그걸로 충분했다.　　　그 말은 날 아주 비참하게 했고

almost kissed HIS foot / to get him to take it back.
그의 발에 키스를 할 수 있을 것 같았다　그 말을 철회해 주기만 한다면.

It was fifteen minutes / before I could work myself up to
15분이나 걸렸다　　　　내가 몸을 일으켜 가서

go / and humble myself to a nigger; / but I done it, / and I
　　검둥이에게 사과하기까지;　　　하지만 그렇게 했고,

warn't ever sorry for it / afterwards, / neither. I didn't do
그걸 후회한 적이 없다　　그 후에도,　　역시.　　나는 그에게 더

him no more mean tricks, / and I wouldn't done that one
이상 비열한 속임수를 쓰지 않았고,　　그러지 않았을 것이다

/ if I'd a knowed / it would make him feel that way.
　만일 내가 알았더라면　　그런 일이 그를 그런 식으로 느끼게 한다는 걸.

## mini test 8

### A. 다음 문장을 해석해 보세요.

(1) If he didn't get saved / he would get drownded; / and if he did get saved, whoever saved him / would send him back home / so as to get the reward.

→

(2) Dah's de stump, / dah / — dat's one er de women; / heah's you / — dat's de yuther one; / I's Sollermun; / en dish yer dollar bill's de chile.

→

(3) The minute I flew / by the foot of it / I shot out / into the solid white fog, / and hadn't no more idea / which way I was going / than a dead man.

→

(4) The first towhead stood for a man / that would try to do us some good, / but the current was another man / that would get us away from him.

→

### B. 다음 주어진 문구가 알맞은 문장이 되도록 순서를 맞춰보세요.

(1) 그게 바로 그것을 말하는 프랑스인의 방식이야.
(it / a / That's / saying / WAY / of / Frenchman's)

→

(2) 나는 더 이상 말해도 소용없다는 걸 알았다.
(wasting / it / I / words / see / use / warn't / no)

→

(3) 나는 어쩔 수 없었다.
(it / couldn't / I / help)

→

A. (1) 구조되지 않는다면 물에 빠져 죽을 것이고; 그리고 만약 구조된다 해도, 그를 구해준 사람은 누구나 보상금을 받으려고 그를 집으로 돌려보낼 것이다. (2) 저기 그루터기가 있잖아, — 그걸 여자라고 치는 거야; 여기 네가 있지 — 너를 다른 여자라고 치자; 나는 솔로몬 왕이야; 그리고 여기 1달러 지폐가 어린애야.

(4) 왜 그런 미친 소리를 하는 거야?
(talk / so / makes / wild / What / you)
→


C. 다음 주어진 문장이 본문의 내용과 맞으면 T, 틀리면 F에 동그라미 하세요.

(1) Huck and Jim had a discussion about King Sollermun.
[ T / F ]

(2) Jim agreed that King Sollermun was the greatest king in the world.
[ T / F ]

(3) Jim dreamed a staving dream.
[ T / F ]

(4) Huck was sorry for lying to Jim.
[ T / F ]


D. 의미가 서로 비슷한 것끼리 연결해 보세요.

(1) flutter   ▶   ◀ ① bump

(2) butt   ▶   ◀ ② annoy

(3) litter   ▶   ◀ ③ tremble

(4) aggravate   ▶   ◀ ④ scatter